FUTAMI

新

東大生100人が教える

中学生の勉強法
〈総合篇〉

東京大学「学習効率研究会」編著

サラ・ブックス

二見書房

はじめに……新版『中学生の勉強法』の刊行にあたって

もっと成績を上げたい。そのために努力する意欲もある。だが、なかなかテストで結果が出ない。点数がパッとしないとイヤになってくる。やる気があるほど落胆も大きいので、「自分は勉強に向いていないのだろうか」と弱気の虫が頭をもたげてくる——君たちのこうした心理状況は手にとるようにわかる。なぜなら、私たちも似たような経験をしてきたからだ。

私たちのメンバーは全員が現役の東大生だが、十数年前に『中学生の勉強法』（旧書）をまとめた先輩たちと同様に、中学から高校という学校生活のなかでいつも順調な成績をとってきたわけではないし、学校や塾の先生のように教えることのプロでもない。だが、東大入試を突破した実績はあるので、成績を伸ばす勉強のやりかたについて、それなりの自信をもっている。

旧書をまとめた先輩たちを一期生とすると、私たちは二期生になる。私たちも先輩たちの手法にならって現役東大生への新規のアンケート調査を実施した。一期と二期とを合計すると約百人のデータが収集されたことになるが、すべての東大生に共通するのは、中学時代から「いい成績をとる」ことにこだわったうえで、それぞれが独自のくふうをしていた点だった。

なかには勉強で悩んだことがないというタイプもいるが、それはひと握りの少数派にすぎない。中学時代には点数が伸びないことに歯がゆい思いをしたし、勉強のやりかたに自信がもてなくなって途方に暮れたこともあった。中学生として苦難のドラマを味わったという点で君たちと変わるところはないが、明らかに「ふつう」とちがうところが二つあった。

ひとつは「あきらめ」という言葉を辞書から追放したことだ。将来像を大きく描いて自分をふるいたたせ、全力でぶつかることを惜しまなかった。二つめは、自分を甘やかす〝いいわけ〟を捨て、どうすればいい成績がとれるのかと自問自答しつづけたことだ。つまり、それぞれの個性に合った「あわてず、ムダなく、ムリのない勉強法」を追及しつづけたのだ。

断言しておくが、勉強には要領のよさが欠かせない。とくに中学時代がそうで、かぎられた時間のなかで急所をしぼりこみ、徹底的にムダをはぶき、テストでつねに結果を出すためにはどうしたらいいか。つまり、最小限の努力で最大の結果をあげる要領とコツとはどんなものかを考えつづける——これが受験生活を乗りきるうえでの究極のテーマなのだ。

勉強は誰かにやらされるものではないし、誰かのためにやるものでもない。だが、いまの勉強のやりかたを疑ってみて、もっと自分にぴったりの方法を知りたい、と欲ばっても誰にも迷惑はかからない。そうした向上心をもつ中学生を、私たちが応援するのは当然だろう。

本書には、五科目の成績を伸ばすコツがぎっしりつめこまれている。三年生よりは二年生、二年生よりは一年生と、本格的に勉強を始めるのは早ければ早いほどいいが、「自分は遅れているのでは？」という不安やアセリは捨ててほしい。私たちが体験のなかでつかんだ「効率のいい勉強法」を実行すれば、少しくらいの出遅れはすぐに取り戻せるからだ。

三年生は目前に受験がひかえているが、追いつめられたほうが「集中力が強まる」と前向きにとらえ、一点でも多く得点できる力をめざして熱中すれば、かならず道はひらける。

点数が思いどおりに伸びなくても、最後まであきらめないこと。入試直前の数ヵ月をがんばり抜けば「大逆転」は絶対に実現できる！　どこまでも可能性を信じて、受験当日まで一気に走り抜けてもらいたい。「自分を知り、自分に克《か》つ」のは君たちの使命なのだから……。

ここ数年、公立中学での学習内容の削減にともなう学力不足が心配されているが、私たちはその点にも目配りしておいた。各科目の「範囲を超える内容」の要所をはっきりさせておいたので、範囲外からも出題される私立や国立校志望者は学力達成プランの目安にしてほしい。また範囲内からしか出題されない公立校志望者であっても、知識などの系統的な整理に欠かせないところなので、学力の引き出しをふやすつもりでチャレンジしてもらいたい。

私たちは、中学時代は人生の黄金期の幕開けにあたると考えている。「のんびり急げ！」をモットーに、君たちが志望校合格という栄冠を手中にすることを祈念してやまない。

東京大学「学習効率研究会」

目次

本文イラスト……松本オサム

序章
学力低下不安も打ち破る超効率勉強法

基礎学力を固めたうえで範囲を超えた学習に挑戦しよう

学力が低下すると、君たちの将来が危なくなる！

ここ数年、小中学生の学力低下を心配する声が強くなっている。昔と比べて学力は上がったのか、下がったのかという時系列調査による全国統一データはないので、数値によって示すことはできないが、学力水準が地盤沈下しはじめたきざしは各方面から指摘されている。

世界との比較では、学力到達度コンテストでわが国の小中学生は長年トップをとってきたのに、近年は成績が落ちてきている。中学二年生が理科のテストで三十八カ国中の四位、数学は五位とまだ上位クラスを保っているが、低下しはじめているのは疑いない（IEA調査）。

国内では、たとえば公立高校入試で、五教科いずれかの小学生レベルの問題を解けない生徒の比率が約一〇パーセントにも達するという。小学校に導入された英語はまだ正式教科ではないので、国語・数学・理科・社会での基礎的な学力、つまり「読み・書き・計算」や「知識」など、小学生で身につけるべき最低限の学力がいちじるしく低下しているのだ。

また、大学入試センターが全国国立大学の学部長に行なった調査では、新入生の学力が「低下している」との答えが六・七パーセント、「やや低下している」との答えが四八パーセント、つまり半数を超える大学生の学力低下が報告されている。とくに分数などの計算能力の低下が目につくので、国立大学では高校レベルの講義から始めざるをえないのだという。

さらにいうと、高校の数学では内容が削減されたのに、センター試験の数学の平均点は以前より上がっていない。カットされた内容のぶんだけそっくり学力が低下したのだから、負担を減らせば学力は向上するだろうという教育当局のもくろみは、大きく外れたことになる。

ところが、公立の小中学校では「ゆとりの実現」という趣旨のもとに、いっそう学習内容と授業時間が減らされた。だが、これは君たちのためになるのだろうか。「やるべきこと」を次学年などへ先送りすれば、時間のゆとりは生まれるだろう。しかし、そのぶんだけレベルが下がるのはまぬがれないので、さらに学力低下の危険が生じるのはまちがいない。

みんなで下がればこわくない――というのは笑えないジョークだ。学力が低下すれば「生きる力」そのものが弱体化するので、君たちの将来が危なくなる。こうした不安がもたらされたのは、授業についていけない生徒を救助することがすべてに優先されたからだ。

学習内容が削減されると、全体の学力レベルは低下する！

週休二日制にともなって学習内容は三割も削減されたが、これは「ゆとりの実現」のため、つまりは「落ちこぼれの解消」がおもな目的なので、成績が下の三分の二の生徒がついていけるレベルに合わせられている。下を基準にすれば全体のレベルが低下するのは当然なので、初めから「学力低下もやむをえない」という了承のもとに実行されたプランなのだ。

よく「学校の授業の理解度」は〝七・五・三〟といわれる。小学生では三割が、中学生では五割が、高校生では七割の生徒が「授業がわからない」という意味を、子供の成長を祝う行事にもじった表現だが、ここ数年来、学力の低下はかなり深刻なところにきていた。

そこで、学力が危ない半数の中学生を救うために、学習内容を削減してレベルを下げたのだ。皮肉ないいかたをすると、レベルを下げて「落ちこぼれた五割が目立たなくなる」ようにしたうえで、授業がわからなくても「学校はイヤではない」という心理効果が生まれるのを期待したのだろう。だが、あと半数の「わかる」生徒にはたいへん迷惑なやりかただ。

それにしても、半数が「授業がわからない」というのは異常すぎる。わからない当人は苦しいはずだが、私たちが聞くかぎり、そうでもないようだ。クラスの半分がそうなので落ちこぼれの自覚が欠けているのかもしれない。一方には「わかる」生徒もいるというのに、わからない当人たちがあまりアセッていないというのは不思議な話ではないだろうか。こうしたネジレ現象のなかに、学力低下をもたらす要因が集約されているように見える。

①学習内容が多くてむずかしい、②先生の教えかたがよくない、③勉強のやりかたがまちが

「やりかた」と「学習姿勢」がおかしくないか？

っている、④君たちの学習姿勢に問題がある、この四つのどこかに「わからない」が発生する原因がかくされている。学習内容が削減されたのだから①は消えたし、②が本当なら学校や教育委員会が放っておかない。残るのは③と④だけだ。ここにひとつのヒントがある。

基礎学力は、反復学習によって養われる！

ある山間部の公立小学校では、「総合的な学習の時間」などを利用して、子供たちに徹底的に「読み・書き・計算」をやらせて、きわめて高い基礎学力を身につけさせることに成功している（兵庫県朝来《あさご》町立山口小学校）。

そのやりかたは、読み・書きでは音読を重視して教科書の文章をとことん読ませ、熟語や書き順などのプリントをこなすというものだ。

計算では、タテ軸とヨコ軸に十個の数字を並べ、タテの数字とヨコの数字が交差するところに足した答えを書く「百ます計算」のほか、「百ます引き算・かけ算」などをこなす。

それぞれ五分か十分、学校と自宅で毎日一、二回やるだけだというが、計算のほうは三週間でスピードが三倍に向上するらしい。また、計算のしかたでつまずいたときは、その前の段階をていねいにやり直しさせ、ひとりひとりがわかるまで繰り返すので、小学校の範囲を超えた仮分数や帯分数の計算もすらすらできるようになるのだという。

また、社会科の歴史では重要な事件などの年号をがんがん覚えさせるし、地理では都道府県名を中心にひたすら暗記させる。年号や地名が頭に入っていると、社会的な事件などの意味合いをよく考えることにつながるので、思考力や理解力がうんと伸びるのだという。

基礎学力をつけるには、ある程度の「つめこみ」が欠かせない——そう判断した先生がたのおかげで、子供たちは各教科のドリルなどを繰り返して練習し、スピードをめざし、身体で覚えこんだ。基礎がしっかりしてくると授業がおもしろくなるので、「わからない↓できない」という負の循環は、ついに「わかる↓できる」という正の循環に変わってしまうのだ。

授業の理解度でいうと、小学生の三割が「授業がわからない」はずだった。ところが「つめこみ」を半ば強制されているうちに、高い基礎学力を身につける小学生もいるのだ。すばらしい先生がたに指導されたのも大きいが、それ以上に、当初は強制されたはずなのに、結果が出はじめると、「つめこみ」は自分の意志でやり抜いたと考えるようになるところがすごい。

定義などを暗記して使えるレベルに引き上げるのは、ガマンの連続なので、ひたすら根気の勝負になる。だが、正答率とスピードが上がってくると、かならず楽しくなる。「できた！」という達成感がつらさを消してくれるのだ。逆にいうと、「やらされた」としか思えないでいるうちは、まだまだ努力する量が足りないし、学力のほうも不十分ということになる。

では、君たちはどうか。「授業がよくわからない」という中学生は、彼らのように最低限必要な「つめこみ」に歯をくいしばったことがあるのだろうか。勇気をふるって弱点に向き合ってみただろうか。さきほどの、③勉強のやりかたがまちがっている、④君たちの学習姿勢に問題がある――この二つが、授業がわからなくなる最大の原因ではないだろうか。

授業の消化不良は、基礎学力の「つめこみ」で解消できる！

小学生レベルの基礎学力が不足しているとすれば、それは君たちの怠慢のせいなのだ。「つめこみ」から逃げていたツケがまわってきただけのことなので、「失敗した！」と気づいた時点ですぐ手を打てばいい。勉強はおもしろいほうがいいに決まっているが、基礎をしっかりさせるには、書きとりや計算というつまらない訓練を繰り返すのが最高のやりかたなのだ。

さらに極論すると、学力の「落ちこぼれ」をなくす第一歩は、「ゆとりの実現」などではなく、基礎的な能力を「つめこみ」することなのだ。そこを消化すると〝授業がわからない五割の生徒〟から抜け出す条件をひとまずクリアしたことになる。

いくら学習内容が減らされても、基礎事項の「つめこみ」が不十分だと、すぐ授業で消化不良を起こす。逆にいうと、君たちの学年に応じて、そのつど読み書きや計算の力を向上させていけば、かならず授業がわかるようになるので、本来の意味での「ゆとり」も生まれる。

基礎学力を使えるレベルに引き上げるのが君たちのしごとなのだから、学校や塾の先生のアドバイスを受けて、それぞれの弱点を解消してほしい。初めはつらくても習熟してくるとおもしろくなる——これが勉強など、あらゆる頭脳活動の鉄則なのだ。

ある調査によると、学校外で数学の勉強や宿題などをする中学生の割合は七四％で、国際平均の九〇％を大きく下回り、一日の平均学習時間は〇・六時間で、三十八ヵ国中の最低レベル、理科や数学が「好き」という割合も最低レベルだった（IEA調査）。

高得点できていても、「やらされた」という意識が強いので、自分から勉強する気にならないのだろうし、「好きじゃない」のだろう。だが、これはかなり危険なきざしといえる。

小学生の算数を対象にした調査でも、年を追うごとに全体の学力は低下してきている。「つめこみ」を拒絶しはじめたのが大きな原因だろうが、その一方で着実に力をつけている小中学生もいる。私たちの時代もそうだったが、「みんながいっしょ」という横ならび意識とは無縁基礎事項の「つめこみ」が最大の栄養剤になる！

なところでがんばる、それ以外に水準以上の学力を身につける方法などあるはずがない。

そのうえ、週休二日制をとらない、学習内容を削減しない、という私立中学もある。落ちこぼれの心配などせずに「つめこみ」ができるので、公立中学の学習範囲を超えた程度の高い授業をするにちがいない。

選抜されてきた「できる生徒」が高校レベルの授業を受ければ、公立中学生との学力格差がますます大きくなるのは明らかだ。

学力が進路を決めるすべてではないが、有力な要素であるのは否定できない。学力の低下は将来への選択肢をせばめかねないのだ。

たとえば、公立小学校の算数では年間二〇時間強の授業時数が減らされたと同時に、

・整数の加減は3位数どうしまで

・整数のかけ算は2位数どうしまで
・小数のかけ算は小数第1位までの数どうしまで
・小数のわり算は小数第1位までの数によるものまで
・分数の乗除は真分数どうしだけ

など、計算のしかたに関する内容が大きく減らされ、中学校へと先送りされた。

小数の計算では、小数第1位までの数どうしのかけ算しかあつかわないので、円周率を3として計算し、中学で3・14を用いることになる。また、分数の乗除では、仮分数や帯分数をあつかわない。そのほか、文字を用いた式、図形の合同や対称、比例と反比例なども移行されたので、中学で習得する基礎事項がものすごくふえた。だが、これで大丈夫なのだろうか。

小学校で身につけるはずの基礎的な学力が先送りされたのだから、それを優先的に「つめこみ」しないと、中学数学の初歩から「わからない↓できない」が発生してしまう。学年ごとに程度が高くなるので、ますます授業についていけなくなるのは目に見えている。

その一方、中学から高校数Iに移行されたものもある。2次方程式の解の公式、三角形の重心、2つの円の性質、相似な図形の面積比と体積比、球の体積などがそうだ。

また、中学の国語や理科、社会科でも内容が減らされたが、それらは「授業で教える内容の下限を決めたもの」なので、よろこんでもいられない（各章を参照のこと）。公立の中高一貫校がふえたといっても、ほとんどの公立中学生には高校受験という関門があるのだから、基準以上のレベルを目標にしておかないと不安は解消されないだろう。

習熟度別クラスや少人数制クラスを学力の調整に利用しよう！

差別感をあおるつもりはないが、君たちにはすでに習熟度の差、つまり学力差がついてしまっている。事実はそうなのだから、「わからない」を救助するために学力別のクラスをつくって補習中心の授業をするなど、学校内に基礎トレーニングをする場所があってほしい。いつ授業で「わからない」が生じないともかぎらないが、柔軟にクラス替えできる学力の避難所が用意されていると、授業のワク内で弱点をなくす練習に打ちこむことができる。現状では民間の補習塾が「わからない」生徒の逃げ場所になっているが、そうした後ろ向きの塾の利用のしかたが改められるきっかけにもなるだろう。

その一方で、「できる」タイプ向けに範囲を超えた授業が行なわれるのも悪くない。理解が早いタイプには刺激的で楽しいはずだが、範囲を超えるといっても、三割削減される以前の内容が上限になるので、一足飛びに高校レベルの内容にまで踏みこむわけではない。

つまずきを自覚しているときは基礎トレで反復学習に力を入れ、基礎ができているのならもっと発展的な授業に挑戦してみるといいだろう。〝自分の学力に合ったクラス〟は学習環境として最高なので、「上のクラス」とか「下のクラス」というくだらない差別意識などもたずに、心地よい緊張感のもとで、自分を伸ばすトレーニングに熱中すればいいのだ。

すでに一部の公立中学では、数学や英語などの授業を「基礎コース」と「深化発展コース」に分け、習熟度別の授業をしている。さらに、二クラスを三クラスに分けるなどして、少人数制に取り組んでいる学校もある。どちらも「わかる」が目標なので、大いに期待できる。

この場合、事前に各コースの学力レベルを示すテストが行なわれ、その点数などから、自分で判断してどのクラスに入るかを決める。見えや競争心からではなく、「自分に応じた学習」のためのクラス分けなので、勇気をふるって弱点に向き合うことが大切になる。

成績がよくても、基礎コースを選んでじっくり復習するのもいいだろう。「わからない」を解消する基礎トレなのだから、弱点をゼロにすればいい。その反対に、実力より高いコースを選んで予習と復習に苦労してみるのも悪くない。ここまでやらないと高得点できないという目安がつかめるので、勉強のやりかたを反省するヒントが発見できるだろう。

定期試験は各コースとも同じ問題で行なわれるはずだし、学校によっては単元や学期ごとにコースを変更できるので、むやみに緊張しないで、その授業に集中すればいいのだ。

どちらにしろ、学力を査定されるのはイヤだ、などと後ろ向きになるのはつまらない。意欲的にぶつからないと変革の波のなかで「自分らしさ」をアピールすることなどできるはずがな習熟度別授業では自力に応じた学習で弱点ゼロに！

いし、つまらない差別感や劣等感をぬぐい去ることもできない。学校は生活の場であるのはもちろんだが、それと同時に、いやそれより先に勉強の場であることを忘れないでほしい。

近年のいろいろな措置は、一方で「落ちこぼれ」をなくす場所をつくり、もう一方で「範囲を超えた学習」の場所をつくるので、教育の一律システムを大きく変えることを意味する。

では、勉強法も変えなければならないのだろうか？　つぎはその点を考えてみよう。

最小の努力で最大の効果をあげる勉強法！

結論を急ぐと、先輩たちによる『中学生の勉強法』（旧書）が刊行されてから十数年経過したが、勉強のやりかたのコツは変わらない。

現在までに二〇万人を超える中学生が旧書を

活用したことになるが、学力低下への不安が生じている現状へのガイド書として、いっそう価値が高まってきている。なぜなら、勉強すればするほど「このやりかたでいいのだろうか？」と悩みはじめるのが中学時代だからだ。向上心があるから悩みが生じるのだが、そんな中学生に答えを出したのが『中学生の勉強法』（旧書）だった。現在は十数年前と比べていっそう「学力不足」がいわれるのだから、君たちの迷いはさらに深くなっていることだろう。

　内容が削減されたり、項目のワク組みが変更されたり、新事項が加えられたりはしたが、本筋となる学力の要素に変わるところはないので、先輩たちが中学時代の体験から見つけ出した「最小の努力で最大の効果をあげる勉強法」は、いまだに最高のノウハウだと断言できる。

　ただし、各種のデータや表記のしかたなどが時代にそぐわない部分がある。そこで先輩たちの「学習効率研究会」の流れをくむ現役東大生の有志が集まり、さらに新規のメンバーを加え、旧書への意見や注文などを出し合った。メンバーの結論は、みんなで協議して〝21世紀版の勉強法〟を新しく書き下ろしてみようではないか、というものだった。

　先輩たちの「研究会」を一期生とすると、私たちは二期生ということになる。すでに先輩たちは一般社会や大学研究室などで活躍しているが、旧書の歴史はちょうど私たちの受験時代と重なるので、先輩たちの意見を読んではげまされたメンバーもいる。そうした思い入れがあるから余計にそうなのだろうが、ほぼ全員が「学力不足への不安」に関心をもっていた。

旧書の発刊時との学習環境のちがいは、①「学習内容の削減」、②「総合的な学習の時間」と「選択教科」の導入、③「習熟度別や少人数制クラス」の導入、④「範囲を超える授業」の実施、などだ。これらを背景に「学力不足への不安」が語られるわけだが、こうした変化をどう評価したらいいのか、どのように活用したらいいのか、をめぐって討議をかわした。

その結果は、「総合的な学習の時間」や「選択教科」も活用して基礎学力を身につけたうえで、「範囲外までやらないと本当の学力につながらない」というところに落ち着いた。

二期生のメンバーに中高一貫校出身者が多いせいでもあるが、理解できる生徒に範囲内を押しつけるのはおかしい、範囲外までやらないと体系的な理解につながらない、高校の内容をこなすと学力に余裕が生まれる、範囲内だと受験競争に勝てない、などがその理由だった。

とくに首をかしげたくなるのは、「読み・書き・計算」や「知識」などのつめこみを軽減するよう方向づけたことだ。私たちの経験からすると、中学生までの成績は、もって生まれた能力ではなく、どれほど基本的な訓練をしたかというがんばりが最低条件となり、そのうえに要領のいい勉強を積み重ねたかどうかによって決まるように思われるからだ。

志望進路に合わせた学力達成プランを実行しよう！

内容を減らせば減らしたなりにしか勉強しないのであれば、学力レベルは低下するに決まっている。習熟度別や少人数制クラスをうまく活用しながら、周囲の「ゆるみ」に流されることなく、イメージする自分の将来像にぴったりの学力達成プランを実行してもらいたい。

念を押しておくと、単調な反復学習によって基礎学力を固めたうえで、範囲を超えた内容にまでチャレンジすること。遠回りに見えても、これが学力を向上させる最短コースなのだ。ただし、勉強に要領のよさは欠かせないので、以下の各章からそのコツをつかんでほしい。

私立や国立の難関校はもちろん、中位クラスの私立校も入試では範囲外から出題してくるだろうが、それらの問題に正答するためには、高校レベルの学力も要求される。つまり、公立中学の「範囲を超える授業」でも間に合わないのが実情なのだから、受験有名校を志望するのならますます「自分のことは自分でやる」という決意をもったうえで、進学塾や通信教育などを利用して「受かるための学力トレーニング」を積み重ねなくてはならない。

ただし、公立校志望の場合は、そこまでハードにやる必要はない。原則として範囲内からしか出題されないので、それだけをがっちりやれば突破できる。とはいっても、範囲外まで勉強しておくと余力が生まれるので、実戦を勝ち抜く高い学力が身につくのはたしかだ。

学力の「相対評価」が追放されたことの意味は?

君たちの学力低下が心配される理由のひとつに、公立中学での学力評価法が「相対評価」か絶対評価ではテストで1番でも5とはかぎらない?

ら「絶対評価」に改められ、それにともなって5段階評価の基準が変えられたことがある。

かつての相対評価では、学年またはクラスのなかで学力が「ふつう」だと3、「とくに優れている」と5、「はなはだしく劣っている」と1とされ、4と2はそれぞれの中間と規定されていた。学校ではこれをもとに、学年やクラス単位で5をつける割合などを決めていた。

それに対して絶対評価では、「その学習状況が、目標に照らし十分満足できると判断されるうち、とくに程度の高い場合」を5とし、「十分満足できる」を4、「おおむね満足できる」を3、「努力を要する」を2、「いっそう努力を要する」を1とする。

この新しい基準のもっとも大きな特徴は、通知表や内申書から「優」とか「劣」という表現が追放されてしまったところだろう。

つまり、他との関係によって優劣をつける評価から、各人が目標にどれだけ近づいたかを見る達成度の評価に改められたのだ。知識の習得によってペーパーテストでいい点数をとったかどうかよりも、意欲や関心、思考力の高さなどのほうが評価されるので、極論すると、クラス全員が5になることや、テストが1番でも5がつかないケースが出てくるかもしれない。

私たちはひとりひとりの伸びを評価するやりかたに賛成はするが、その反面、他との比較がうやむやにされることを危ぶむ。各人の努力をみとめるのは大切なことだが、だからといって相対評価をやめていいのだろうか。どこかに相対的な学力レベル、つまり全体のなかでのひとりひとりの学力位置を計測する方式がないと、困るのは君たち自身ではないだろうか。

通知表や内申書に5がついても、他との比較によるものではないのだから、その学力をうのみにはできない。その反対に3や2がついても、実際には「よくできる」という場合もありうるので、用心してかからないと学力そのものを計測しそこなう危険性が生まれる。

ここに学力低下が心配される理由があるのだが、絶対評価に自己満足したり落ちこんだりせずに、君たちはそれぞれの未来の自己像に向かって、着実に学習計画をこなすべきだろう。

よく相対評価を示す偏差値が悪者のようにいわれるが、その数値だけを追いかけて、学校生活の尺度に祭り上げるのはたしかに愚かしいことだ。また、偏差値から逆算して人間性などをうんぬんするのもおかしい。私たちにも経験があるが、いたずらに競争心をあおられるのは苦しいものだし、つまらない差別感を助長することにもつながる。ところが、考えかたしだいでは、偏差値ほど受験の役に立つものもない（九三年に偏差値を出す業者テストは廃止）。

相対評価がなくなったとはいっても、結局のところ、三年生の二学期からの学校独自の模擬テストなどの結果（相対評価）を参考にしながら、進路指導が行なわれる。「建前」では絶対評価をいいながら、「本音」では相対評価を無視できないのだ。こうした二重の基準が使い分けられるなかで、自分を見失わずにがんばりを持続するのは容易ではない。

早いうちに合格可能偏差値をつかんでおこう！

早くから「受験」に振りまわされたくないという学校側の意向はわかるが、かといって君たちはそれを避けて通るわけにはいかない。建前がどうであろうと、君たちには本音のほうが切実なのだ。ずっと君たちの「本音」に向き合ってこないでいて、三年生の二学期になってようやく相対評価のためのテストを実施しても、時期として遅すぎるきらいがある。

そんな余裕のないやりかたに依存するよりも、もっと早くから塾などの模擬テストで志望校への合格可能偏差値を知っておいて、それをもとにした学習プランを実行するほうがいいに決まっている。早い時期に「偏差値をここまで上げれば志望校に手がとどく」という目標をはっきりさせておいて、あとは相対的な学力を伸ばす勉強に打ちこめばいいのだ。

ただし、君たちの本分は学校生活にあるのだから、塾などの利用はそれを支えるひとつの手段であることを忘れてはならない。数学の図形問題では一本の補助線を引くことが決め手になるが、それと同じように、塾などの校外の教育システムは学校生活のなかで発生するいろいろな課題を解決するための補助線として活用するのが正しいだろう。

自分を知り、自分に克《か》つことが君たちのテーマなのだから、誰かに「勝った負けた」などはどうでもいい。いまの学力の相対評価を知ったうえで、つぎは自分の絶対評価のほうを高めるように努力する――これが高校受験というレースを走破するための鉄則なのだ。

ともあれ、本書を書き下ろしたことで二期生としての責任をはたせた。過去と最新のデータを照らし合わせ、より有効だと私たちが判断したものを重視したので、旧書をはるかに上回る内容に仕上がったと自負している。だが、その良しあしを決めるのは君たちだ。

勉強のやりかたのコツはすべての中学生にとって役に立つが、内容などは志望進路によってちがってくるので、各人の判断にまかせる。努力する者だけが希望を語ることができる――そう信じて大きく飛躍してもらいたい（氏名のローマ字表記は日本式の「姓―名」で統一した）。

第1章
効率のよい勉強法でなければ成績は伸びない

授業中心の要領のいい勉強法で得点力を伸ばそう

落ちこみを経験すればするほど〝やる気〟が生まれる！

テストの答案が返却されるときの雰囲気には独特なものがある。奇声を発しておどけるやつもいれば、「点数なんかどうでもいい！」といっていたやつが急に黙りこむなど、クラス全体がいつもとちがう緊張感につつまれるので、だんだん落ち着かなくなってくる。

それほどテストという存在は大きいのだが、高得点したときのうれしさより、予想点を下回ったときの気持ちのほうが記憶に残るのはなぜだろう。足もとからスーッと暗い穴に落下するような、あの失望と不安が入りまじったイヤな気分が忘れられないのはなぜだろう。

後悔しても始まらないのに、こうすればよかった、あれもやっておくべきだった、とグチりたくもなる。正直にいうと、私たちもそうだった。家族と口をきかない、教科書を放り投げるなど、くだらない八つ当たりをしたものだ。しかも、一度や二度ではない。

ところで、君たちが落ちこむということは、自分に期待するものが大きかったからにちがいない。初めから期待も努力もしていないのであれば、ひどい点数をとっても落ちこんだりしないはずだ。逆にいうと、結果のひどさに落ちこむタイプほど、見こみがある。失敗は許せないという気持ちの強さに比例して、現状を変えようとする〝やる気〟が大きくなるからだ。

誰でもそうだが、もっと上位の成績をとりたいという意欲はあっても、思うように学力は伸びてくれない。努力をしていても、それがすぐ結果につながるとはかぎらないのだ。その最大の原因は「勉強のやりかた」に欠点があるせいだが、これは本書全体のテーマなので、私たちを信じて最後まで読みとおしてもらえば、かならず答えをつかむことができる。

しかし、私たちは「すぐに結果は出ます」という気休めをいうつもりはない。本格的に勉強を始めようというときに必要なのは、「いまの状態を何がなんでも変えてみせる！」という前向きの姿勢、つまり〝やる気〟なのだ。みんな努力しているのだから、それに負けないだけの覚悟をもってかからないと、本当のスタートを切ったことにはならない。

君がまだ一年生でも、二年生でもいい。高校入試をひかえた三年生になっていても、まだ遅くはない。勉強という舞台では〝やる気〟になったときが本番であり、主役は君たちなのだ。

勉強時間の密度をどう濃くするかによって大きな差がつく！

時間が足りない！　これは君たちにとって切実な問題だろう。部活にもっと時間をかけたいし、読みたいマンガは山ほどあるし、ゲームもやりたい。どこかで時間を売っていればいいのだが、そうはいかない。みんなの絶対的な時間量は同じなのだから、あとはその密度を濃くする、つまり一分もムダにしないで必要なことだけをやるしか方法は残されていない。

旧書（『中学生の勉強法』）をまとめた先輩たちは中学時代の勉強法を話し合って、メンバー全員が自分なりにくふうした〝要領のいいやりかた〟を実行していたことを発見した。その点は二期生である私たちも同じで、なるべく短時間で勉強を終わらせ、しかもテストで高得点するにはどういうやりかたがいいのか――という難問を解くことに必死だった。

自慢するつもりはないので掛け値なしに受けとってほしいが、テストを〝勉強においての関門〟とすると、私たちは中学、高校、大学とうまく関門を突破してきた。なかにはひどい成績だったメンバーもいるが、遅くとも中学三年の二学期ころには、勉強のやりかたのコツをつかんでいる。追いこみの時期にようやく本気になって勉強を始めたからだろうが、それでも結果からいえば、受験生活を上手に乗りきってきたのはまちがいないだろう。

点数にこだわるのは学校教育の本分にそぐわない、という意見がある。他と比べる相対評価が追放されたのも承知している。しかし、成績が悪いと学校はおもしろくない。いくら理屈をこねても、誰でも本心ではテストでいい点数をとりたいのだ。成績がいいと学校生活が楽しくなることを、どんな中学生でもとっくにわかっているはずなのだ。

断言しておくが、中学生の勉強のやりかたにはコツがある。テストで高得点するためにはあ点数にこだわって、テストという関門を突破しろ！

る種の要領が欠かせないのだ。

　ただし、小学生レベルの基礎学力が中学での勉強を支えていることを忘れないでほしい。勉強は積み重ねの連続なのだから、そうした体系的な流れから外れないことが最大のカギになるのだ。そのうえで「コツと要領」を押さえたがんばりを持続させれば裏切られることはない。

　私たちもいつも順調だったわけではない。あれこれ試行錯誤して失敗を重ねながら、ようやく「これがコツだ！」と気づいた。学校や塾の先生、クラブの先輩や兄姉たちからのアドバイスも役に立った。だが、なんといっても「結局は自分のためなのだから、やるのも自分自身なのだ！」と心に決めたことが大きい。自分に克《か》ってやるぞ、という意欲の大きさについては誰にも負けないつもりだった。

先輩たちは旧書を書くために東大の本郷と駒場キャンパスを走りまわり、五十人強の学生にアンケート調査を行なった。二期生の私たちは、さらに五十名ほどの追加調査を行なった。その内容は予想したとおりだった。土地柄や環境がちがっていたり、公立、国立、私立だったり、中高一貫六年制などのちがいや男女の別があっても、さらには十数年の経過があるにもかかわらず、中学時代の勉強法はほとんど同じといっていいくらい似ていたのだ。

つまり、勉強のやりかたの順序や重点の置きかたは少しずつちがってはいても、その基本的なところではまったく差異はなかった。学習内容が削減されようが、次学年や高校に先送りされようが、成績を伸ばす勉強法は変わらない。私たちはそう確信している。

自分の将来像にぴったりの学力プランを決定しよう！

念のため、「勉強は〝やる気〟になったときからが本番だ！」ということの意味をよく考えておこう。正直なところ、三年生になってから本格的に勉強を始めるというのは時期として早いとはいえない。だが、学力の伸びに決定的に影響を与えるのは、勉強を始める時期ではなくて、本当にやり抜く「心がまえ」ができているかどうかのほうなのだ。

私たちもそうだったが、勉強というのは〝やる気〟になったときを出発点にするより方法はない。一年生が一年生なりの心がまえをもてば、そこがスタートになる。二年生も二年生なりの心がまえをもてばいい。そして、三年生にもそれにふさわしい心がまえが必要になる。逆にいえば、受験がせまっている三年生は「いまの学力の状態を変えてみせる！」という意志を固めるしかないのだから、あれこれ迷わずに、すぐダッシュできるようでありたい。

　もちろん、一、二年生のころから成績を上げていれば、学校生活は楽しくてしかたがないだろう。それを持続していけば、志望する高校に手がとどくようになる。いやいや、三年生だって集中学習を積み重ねて熱中すれば、かならず展望がひらける。ただし、君たちひとりひとりにぴったりの「戦略・戦術」にもとづいた勉強計画を実行することが条件になる。

　この戦略・戦術というのはもともと戦争用語なのだが、君たちの勉強にも応用できる。「成績を上げていって、最終的には志望校に合格するぞ！」というのが大きな目標、つまり戦略だろう。この戦略を実現するために、受験本番までの道のりを時期分けしたうえで、数学と国語の成績をここまで伸ばしてみせるぞ、一日○○時間がんばるぞ、独自の弱点克服ノートをつくるぞ、などという小さな作戦、つまり戦術をいろいろとくふうすればいいのだ。

　こうした戦略と戦術との関係は、ゲームでもおなじみだ。歴史ものの『三国志』を例にとると、劉備《りゅうび》玄徳《げんとく》に仕える軍師の諸葛孔明《しょかつこうめい》は、「天下三分の計」という戦略のもとに、魏《ぎ》の曹操《そうそう》と連合したかと思うと、つぎは呉《ご》の孫権《そんけん》と結んで曹操に敵対する。主君の劉備亡きあとも、孔明は思いつくかぎりの作戦を駆使して天下をうならせるが、彼のとった戦略と戦術との組み合わせはさすがに一級品で、中国古代史を飾る英雄の名に恥じない。

これを見習って、君たち自身の戦略と戦術をうまく組み合わせ、どこまでもやり抜く決意を固めてみせてほしい。自分は何をやりたいのか、そのためには何をしなければならないのかを具体的につかむと、いよいよ志望校が見えてくる。目標が定まれば、あとはやるだけだ。

自分を少し過大評価すると、君たちの将来が見えてくる！

目標を立てて、それを実現する。実現できたなら、また新しい目標を立てて、つぎの努力を始める。こうした戦略・戦術のサイクルを上手に繰り返すことが、学生時代を通じてのテーマだろう。だんだん力がついてくると自信がもてるようになり、君たちが潜在させている可能性がはっきりしてくるので、そんな自分が好きになってくる——この効果が大きいのだ。

よく「東大生なんてもともと頭がいいのだから、参考にはならない」という声を聞く。だが、勉強法のまちがいや努力不足を棚に上げてどうこういうのはバカげている。君たちのいまの学力レベルと、将来の夢とのあいだにギャップがあるのは当たり前だろう。むしろ、食いちがいが大きいからこそ〝やる気〟がわいてくることを、私たちは経験から知っている。

もちろん、自分の学力がどの程度かを知ることは大切だが、それと同時に、自分の願望どおりの学力がないのなら、なぜそうなのかを反省し、自分が期待するだけのレベルに到達するための努力をしなければならない。何度もいうが、それが君たちのテーマなのだ。

中国古代の兵法家の孫子《そんし》に「彼《かれ》を知り己《おのれ》を知れば百戦殆《あやう》からず」という名文句がある。敵にはどれくらいの力があるのかを知り、自分の力の程度も知っておく。そして自分のほうが上ならば戦い、敵のほうが上回っているなら戦わない。つまり、敵と味方の情勢をよく知って優劣を考えたうえで戦えば、何度戦っても負けることはない、という意味だろう。

君たちは、「敵」のところを「目標」に変えてみるといい。敵を過大に評価すると戦意が失われるし、過小に評価するとゆるみが生じる。だが、自分を過小評価するのはもっとよくない。自分を少しだけ過大に評価することで、気持ちを奮い立たせることが大事なのだ。

ただし、こうしたイメージ操作は自分のがんばりを動機づけるためのものなので、がんばりが不足したときのツケは自分で払わなければならない。いまの学力は万全ではないので、どこかでミスするのは避けられないだろう、と冷静に自己チェックできるようでありたい。

成功した自己イメージを描いて、まず第一歩を踏み出せ！

プロ野球やJリーグの選手たちは、「自分が最高なのだ！」という自負心をもっている。彼らは好調なときの自己イメージをつかんでいるが、それでもスランプになることがある。頭に浮かべたイメージと身体の反応ぐあいがズレたとき、突然の不調にみまわれるのだ。

心身のバランスを調整しなければスランプから脱出できないが、「自分は一流なのだ!」という自信を失わず、観衆の前で最高のプレーをしている自分を頭のなかでイメージできる能力が高い選手ほど、回復するのが早い。誤解をおそれずにいうと、うぬぼれと紙一重といえるくらいの大きな自信をもっているからこそ、すぐグラウンドに復帰できるのだ。

そうした選手が積み重ねてきた努力は並たいていではないだろうし、その素質も図抜けていたことだろう。だが、君たちが目を向けるべきなのは、豊かで多彩な自己イメージを描くことができる彼らの想像力のすごさと、どこまでも前向きな心のもちかたではないだろうか。

団体スポーツにはポジションというものがある。人間には向き不向きがあるが、それぞれのポジションの特性をつかんで自分をきたえあげれば、最高レベルには届かなくても、チームの仲間から評価されるくらいのプレーはできるようになると信じたい。

勉強も同じことだ。いきなりオールマイティの天才などめざさず、少しだけ自分を過大に評価して、前向きになっている自分に自信をもち、「将来像」を豊かにイメージしながら、そのなかに君たちらしさを結実させようとがんばればいいだけのことなのだ。

君たちは学年を追うごとに自分の将来像をひろげながら、一方で少しずつそれに修正を加えていくだろう。自分でも気づかなかった可能性が伸びてくると、視野はぐんと広くなる。それまで見えなかったものが見えてくるのは不思議な体験ではあるが、そうした積み重ねのなかで、

まず一科目に全力をそそいで満点をとってみろ！

君たちは心身を発達させてきた。早咲きタイプと遅咲きタイプがあるが、そのちがいは、もって生まれた能力差によるのではなく、君たちの伸び型（個性）が異なるせいなのだ。

君たちは「いま」を生きている。勉強を始めるのが遅れたとしても、時計は逆回しできないという教訓を胸にきざんだうえで、これから先の「自分像」にこだわればいいのだ。

君たちがすでに三年生になっていても、夢中でやれば遅れは取り戻せる。そのコツは、まず一科目に全力投球してみるところにある。

たった一回の成功体験が君たちを変える！

野球では、スランプに悩んでいた選手がたった一本のヒットで立ち直ることがある。たった一回の成功体験が自信を回復させ、悩みがウソのように消えてしまう。成功イメージが頭に焼きついているかぎり、彼らは輝きつづけるにちがいない。成績向上のきっかけは、これと同じだ。全科目をいっぺんによくしようなどと欲ばらずに、目標を一科目にしぼってみるのだ。ある先輩の意見を紹介してみよう。

「三年生になってから自宅でがんばって勉強したつもりだったが、ほとんど成績が伸びなかった。やる気をなくしかけていたら、〝成績が伸びないのは努力が足りないのではなくて、人並みの努力はしているということだ〟と知り合いにいわれて、なるほどと安心した」

こう語るのは、東京都内の公立中学から都立富士高校へ進み、現役で理Ⅰに合格したK・T君だ。余分な力が抜けてラクになった彼は、不得意だった国語に集中的に取り組んだ。ある受験出版社の通信教育（添削）を受けはじめたが、当初はレベルが高すぎて、ほとんど正解できなかった。それでもがんばって、解説をじっくり読んで理解するように努力した。

「最初から暗記にとりかかって、それなりの点数をとるやりかたを見直すことにした。〝自国語だからやさしい〟という意識を捨て、少しでも意味がつかみにくい言葉はすぐ辞書を引くという、英語の勉強と似たやりかたに切りかえた。そのうちに出題のパターンがのみこめてきて、文章の内容もすぐ頭に入ってくるようになった」と、彼は振り返る。

その結果、彼はついに国語を得意科目にしてしまった。この成功体験が突破口になり、自信をもって授業にのぞめるようになったので、他の教科までみるみる成績が上がっていった。

君たちが全科目とも低調というタイプなら、「あれもこれも一度にやるぞ！」と手をひろげないで、「まず一科目だけをやっつけてやるぞ！」としぼりこみ、テストで一回だけ成功してみるといい。「自分はできる！」という自信は、最高の起爆剤になるだろう。

国語力の伸びが全科目の基礎学力を左右する！

ここでK・T君の例として、まず国語をとりあげたのにはわけがある。国語の学力がほかの科目の学力を大きく左右することに気づいてほしいからだ。

君たちは日本語という言語の約束ごとにしたがって文章などを読み書きし、その内容を考え、理解していく。友達との会話も、約束ごとを無視すると意味が通じなくなる。つまり、言語能力という土台があるからこそ、その上に各種の能力を積み重ねていくことができるのだ。

理科や社会科も日本語の約束ごとにそって理解するのだし、数学も同じだ。英語は外国語だから別ものと考えがちだが、生まれたときから英語を母国語にしてきたネイティブ・スピーカーでないかぎり、やはり日本語の約束ごとが鍵をにぎる。英語で会話をしたり英文を読んだりするとき、君たちが「わかった！」とうなずくことができるのは、まちがいなく日本語にもとづく能力の働きのせいなのだ。つまり、国語の力で英語を理解しているのだ。

「いつも使っているのだから、国語なんて特別に勉強しなくてもできるさ」といいながら、意味や用法をまちがえている人がたくさんいる。表現のしかたや知識がおかしければ他人とうまくコミュニケーションできない。もちろん、授業の理解のしかたもいびつになるだろう。

「言葉の意味なんて、なんとなくわかればそれで十分じゃないか」という意見も耳にする。友達との会話はそれでいいだろうが、そうした考えかたは勉強には向かない。

言葉のニュアンスをひらめきや直感でとらえるのは大切なことだが、まず本来の意味合いや使いかたを知っておきたい。そのうえで時代をリードするアーチストの詩文をまねるとか、新造語をおもしろがるというのであればいい。言葉は時代とともに変わるのだから、流行語を身につけて「いま」をとらえる感性をみがくことも必要だからだ。

文章をじっくり読んだり、辞書を引いたりという地味な作業をつづけるのは根気がいる。だが、そこを回避したのでは何年生になってもポカやミスはなくならない。ほかの科目でのミスも国語力不足によるものが多いので、まず国語のテストで一回だけ成功して、それを突破口にして学力アップにつなげてやると、全科目での得点力が底上げされるのはまちがいない。

一科目だけを標的にして最高点をめざせ！

どの科目が得意だということがなく、そのかわりに不得意な科目もないというタイプがみられる。そこそこの点数がとれていても、全体の成績はパッとしないというやつだ。

この状態を抜け出るコツも同じで、目先のテストで一科目だけトップクラスの点数をとってみると、あっけなく突破できる。一科目だけに集中して、教科書や問題集はもちろん、先生が作成した宿題プリントや小テストなど、どこにも死角がないように、内容をとらえ直して、とことんやる。「テストの前日には睡眠時間をけずるくらいの気持ちでがんばってみるのだ。

テストの二週間前になると自宅勉強の時間割をつくり、まず理科や社会科などの暗記しなければならない科目を先に一度やってしまう。そして、テストの前日は三時間ほどしか寝ないで一夜漬けでがんばる。英語や国語も、一夜漬けで覚えるのがいちばん効果的だった」

こう語るのは、東京都内の公立中学から都立国立《くにたち》高校～理II へ進んだM・K君だ。彼は野球をやっていたので疲労でくたくただったし、勉強時間も少なかった。もちろん塾にも行っていなかったので、そうしたハンディをはねかえすには、この方法しかなかったのだろう。

一夜漬けだろうが丸暗記だろうが、彼のようにトップランクの点数をとってしまえば、自分の能力に自信がもてるようになる。私たちにも経験があるが、一夜漬けで覚えたものは意外と忘れないものだし、忘れてもちょっと復習すればすぐに思い出せるものなのだ。

つぎは、いい点数をとった科目の成績を意地でも下げないよう、ふだんから予習や復習を欠かさないようにする。最初のころは短時間でもいい。集中グセをつけ、成功イメージを持続させていくと、それまでは苦痛だった勉強がいつのまにか楽しくなってくる。

ほかの科目にターゲットを変え、同じやりかたを繰り返す。一科目ずつの成功を積み重ねて自己イメージを高めていくうちに、全体の成績はぐんぐん上がっていくだろう。

「三年生になってから一、二年生のころに手抜きしたぶんがテストに現われ、ガクンと成績が下がった。点数や順位を取り戻そうとしても、なかなか時間がかかって苦しかった。とくに数学が悪かったので力を入れた。ようやく数学がなんとかなりはじめてきたら、その反対に英語が落ちはじめた。科目ごとの勉強の時間配分に失敗したからだ」

こう語るのは、兵庫県の私立甲陽学院中学~高校から文Iに進んだO・H君だ。彼のような苦労もあるだろうが、みんなの評価を変えたくなければ、何度でもやり抜くしかない。

ちなみに、O・H君は中高一貫六年制だったので、長期的な計画が立てやすかった。「もう一度歯をくいしばってきちんと勉強をやり直した結果は、ようやく高校になってから現われてきた」というが、一度や二度の失敗など栄養分にしてしまえばいいのだ。

勉強での悩みや不安は、逃げていては解消しない!

成績が伸び悩んでいるときは、不安にかられる。私たちもそうだった。スポーツに打ちこめとか、読書をしろ、などといわれる。遊び感覚でやれるものはすべて気分転換になるだろうが、私たちは、「勉強から生まれた不安や悩みは、勉強のなかで決着をつけるしかない!」と考え

勉強で生じた不安は勉強のなかで決着をつけよう!

ている。不安や悩みの原因が「勉強がうまくいかない」ことにあるのなら、そこから目を離してどうするのだ。理屈をこねて「遊び」に逃げこむのは最低のやりかただ。

「一年生のころはバスケットに熱中していたがそれは表面上のことで、本当はトップグループをめざして努力しようと決意していた。ところが練習が終わって帰ると疲れてぐったりなのと、時間がないのとで、かなりアセっていた」

こう語るのは、東京都内の公立中学から私立桐蔭学園高校理数科～理Ⅰへと進んだI・Y君だ。彼なりに対策を立てて勉強しようとしていたが、なかなか実行できないのが悩みだった。

成績はかろうじてトップグループに入ってはいたが、学年全体のなかで特別に目立つということもなかった。ただし、数学だけは文句なしの成績がとれていた。

「とにかく伸び悩んで、不安でしかたがなかった。〝人間は身体が資本だ〟などと理屈をつけてよく食べてよく寝ていたら太ってしまった。三年生になって夏休み前に部活をやめてからはがんがん勉強に打ちこんだ。〝もっと早く勉強を始めていればよかった〟と悔やみながら、週二回、進学塾に行きはじめた。自宅に帰ってからも、夜の十二時すぎまでがんばった」

その結果、つねにテストで上位の成績がとれるようになり、それにつれて不安は消えていったという。バスケットはバスケット、勉強は勉強という割りきりができたところを大いに参考にしてほしい。わがままや甘えを許さない――これが、もっとも正しいやりかただろう。

「小学校のころから塾に通って勉強をがんばっていたので、中学受験に成功してホッとして気がゆるんでしまった。中学では寮生活だったので、規則によって毎日かならず四時間ほど勉強させられたが、ボーッと机に向かっているだけだった」

こう語るのは、大阪府出身で愛媛県の私立愛光学院中学~高校から理Ⅰへ進んだK・T君だが、中学受験による学力の貯金があったので、一年生のころの成績はまあまあだったという。

「そのうちに授業中に先生に質問されても答えられなくなり、成績もむちゃくちゃに落ちてしまった。三年生になっても相変わらずだったので、ついに親が怒りはじめた。やっと少しずつ勉強を始めたが、ペースをつかむまで苦しかった。これがスランプだと自覚したことはなかったが、ずっと不安な気持ちだった」という。彼は高校に進んでからぐんぐん成績を伸ばしているので、勉強のなかで生じた不安をきちんと勉強のなかで消してみせたことになる。

目先の小テストなどを最優先して満点をめざせ！

何から手をつけたらいいのか悩んでしまうというタイプは、いまできることから着手すればいい。すぐ目先のものといえば、十分間ほどの小テストだろう。満点といきたいところだが、とりあえずはトップランクをめざせばいい。ささやかな成功にすぎなくても「やった！」という達成感は大きいので、かならず成績上昇のきっかけがつかめる。

テスト後にすぐ長期的な計画を立て、それを実現するために一歩ずつがんばらないと効果は消えてしまうが、まず突破口を開くのが先決だ。小テストが近いと予測できたら、授業に集中して、その日のうちに復習する。定期テストのように範囲をひろげないで、前の小テスト以降の内容にしぼる。少しわからない個所があっても、前のほうに戻りすぎないこと。「いま」の内容にこだわり、その範囲だけをパーフェクトにしてしまうのだ。

ここでは、「へたに完璧主義をめざすな！」ということが大事になる。君たちは、「いまの授業がよくわからないのは、前の内容がわからないからだ。いったん前学年に戻って、復習からやり直さないとダメだ」と、周囲からいわれたことがあるかもしれない。

長い目で見ると、そうした意見はまったく正しい。たしかに「いま」の勉強にわからないことが出てくるのは、その前段階での理解や練習が足りないせいだろう。だが、まず目先に集中して突破口を開こうというときに、前学年の復習を、しかも中途半端にやりはじめたのではまずい。生まじめなタイプほどそうなりがちだが、もっと大ざっぱに考えてもらいたい。

小テストで成功するコツは、「目先のものを最優先しろ！　理解不足のところは丸暗記してしまえ！　テストでいい結果を出してからトコトンやり直せ！」――というところにある。

とくに「いい結果を出してからやり直す」ことが、つぎの段階へのカギをにぎる。前学年の内容に不安があれば復習すればいいいし、丸暗記したところも完全に理解しておかなければならない。だが、いい点数をとってしまうと、そうした作業が苦痛でなくなるから不思議だ。

計画倒れをおそれず、七〜八割達成をめざせ！

一度でも成功すると、自己イメージが大きくふくらむ。その時点でもっと輝いている自分を想像すると、成功のステップを昇りはじめた実感がわくので、計画を立てるのが楽しくなる。

一年間を見通した大きな計画。中間テストで前期と後期に分けた各学期の計画（三学期は別に作成する）。一週間単位の計画。一日の時間割などだ。春休みや夏休み、冬休み用の計画も立てる。学校の授業や行事をベースにして、スポーツや遊びの時間にまで気を配りたい。

自分の将来像を力強く描こうとすると、君たちは「いまの掛け値のない学力」に気づかされる。逆にいうと、君たち自身にそのつもりはなくても、現在の学力をきちんとチェックしないと、「輝いている将来像」を手に入れるための計画など立てられるはずがないのだ。

計画を立てるのはたいへんな作業だが、ここでも中途半端な完璧主義者にならないこと。途中で少し変更しても大筋に影響のない、弾力的な計画をめざすほうがいい。君たちの進みぐあいにそって修正していける、柔軟なもののほうがいいということだ。

うまくいった科目はそのままでいいし、失敗した科目のほうは直せばいい。目標を達成するための進行プランにすぎないのだから、計画倒れをおそれてはいけない。七割から八割ほど達成できたら「成功した！」と、楽観的に受けとめるのがコツだろう。

計画表は壁などに貼っておくといいが、汚いものは見た目がよくないし、きれいすぎるのも意味がない。将来の自分像をデザインするための手がかりなのだから、自在に書きこみができる余白があってもいい。それを目にしながら、復習や予習をこなしていくのだ。計画表は生活のリズムを刻むためのものでもあると気づくなら、脱皮できる日は近いだろう。

失敗をどう処理するかによって、学力の伸びに差がつく！

まず失敗してみろ！　そういわれると驚くかもしれないが、自分なりに挑戦してみて、目標と現在の力とのギャップに気づかされて初めて「失敗した！」と自覚できるのだから、やることをやらないうちは失敗することもない。悔しい！　残念だ！　という思いが強ければ強いほど自己イメージがはっきりし、新しいスタートへの意欲がわくものなのだ。

テストのときは、各科目ごとの目標点数を決めておく。テスト後に自分で採点して、その点数もメモしておく。先生が採点した答案用紙が返されたら、前の二つの点数と比べてみる。そこまでやって初めて、「いま」にメスを入れる用意ができたことになる。

三つの点数が同じで、しかも高ければいうことはない。だが、一本の数直線の上に三つの点数がポツンポツンと離れて並ぶほうが多いかもしれない。落胆が大きいと、しばらく勉強が手につかないかもしれないが、ここから先の処理のしかたが学力の伸びを大きく左右する。

先生に採点された点数は冷静に受けとめなければならないが、いちばん重要なのは、ほかの点数と自己採点とのギャップだ。どれほど点数が離れたのか、なぜ自己採点が狂ってしまったのか、そこを筋道立てて考える手がかりにするのがねらいなのだ。

自己採点が低かったのに、先生の採点が高いということもあるが（きわめて少ない！）、そういう場合でも、「どこまでわかり、どこからわからない」の領域をはっきりさせておくこと。

もっとも重症なのは、自己採点がやたらに甘くて、答案が返されるまで失敗に気づかないタイプだ。「できたつもり」で有頂天になり、点数を知ってパニックになる。何か答えを書きさテストでの失敗を学力アップの原動力に変えよう！

えすれば正解だと思いこむのは、自分の足もとが見えていないせいだ。より的確にいうと「いま」を見つめる勇気に欠けているのだ。

こうしたタイプは、全科目への取り組みかたにまちがいや欠陥がある、と疑ってみたほうがいい。授業の受けかた、予習と復習のしかた、ノートのとりかた、いざというときの集中のしかたなど、全部ひっくるめて一からやり直すくらいの改造計画を立てなければならない。

目標点数にとどかないのを小さな失敗とすると、自己採点が甘いのは大きな失敗だろう。だが、早いうちの失敗はすべて小さいと考えるのがコツだ。失敗すると、いろいろ目配りできる力がつくので、気づかないうちに、大きな失敗をしないだけの力量がそなわってくる。

失敗してみて、そこでやり直す。こうした繰り返しが、君たちを一ランク上の新しいスタートラインに導くのだ。その時点で、大きくはったりをきかせるのも有効だ。ちなみに「はったり」とは、わずかなことを大げさにいって他人を圧倒しようとすることをいうが、君たちが三年生の場合は、第一志望校を大きく書いて貼るのもいい。高望みしても誰も文句はいわないし、「修正できるから計画なのだ」と割りきれば、気分的に追いこまれることもない。

学校生活全般の要領にこだわると、受験に有利になる！

何度もいうが、勉強においては「要領」がキーワードになる。しかも「悪いムダを徹底的にはぶく」ことと、「いかに要領よくやるか」とをうまく組み合わせたときに、最大の効果がもたらされる。正面からぶつかる気迫はもたなければならないが、ひょっとすると側面から攻めたほうがいいのではないかと、やりかたを反省してみる柔軟さがほしい。

「理科でも、物理系のものは理解してから覚え、化学系は覚えてから理解すること。これが頭を混乱させせないために、まず知っておいてもらいたいことだ。また、生物系と地学系はひととおり覚えてからでないと理解につながらないので、まず暗記に全力をつくすといい」

こう語るのは、東京都内の公立中学～私立桐蔭学園高校から理Ⅰに進んだI・Y君だ。まったくそのとおりで、暗記ものは大きな表にまとめて壁に貼っておくと便利だし、それを作成す

るときの労力をはるかに上回る効果がのぞめる。彼はつづけて、

「教科書を土台とすると、問題集はすき間をうめるパテだ。参考書は内外の飾りつけで、ノートは自分がこしらえた宮殿、そして自分がそこに住む王さまなのだ」

ともいう。教科書、問題集、参考書、ノートなどをうまく組み合わせて活用するのはかんたんではないが、それぞれの関係を立体的にとらえておけば、あれこれ悩まずにすむ。

要領といえば、各中学校から受験する（公立）高校に提出される「調査書（内申書）」が合否の参考にされるので、三年生はあらかじめ準備しておきたい。先生がたは三年生の二学期の成績をベースにするので、国語、社会、数学、理科、英語の五教科はもちろん、音楽、美術、保健体育、技術・家庭など、さらには部活やクラス活動、校外学習などにも手を抜かないこと。

ゴマをすれとまではいわないが、先生も人の子なのだから、感情を害されるのはいやだ。無理をしない程度に自分をアピールして、印象をよくするのも要領のひとつだろう。そのほうが学校生活が楽しくなるし、授業に集中できるようになるので、やってみる価値がある。

「総合的な学習の時間」などを活用しよう！

私たちの中学時代と大きくちがうものに「総合的な学習の時間」と「選択教科」の導入がある。これをどう活用するかで、君たちの学力はかなりの影響を受ける。ほかに「習熟度別や少

人数制クラス」の導入もあるが、これは序章でとりあげたので、ここでは割愛する。

まず「総合的な学習の時間」というのは、地域や学校、君たちの実態などに応じて、自分たちで見つけた課題を主体的に解決しながら、どう生きていくべきなのかを、自分たちの力で考えられるようにするのが本来のねらいだ。病院や消防署、空港や漁港、工場や輸送センターなどの現場に立ってみることで、もっと知識の奥行きを深めようというものだ。

こうした流れは、いずれ高校入試の出題内容にも反映されるだろう。「生きる力」を重視するという方向性が示されているので、機械的に暗記した知識よりも、生活のなかでの身近な課題を解決する能力が問われてくる。君たちはより力強い解決能力を育て、学力の「引き出し」をふやすことを目標にするといいだろう。

ただし、この「総合的な学習の時間」に補習的な学習をしたり、発展的な内容をあつかったりする動きも見られる。序章で紹介したように兵庫県のある小学校がその先べんをつけたのだが、これを絶好のチャンスと受けとめ、それぞれの学力達成プランに組みこんでほしい。

また、すでに一部の公立小学校では「総合的な学習の時間」に英会話を取り入れている。日常生活レベルの「伝え合う」能力を育てようというもので、相手の意向を聞き、自分の気持ちを伝える、つまりは口語での慣用表現を中心にした初級レッスンが実施されているのだ。

会話が重視されるのは、いわゆる「国際化」という時流にそうための配慮だろうが、その背景には私立中学の入試事情がからんでいることを見のがすわけにはいかない。

すでに首都圏の五、六校の私立中学では、入試科目に英語を課したり、選択科目に加えたりしている。小さいころから英語を学ぶ子供がふえているが、中学入試に英語がないために受験期が近くになると学習を中断するケースが多いので、一部の私立中学は、こうしたすき間に目をつけたのだろう。学校によっては、入試科目に英語を選択した子供を入学後に特別クラスに優先的に入れて、さらにレベルアップした英語の授業をするともいう。

公立小学校での英語の導入は、ペーパーテストの点数にこだわりすぎる従来のありかたを改革していこうとする動きでもある。中学の英語もそうした方向づけが強調されているが、君たちは、リスニングとスピーキングに向いた短縮形のいいかた、つまり日常的な会話文や慣用表現などをいちだんと重視すればいいだろう。

「選択教科」では、自分本位のトレーニングにこだわれ！

「選択教科」というのは、基礎や基本の確実な定着をはかり、個性を生かすための時間だ。君たちの興味や関心に応じた課題を選んで、学ぶことの楽しさなどを味わうための特別な授業なので、教科ごとの時数は特定できない。

この「選択教科」の時間は、得意科目をさらに伸ばし、不得意科目をなくすために利用するのがベストだろう。弱点などを自己診断したうえで、あくまでも自分本位のトレーニング場にすること。それが学力を伸ばすコツだ。

すでに序章で考えたように、学校や先生によっては学力別の授業をするかもしれない。とくに数学や英語、理科では「通常クラス」と「進んだクラス」に分けられることになるが、「できる・できない」に落ちこんだりせず、自分の将来を切りひらくための学力をしっかり身につけることだけを考えればいいのだ。

少しでも不安があれば、基礎からやり直すグループを希望して、足もとを固めたい。得意科目のほうは、上級問題をがんがん解いていけばいいだろう。

志望校突破に向けての学力達成プランは、誰かが作成してくれるわけではない。君たちひとりひとりが立案者なので、競争する相手は、そうと決めた君たち自身のほかにはいない。だとすれば、少しだけ過大評価した自分像が達成できていないうちは、そのツケを払うためにムチを入れるのをためらうべきではない。そうしてこそ「自分に克《か》つ」ことができるのだ。

心がまえしだいで、勉強の遅れや不得意科目は克服できる！

勉強においての心がまえは、「のんびり急げ！」という言葉につきる。あせらず、あわてず、先の見通しをたしかめながら、そのなかに要領を折りこむ。カメの歩みかたも悪くないが、と自分の未来をデザインする意欲の大きさが決め手！

きにはウサギの歩みを取り入れてみる。そうした臨機応変なやりかたが効くのだ。

よく「不得意な科目の点数は、得意な科目の得点でカバーすればいい」といわれるが、これは大学受験のときに効果的なやりかたなので、君たちには向かない。各科目を攻略するコツをつかんで、「すべてをレベルアップさせてやるぞ！」という心がまえで、のぞんでほしい。

私立校では、英数国の三教科が入試科目というケースが多い。その場合でも、不得意科目があったのではきびしい。得意科目でカバーできるほど問題はやさしくないし、高レベルの受験生の得点ラインは接近するので、一科目での失敗が命とりになるからだ。

大学受験になると、文科系か理科系か、さらには文学系か法律・経済系か、工学・理学系か医歯薬系かなど、将来の方向を決めなければならない。大学ごとに科目の配点比重がちがうので、不得意科目を半分ほど捨て、得意科目に力を入れるのも有効なやりかたになる。

だが、君たちはまだいろいろな可能性をためすスタート台に立ったばかりなのだから、不得意科目を捨てたい、などと泣き言をいうのは早すぎる。そんな根性なしだと先の見通しが立たなくなるので、近いうちに得意科目まで落下しはじめるのは目に見えている。

国語について、「受験生には時間がないので、ある程度は内容的に重みのある新書などを厳選して、広い分野にわたって読むと、知らず知らずのうちに漢字や熟語を覚えることができる」というI・Y君の意見を紹介しておく。東京都内の公立中学から私立桐蔭学園高校理数科へ進んだガンバリ屋だった。不得意なものから逃げていたのでは、道はひらけない。

一般常識を養うには、新聞はもちろん、TVのニュース番組、海外や文化財などの特集番組なども役に立つ。アニメやバラエティ番組に割く時間を減らせば、親などの苦情を聞かないですむ。すぐ地図や図鑑などを手にとれるよう準備しておくと、さらに効果は大きい。

私たちは、中学時代の心がまえしだいで人生の進路が決まりかねないと考えている。もちろん、一年生のころから成績がいいにこしたことはないが、それ以上のカギをにぎるのが「勉強への心がまえ」なのだ。

三年生の二学期ころにようやく勉強のコツをつかんだメンバーを紹介しておいたが、そうした遅咲きタイプほど、どっしりと腹がすわっている。つまり、彼らは心がまえがとっくにできていたからこそ、短期間のうちにグングン成績を伸ばせたのだろう。

ビデオテープは、磁気テープのなかにふくまれている磁気をおびた原子の集団の方向を変えることで音や映像を記録するのがその原理だが、かんじんのテープに汚れが付着したり、回転スピードをまちがえたりすると正しく記録できなくなる。勉強もそれと同じことで、心がまえに粗雑なところがあると、得点力がばらついて成績が不安定になってしまう。

同じ授業を受けていながら学力差がついてしまうのは、もって生まれた頭の良しあしではなくて、未来をデザインする君たちの心がまえの強さが異なるせいなのだ。ビデオテープの磁気をおびた原子の質量はどのメーカーでも同じだが、操作がいいかげんだと原子たちはあっちこっちを向いてしまう。つまり、授業やテープを生かすも殺すも心がまえしだいなのだ。

ともかく、君たちはスタート台に立った。少しずつ加速しながら適正なスピードを維持して走りつづければいいのだが、うまくいくかどうかは各人の腕にかかっている。だが、コース条件は同じなのだから、「ゴールまで気を抜かないぞ！」という気迫にまさるほうが勝つ。

授業外の時間の創意工夫が、学力の分かれ目になる

ムダをはぶいて密度を濃くすれば、時間不足はカバーできる！

勉強しなければという気持ちをもてばもつほど、時間に追われはじめる。しかし、成績の伸び悩みを勉強時間の少なさのせいにするのはまちがいだ。かぎられた時間のなかで、どうすればもっとも効率があがるかを追求して、必要な内容を最小限にしぼりこむことに成功した者だけが成績を伸ばすことができる——これが勉強におけるコツと要領というものだ。

「ずっと野球部に入っていたので、授業外の時間があまりなかった。一年生のころに自宅で勉強できた時間はせいぜい一時間くらいだったが、塾に行っていたので不安に感じることはなかった。そのかわり、塾でも学校でも、授業をじっくり聞くようにした。自宅での勉強は学校の宿題と、塾の小テスト対策をやるくらいで終わってしまった」

こう語るのは、埼玉県の公立中学～県立浦和高校から文Ⅲへ進んだK・A君だ。彼の生活パターンは、二年生になっても基本的に変わらなかった。三年生になって塾のカリキュラムが受験用に切りかわったので、いよいよ受験なのか！　と少しアセリかけたというが、本格的に勉

強に取り組みはじめたのは、夏休み前に野球部を引退してからだった。

彼は、学校と塾の授業をもっとも重視した。自分でやる時間が足りないので、かえって集中できたといえるかもしれない。また塾の授業は学校よりも少しだけ先へ先へと進んだところをやっていたので、それが予習になり、学校の授業で復習をするという結果になった。

ここが大事だ。部活で時間が足りない人にかぎったことではないが、授業に集中して〝先生のどんなささいな言葉も聞きのがすものか〟と神経をはりつめておいて、その場で頭をフル回転させること。同時進行で考えるクセをつけると、理解できないものが残ったとしても、その部分を特定してしぼりこむことができる。あとで考えればいい、というのはダメだ。

よく「中学時代はクラブ活動を経験しておいたほうがいい」といわれるのは、自分の時間は少ないと自覚することで、逆に集中力が強まる効果が期待できるからだろう。クラブ活動をするなかでの充実感も成績を押しあげる力になるが、時間をやりくりしないとまずい！　というせっぱつまった危機意識ほど大きなパワーを生むものはないからだ。

先のK・A君は、三年生になってから勉強時間をくふうした。「母親が〝朝やったほうが効率がいい〟といって、毎朝六時ころに起こしてくれた。学校に行くまでの一、二時間を勉強時間にあてて、夜は早く寝るようにした。これはかなり効果的だった」と振り返る。

私たちがアンケート調査した東大生には、中学時代に運動部に所属していた人が多いが、ほとんどがK・A君と同じように勉強時間の足りなさに頭をかかえながら、自分にぴったりのやりかたを探りつづけてきた。ちがいは、塾に行っていたかどうかくらいだろう。

「一年生からバレー部に入っていたので、時間配分を気にするほど勉強しなかった。時間がないので塾には行かなかったが、授業に集中していたので内容はしっかり理解できた。二年生のときの担任がものすごい量の宿題を出したが、部活が終わって家に帰るともう夜の九時近くになっていて、宿題のノルマをこなしていたら夜中の十二時近くになってしまった」

こう語るのは、千葉県の公立中学〜県立千葉高校から文Ⅲに進んだT・M君だ。二年生のときの担任というのは織田信長のようなタイプで、圧倒的な迫力で勉強と生活の両面をリードしてきたらしい。そこいらの先生とは、ひと味もふた味もちがっていたのだろう。

さらに彼は、「三年生になっても夏まではバレーに打ちこみ、その後はスパッと勉強に切りかえた。あまり時間配分を気にしないで自分のペースでやったが、ときたま授業時間に眠ってしまうこともあった」とも語っている。カリスマ先生のせいもあって二年生のときに学力の貯金ができたので、三年生になってからも成績はトップランクを維持できたようだ。

K・A君とT・M君の二人に共通するのは、スポーツに熱中する一方で、学校の授業に集中することを心がけ、テストでは1点でも高得点するようにがんばったところだ。運動部のハードな練習がそのような気持ちの強さを養ったのだろうが、それは同時に、「勉強のことは勉強時間が足りないと逆に集中力が強まり能率アップ！

のなかで解決してやる」と、パッと頭を切りかえられる柔軟さも育ててくれたようだ。

授業重視のうえで試験直前は爆発的に！

部活をやっていた先輩たちは、日頃の勉強時間をけずるしかなかった。ただし、定期テストの二週間ほど前から集中的な準備を始めている。ふだんから密度の濃い努力を積みあげていって、いざテストというときに爆発的にがんばるのが、そのパターンだ。

「一、二年生のころはトップグループをめざして、学校の授業に重点を置いてかなり勉強していたが、復習に追われがちでアセッていた。ところが夕食後にすぐ寝る、つまり勉強する前に寝てしまうということがよくあった」

こう語るのは、愛知県の私立滝中学～高校から理Ｉに進んだＳ・Ｋ君だ。彼はブラスバンド部に入っていたが、二年生の終わりごろから夕食後にいったん仮眠したあと、深夜に起きて勉強する方法をとった。その結果、三年生になって成績がグングン伸びはじめた。

「ようやくトップクラスの連中とわたりあえるようになって、初めて自信らしきものが生まれてきた」という。中高一貫六年制の私立なので、大学受験まで視野に入れた長期的な計画を立てることができたのも大きかったようだ。

また、大阪教育大附属中学～高校から理IIに進んだＭ・Ｎ君は、技術部に入っていた。

「アマチュア無線に夢中になっていたので、放課後はそれだけで終わってしまった。そのうえ遠距離通学だったため、朝の七時前には家を出なければならなかったので、睡眠時間が足りなくて、眠くて苦しかった。急いで家に帰っても夕方の五時をすぎてしまうので、夕食もそこそこに寝てしまうことが多かった」と語っている。

彼も中高一貫校だったが、定期テストの前になると、これでもかというくらい集中的に勉強している。そうでなければ国立校でトップグループに入れるわけがない。ただし、六年間の長期的な学習計画がはっきりつかめているので、気持ちに余裕がもてたのはたしかだろう。

「もともと小説などが好きで、二年生のころからは世界の名作文学を読むようになった。三年生になっても高校受験がないので、ヴァイオリンなど趣味的なことを始めた。そんななかで、夕食前に一時間、夕食後に一時間ほど勉強する時間をなんとかひねり出した。運動部のように眠かったり疲れたりはしなかったが、毎日がけっこう大変だった」

こう語るのは、千葉県出身で私立早稲田中学～高校から文IIに進んだＯ・Ｍ君だ。中学のときは将棋同好会と新聞部に入っていて、三年生では新聞部の部長までつとめたという。

私立や国立の中高一貫六年制出身の先輩たちに共通しているのは、ほぼ全員が内部進学できるので、かなり気持ちに「ゆとり」のある学校生活が送れたところだが、それでも勉強時間のやりくりに苦労している。時間をどう配分したらいいか、ここでこそ「要領」が必要になる。

私たちの調査によると、公立中学～公立高校というコースを進んだ先輩たちの三年生のときの一日の平均勉強時間は四～五時間だった。これを目安にして、やり抜いてほしい。

部活や勉強の自信を双方向に役立たせろ！

クラブ活動と勉強の両立ができなくて悩んでいる人もいるだろう。なかには、「クラブ活動に時間をとられるから成績が伸びなくてもしかたがない」と、本心から思いこんでいる人がいないともかぎらない。とくに運動部にそうした傾向がみられるが、それはまちがっている。

また最近は、学校枠をこえたクラブチームがふえているので、もっと別の視点から考える必要もある。スポーツ少年団などは民間の指導者のもとに活動しているが、実績のあるチームほどスケジュールがハードだと聞く。公立中学が週休二日制になったものの、土曜は半日以上を練習にとられるし、日曜は遠征試合が組まれたりするので、自由な時間は少なくなる。

大会などで活躍してスポーツ推薦をねらうのも選択肢のひとつだから、勉強などどうでもいい、という意見もある。だが、本当にそうだろうか。私たちの経験からすると、スポーツと勉強は対立するものではない。また、スポーツにすぐれた人は、勉強能力も潜在させているものなのだ。やるかやらないか、分かれ道はここにある。

部活も勉強も、友達や先生との関係も、また校外のクラブチームも、それらすべてが君たちには大切でかけがえのないものだ。こうした関係のなかで、君たちは可能性の枠をひろげ、「これが自分なのだ」といえる人格をデザインしていく。つまり、自分という存在の輪郭を描きあげるのにぴったりなのが、クラブ活動と勉強という二つの分野なのだ。

自分に自信をもつことができると、堂々と「自分」を出すことができる。どんな困難にも立ち向かっていける。自信のきっかけは部活であってもいいし、勉強でつけた自信をもとに部活で輝くのもいい。そうして初めて、君たちの中学時代は実りの多いものになるだろう。

例の信長型のカリスマ先生にきたえられた千葉県出身のT・M君は、名門・千葉高校でもバレー部で活躍した。また、埼玉県出身のK・A君も、名門・浦和高校では硬式野球部でがんばり抜いた。そして東大でも硬式野球部に所属し、東京六大学野球リーグ戦でベンチ入りしたのだ。そのK・A君が輝いたのは、あの神宮球場だ（プロ野球のヤクルトの本拠地）。「勉強との両立がたいへんなので何度も野球をやめようと思ったことがあったが、〝やめるのは敗北だ、逃げたら負けだ〟と自分をはげまして練習に打ちこんだ。でも苦しいのは自分だけじゃないし、試合に勝ったりするとうれしくて疲れはふっ飛んだ。そして、だんだん〝自分はやればやれるんだ〟という自信がついてきた」と、K・A君は振り返る。

朝型か夜型かは、生活リズムに合った効率のいいものを選べ！

いつ勉強するともっとも能率があがるか？　これは個人差が大きいので「これがいちばんいい！」と決めることはできない。やってみて、自分に合った時間帯を選ぶしかないのだ。

だが、夕方に一度寝て、夜中に起きるというやりかたは、定期テストなどの短期決戦にはいいが、長期間にわたってやり抜くのはムリだろう。それと対照的に、早起きして早朝の二時間に集中するK・A君のやりかたは、長い目でみるとすごく効率がいい。

また、月曜から金曜までの夕食の前後にかならず二時間ほど勉強する、と決めておくのも有効だ。土曜と日曜はまったくの余白なので、自由に使える。しかし、テスト前には特別の時間割をつくり、前項に登場したM・K君のように一夜漬け作戦をとると効果がある。

「家ではふだんは宿題しかやらなかったが、試験の前にはクラブが休みになるので、試験範囲の総暗記にとりかかった。二週間前から理科と社会をやりはじめる。三日前から英語と数学をやる。技術家庭、音楽、美術、体育、国語などは完全に一夜漬けでやった。すべて成功したといっていいだろう。一夜漬けでのポイントは、試験範囲のことはどんなこともらさずに暗記してしまうことだ。そうすると、寝不足の頭でもいい点がとれる」と語っている。

彼は二年生、三年生になっても、このやりかたを通した。「三年生の二学期の成績は高校への調査書（内申書）の資料にされるので、定期試験の本番では何回も答案を見直してミスを少なくするようにした」ともいう。これがまさしく「要領のよさ」というものだろう。

「一、二年生のころは授業に集中することで乗りきった。三年生になってからは夜の七時ごろに寝てしまい、深夜の一時に起きた。ラジオの深夜放送で音楽などを聴きながら勉強して、六時ころから学校に行くまでの時間は仮眠した」

こう語るのは、千葉県の公立中学～県立千葉高校から文IIに進んだT・Y君だ。このような変則的なやりかたは、家族の協力と本人の強い意志がなければつづかない。彼は中学～高校とスポーツはやっていなかったが、東大では硬式野球部でレギュラーにまでなっている。体力にめぐまれたからこその〝はなれ技〟だろう。

「野球部の練習でくたくたなので、一、二年生のころは帰宅するとすぐ一、二時間ほど仮眠した。勉強は夕食後に集中してやっていたので、不安はなかった。三年生になってからは、帰宅定期テストでは一夜漬け作戦がきわめて有効！

直後からすぐ勉強を始めるようにした」

　これは、茨城県の公立中学～県立土浦第一高校から理Ⅰに進んだN・N君の言葉だ。

「一年生のころは、学校から帰ると走ったりして身体を動かしていた。晩ごはんのあとから勉強を始めて、午後十時くらいまでやった。二年生になると学校の勉強は学校で終わらせるようにして、家に帰ってからは本を読んだり音楽を聴いたりなど、好きなことをやっていた。三年生の二学期からは朝早く学校へ行って、一時間くらい勉強するようにした」

　というのは、熊本県の公立中学～県立済々黌《せいせいこう》高校から文Ⅲに進んだN・T君だ。クラブには入っていなかったが、足の速さを見こまれ、陸上部にかりだされて競技会に出ていたという。

　また、東京都内の公立中学～都立武蔵高校から文IIに進んだO・T君は、サッカー部だった。

「一年生のころは部活と塾だけで一日が終わった。塾では疲れてよく居眠りしていた。二年生からは塾の勉強中心にしたが、部活がいっそう忙しくなったので、きつかった。三年生になってからは、日曜日に息抜きをするようにした。そのかわり部活をやめた七月からは、月〜土曜日は午後八時から十二時くらいまで勉強した」と語っている。

君たちもいろいろ試行錯誤して、自分に合った時間割をつくりだすこと。そのうえで、土曜日と日曜日をうまく使って、計画の狂いや遅れを調整してほしい。

週末の二日間で、その一週間の計画達成度を調整しろ！

私たちは週休二日制を経験していないので、君たちをうらやましく思う反面、うまく利用しないと計画がだらけないかと心配もしている。だが、私立中学のなかには週休二日制をとらない学校もある。そこで、日曜日の使いかたを中心に、週末の活用法を考えておこう。

土、日曜日だけの進学教室や塾に通うために自由にできないこともあるだろうが、週末の二日は一週間のしめくくりであると同時に、次週へのやる気をためこむ予備日でもある。もっとも大事なのは、前の一週間で達成できなかった課題を消化しておくことだ。

やり残したものがあると気分が悪いし、不安にもなる。それをずるずる引き延ばさずに、きちんとけじめをつけるのだ。「一週間の総まとめをするから週末なのだ」という強い気持ちでしめくくると、まちがいなく翌朝からすることなすことがうまくいく。月曜日を気分よくスタートさせると、ずっとその一週間を快調に走り抜けることができるだろう。

だが、予定外のことが起きて、計画どおりに予定をこなせない場合もある。急に家族の行事がとびこむこともあれば、カゼなどで寝こむことだってあるだろう。そんなときは、次週の早いうちに特別予定を組んで、その週のうちに、何がなんでもけじめをつけること。

日曜日は息抜きをしたいというのなら、ボケーッとする時間をつくるのもいい。何もしないで寝ころんでいると、案外いろいろなことを考えるものだ。浮かんでくるのは子供のころの記憶かもしれないし、将来のことかもしれない。自分で操作するのだから、過去も未来も思いのままだ。一見するとムダにみえる時間が、君たちに滋養を与えてくれるだろう。

こう考えてみると、土曜日と日曜日はいちいち区別するまでもないことに気づく。一週間をきちんと終わらせ、次週を元気いっぱいで迎えられるようにすれば十分なのだ。

三年生には「冬休みの使いかた」が分かれ目になる！

私たちは、長期休暇が待ち遠しかった。夏休み、冬休み、春休みと数えあげるだけでもワクワクしたものだが、この期間をどうすごすかで学力はがらりと変わる。しかも、受験をひかえる三年生には、いちばん短期間で、本番直前の冬休みのがんばりが運命の分かれ目になる。
一、二年生の場合は、二学期のペースをくずさず、うまく三学期につなげる計画を立てればいい。クリスマスで浮かれたかと思うと、すぐ年の暮れと正月がくるのだから、落ち着かないかもしれない。怠けグセをつけず、期末テストのやり直しを中心にするといいだろう。
三年生は、ここで猛烈にスパートしたい。やり残しをチェックするための最後のチャンスなのだから、のんびりは禁物だ。たとえ上位の成績であっても、気を抜かないこと。ましてや思うように成績が伸びていないのなら、余計にがんばること。直前で一気に伸びる例はたくさんあるので、受験の前日まであきらめないで走りつづけてほしい。

ここでの逆転はできる！　私たちは気休めでいうのではない。冬休みから一月にかけての最後の追いこみで猛勉強したタイプが、すでに合格圏にとどいていると安心して気をゆるめたタイプを逆転することがよくあるからだ（公立校受験の場合は二月下旬近くまで使える）。

私立有名校の入試結果は、大手進学塾などによって公表される。それによると、合格者の偏差値（大手進学塾による）にはずいぶん幅がある。偏差値が上位なのに不合格のことがあるし、下位なのに合格することもある。事前に合格まちがいなしと判定されていたトップレベルの受験生が失敗して、とても無理といわれていたレベルが受かっていたりするのだ。

このような現象は公立校にもみられるはずだが、偏差値を算出するテストが追放されているので、正式な資料はない。しかし、大手の受験塾などは合格偏差値には幅があることを正確につかんでいる。ずっと受験をくぐり抜けてきた私たちにとっては自明のことなのだが、偏差値の分布帯が広がってしまう原因は二つある。

ひとつは、先ほどふれたような逆転現象によるものだ。通常は三年生の二学期の成績をもとに志望校を決めるが、その時点で「もう合格圏内に入っているから大丈夫だろう」とタカをくくるタイプが危ない。受験レースでは、誰もが必死だということを忘れてはまずいのだ。

かろうじて合格可能圏に入ってはいるが、まだ安全圏という判定をもらえていないレベルの受験生は歯をくいしばって追いあげる。残された日数をがんばり抜くうちに、自分でも信じられないほど伸びてくる。そして、ドラマが起きるのだ。

二つめの原因は、志望校の出題傾向に慣れないまま受験するためだ。ずっと公立校を目標にしておいて、大手進学塾の模擬試験を受けたところ予想外に偏差値が高いので、私立や国立の有名校も受けてみようという場合にしばしばみられる。

有名校にはそれぞれ出題傾向があり、問題そのものも難度がかなり高い。過去の問題などをたくさん解いて傾向に慣れ、さらに解きかたのパターンを身につけないと合格はむずかしいのだ。このレベルになると、偏差値だけで受験校を決めるのはムチャというしかない。

「入試直前になって、なぜか突然、自信をなくしてパニックにおちいった。ひたすら勉強することで不安とたたかった。肩がガチガチにこって鉛筆を持つ手が動かなくなったが、親に〝もうやめろ！〟といわれるまでやり抜いて、ようやく乗りきった」

こう振り返るのは、東京都内の公立中学から私立桐蔭学園理数科に合格したI・Y君だ。彼は国立の東京学芸大附属高校も受験したが、こちらの最難関校のほうは失敗に終わった。偏差値は合格可能圏だったというから、おそらく出題傾向にそなえた準備が遅れたせいだろう。

このI・Y君でもパニックになったように、入試直前のプレッシャーというのはすごい。彼のように、さらに勉強に打ちこんで不安を解消するのが正しい。やることをやれば裏切られることは絶対にない。自分で「まだ伸びている！」と実感できるようになると、不安はどこかに消えているものだ。このように、三年生にとっての冬休みは決定的な意味をもつ。

夏休みは不得意科目を解消する絶好の季節だ！

一学期が終了したときのうれしさと解放感は、いまでも忘れられない。だが、長期の勉強計画を実現していくうえで、この夏休みをどうすごすかは、ものすごく大きい。

夏休みの大きな課題のひとつは、不得意科目をなくすことだ。この暑い季節にうんと汗を流した人は、二学期に急上昇するのはまちがいない。三年生はやることが多いので、その科目を毎日二〜三時間ほどというやりかたでいい。曜日と時間を決めたら、石にかじりついてでもや夏休みは不得意科目を得意に変えるチャンス！

りとげること。一、二年生の場合は、まるまる一日を不得意科目にあてるのもいい。

とくに三年生は、九月初めに実力テストを実施する学校が多いので、その時点で全力投球できるように準備しておくこと。範囲は三年生の一学期までの内容だが、本番の入試の九割ほどがその範囲から出題されるので、いい点数をとって自信をつけたいところだ。

この実力テストの結果が、志望校を決める最初のデータになる。夏休みをだらだらすごしてしまうと、一学期末より学力がダウンすることもある。二学期になってから冷や汗をかかないよう、暑いさなかに勉強でいっぱい汗をかいておきたい。

前項でふれたことだが、得意科目で高得点して不得意科目の点数をカバーしようという発想はやめにしたい。塾の特訓コースを受けるのもいいし、家庭教師についてみるのもいい。不得意科目を克服してしまうのが理想だが、最低でも克服する手がかりはつかんでおきたい。

夏休みに不得意科目を攻略しきれていないようだと、二学期にかなり苦しくなるが、まだまだ打つ手はある。毎日かならず三十分〜一時間ほどやるほかに、土、日曜日の午前中は不得意科目しかやらない、という集中作戦をとるのがいい。学校行事の多い二学期の過密なスケジュールのなかでやり抜くのはたいへんだが、努力はかならず報われる。

また、夏休みにしかできないこともやっておきたい。博物館の恐龍展や美術展も楽しみだ。プロ野球などの試合観戦もしてみたいし、海や山をいっぱい味わうのもいい。勉強でためこんだ知識を反復するチャンスと位置づけてみると、風景が変わって見えるからおもしろい。

「小学校のころから新聞二紙を、かならず読むのを習慣にしていた。テレビはあまり観なかったが、夏休みは時間があるので、NHKの特集ものを観るようにした。また、ジャンルを問わない読書をたくさんするのも有効だった」

こう夏休みを振り返るのは、東京都出身で私立桐蔭学園中学〜高校理数科から理Iに進んだK・M君だ。日頃から新聞を読む習慣をつけていくと、学力はもちろん、学力を支える知識が豊富になるので、学年ごとに着実に伸びていくだろう。とくに社会科の地理や公民などに影響が大きいが、理科の地学や生物などに関係するニュースも多いので目配りしておきたい。

一時期の大学入試問題に、朝日新聞のコラムの『天声人語』がよく出題された。時事的な報道のなかに日常雑記などが折りこまれるので、季節の風物詩も題材にされる。読売新聞やサンケイ新聞のコラムも定評があるし、地方紙にも愛されるコラムがあるはずなので、少し背伸びして、一日一回の読解力テストのつもりで読むのもいいだろう。夏休みが終わるころには、毎日かならず新聞をひろげる習慣がついていることを期待しよう。

春休みは前学年の復習と新学期への助走を心がけろ！

春休みは学年の変わり目なので、一年間の総まとめをやりたい。不得意な科目や分野をなくすための問題演習をせっせとこなすこと。塾の「春休み特訓コース」を利用するのも方法だが、「あせらず、あわてず」をモットーに足もとを固めることを優先すべきだろう。

春休みにも各種のイベントが催される。映画もいいし、テレビで選抜高校野球のひいきチームを応援するのもいい。「よく遊ぶ者ほどよく学ぶ」というのはウソではない。遊びは頭を柔軟にしてくれるので、夢中になれるものを発見するのもコツのひとつだ。勉強のなかで遊び、遊びのなかで勉強するようになると、知らず知らずのうちに能力が活性化してくるのだ。

「同級生たちがファミコンのゲームに夢中になっているころ、僕はワンランク上のパソコンに手を出していた。優越感にひたりたかったからだが、そのうちにパソコンの魅力に引きこまれて専門誌を読むようになり、長期休みのあいだも打ちこんだので、ずいぶん勉強時間をムダにしてしまった。でも、その経験が自分の進路の決定に影響を与えている」

こう語るのは、例の入試直前のパニックを乗りこえて私立桐蔭学園理数科に進んだI・Y君だ。いまはパソコンでのインターネットなど当たり前の時代だが、彼の中学時代にはまだそれほど普及していなかった。また、携帯電話でのメールの送受などもまだ実験的な段階にすぎなかった。ところが、彼はすでにIT革命の到来を予測していたのだろう。

時代に先駆けてハイテク機器に夢中になっているうちに、東大理Iという工学部系の進路が見えてきたのだから、彼のいう「優越感にひたるための遊び」はムダではなかったのだ。

春休みという学年の変わり目に夢中になるものを発見できるようだと、希望いっぱいで新学期を迎えることができる。いったん勉強の手を休めて、「自分のやりたいものは何か?」を問うてみるといい。そうした余裕のもちかたは、かならず実を結ぶだろう。

学校と塾をうまく連動させて、実力をアップさせよう

現役東大生の中学時代の通塾率は九〇％を超える！

塾に行ったほうがいいのだろうか、行くとすればどのような塾がいいのか、というのは君たちには切実な問題だろう。首都圏や大都市部では、毎年二月末になると、私立や国立有名校への合格実績をのせた広告チラシが新聞にはさまれてくる。さらに三月になると、公立トップ校への合格実績をのせたものが投入されるので、だんだん気持ちがせかされてくる。

三月上旬に新学期を開講する大手の進学塾もあれば、いつでも入れる小さな塾もある。進学塾は入塾テストがあるので、それにパスしないといけない。小さな塾はテストなどないが、進学実績はさほどでもないことが多い。塾に行かないとダメなのだろうか、何を基準に塾を選べばいいのだろうか、君たちの迷いは深くなるばかりだろう。

先輩たち（一期生）の現役東大生へのアンケート調査によると、中学生のころに塾に行っていた人の比率は約四〇パーセントだった。そのほか家庭教師についたり、兄姉や叔母などの身近な人に教えてもらったりしたケースもある。それにしても意外なほど低い数字だ。

このような低比率の原因のひとつは、時代がちがうせいだろう。先輩たちの調査から十数年経過しているが、最新のデータによると、高校進学率は九七パーセント、大学進学率は約五〇パーセントに達している。そうした数値の上昇度から逆算すると、近年の中学生の通塾率は九〇パーセントを超え、地域によっては一〇〇パーセントに近い、と私たち二期生は推測する。

先輩たちの時代もかなりの受験ブームだったようだが、近年と比べるとまだ「のんびり」が通用したらしい。幼児のころから英会話を習わせる風潮もなかったろうし、中高一貫校への人気もそれほどではなかったようだ。しかし、近年は少子化傾向がいわれながら、ますます受験熱が高まってきている。塾を抜きにしては受験のことを語れなくなっているのだ。

二つめの原因は、先輩たち（一期生）のメンバーに公立の中高出身者が多く、アンケート調査が同じコース出身の友人関係にかたよりがちだった点にある。かつての「のんびり」した時代には公立校志望者はあまり通塾しなかったようなので、比率が低くなったのだろう。

ところが、私たち二期生のメンバーには国立や私立の中高一貫校出身者が多い。また、近年の東大生のなかには中高一貫校出身者の比率が高くなってきている。その大部分が塾を経験しているうえに、公立校出身者も例外なく塾に行っていた。私たちの新規調査によると、その期間に差異はあるものの、現役東大生の通塾率（中学時）は九〇パーセントを超えているのだ。

中学時にしか募集しない中高一貫校もあるが、一部は高校時にも募集する。特殊な勉強をしないと合格はむずかしいので、ますます通塾率は高くなるにちがいない。こうした流れのなかで、たとえ公立校志望だとしても、ひとりでコツコツやるのはムリではないだろうか。

トップランクの公立校の情報はもちろんのこと、私立や国立などは進学塾のデータが頼みのツナだ。合格可能偏差値から志望校をしぼりこむのも、出題傾向に合わせたやりかたを教えるのも、塾のベテラン教師のほうがすぐれている。そこも考慮に入れなければならない。

結論をいうと、私たちは塾に行くことをすすめる。ただし、学校と塾とをどのように連動させるともっとも成績の上昇が期待できるか、そこをよく考えておいてもらいたい。

公立高校をめざすなら、「のんびり急げ」をモットーに！

二年生になってから開校したばかりの小さな塾に行ったのは、国立の長崎大附属中学～私立青雲高校から文Ｉに進んだＨ・Ｈ君だ。

「生徒はひとり（つまり自分だけ）だったが、先生はイギリス帰りで、とても親切だった。英語と数学を習ったが、英語はともかく、数学はボクのほうができるくらいだった。三年生になって仲間が三人も入ってきたので、総勢五人でにぎやかに勉強した。いっしょに夕食を食べたりしたのがなつかしい」と語っている。すばらしい出会いだったことが想像できる。

「入試の半年前に、近所の寺子屋形式の英語塾に入った。成績向上だけをめざさないで円満な人間形成を目的にする少人数の塾だったが、のんびり勉強ができてとてもよかった」

こう語るのは、東京都内の公立中学～筑波大附属高校から文Ⅲに進んだI・J君だ。

H・H君以外は公立中学の出身だが、三人とも、塾の過去の進学実績やネームバリューなどにこだわらなかったところが共通している。

ところが、「一、二年生のころは近所の小さな補習塾にしか行かなかったが、三年生になってから本格的に受験のことを考え、千葉県の大手の進学塾に通いはじめた」というのは、茨城県の公立中学～県立土浦第一高校から理Ⅰに進んだN・N君だ。

また、東京都内の公立中学～都立武蔵高校から文Ⅱに進んだO・T君も、近所の小さな塾よりも実績のある受験塾にこだわった。そんな彼は、

「一年生のころから、一学年が千人ほどの大手進学塾へ通った。英語の教科書を丸暗記するようにいわれて、そのとおりにしたらかなり実力がついたので、それから塾を信用するようになった。定期テストが年に数回あって、学校の試験に負けないくらい勉強した」と語っている。

さらに、「一年生のころから、毎週日曜日に大手の進学塾に通った。私立や国立の難関校へ合格者をたくさん送り出す有名な塾だった。英語、数学、国語の三科目しか受けなかったが、レベルが高くてずいぶん刺激になった」と語るのは、東京都内の公立中学～都立戸山高校から文Ⅰに進んだM・T君だ。競争する雰囲気が性格に合っていたのだろう。

寺子屋式の塾でも最難関校合格への実力はつく！

「三年生になって初めて一学年が百人ほどの進学塾に通った。この塾は毎年、県立のトップ男子校（浦和）に二十人ほど、トップ女子高（浦和一女）に十人ほど合格者を出す実績があった。優秀な生徒が多いのと、中学校よりずっと高度な授業が緊張感を与えてくれた」

こう語るのは、埼玉県の公立中学～県立浦和高校から文IIに進んだN・T君だ。

一般的にいって、公立中学～公立高校グループは、補習のつもりで塾に通い、だんだん力をつけて最上位校に手がとどいたというタイプが多数派だ。もちろん、最初から公立校一本でありながら大手進学塾に通った先輩もいる。また、私立や国立有名校がない地方では、公立トップ校への最上位合格を目標にするタイプがいるので、少し話はちがってくるだろう。

ともあれ筑波大附属高校に進んだI・J君のように、大手の進学塾でガチガチの勉強をしないでも、見事に最難関の国立校に合格した先輩もいる（H・H君は国立大附属中学出身）。人一倍の努力をしたのはもちろんだろうし、実力がついたから合格できたのだが、初めから最難関校しか眼中になかったタイプとは、どこか勉強スタイルがちがっている。

想像するに、のんびり急げ！　というやりかたが性分に合っていたうえに、ダメなら志望校ランクを下げればいいという楽天的な考えをもてたところが成功の理由なのだろう。

難関私立や国立志望者は、ハイレベルな進学塾を利用しろ！

首都圏では、トップの開成や早慶などの私立、学芸大附属や筑波大附属などの国立校が最難関とされ、巣鴨や海城、桐蔭、城北、桐朋、東邦、青山、立教、共立女子などがランクされる。中部圏では東海、滝学園。関西圏では、灘、洛星や洛南、東大寺学園、大阪星光学院、甲陽学院、白陵、愛光、土佐、修道、広島学院、青雲、ラサールなどの私立、大阪教大附属や広島大附属、久留米大附属などが難関だ（首都圏の麻布、武蔵、桜蔭、女子学院などは中学時のみ募集）。

「一年生から塾に通い、その先どり学習を学校の予習がわりにしていた。三年生になって私立受験の勉強も始めた。本命は県立トップ校だったが、力を試してみたかったからだ。学校の授業だけでは私立の入試問題は解けないので、塾で夜遅くまでハードな勉強にはげんだ」

こう語るのは、もう何度も登場したＫ・Ａ君だが、難関私立のほうは失敗に終わった。名門の浦和高校でずっとトップグループを維持できた彼が不合格になるのだから、進学実績を誇る私立高校入試のレベルの高さには空恐ろしいものがある。

難関私立などは調査書（内申書）を重視せずに、入学試験の点数で合否を決める。だが受験生はトップランクぞろいなので、あまり学力差はない。ちがうのは、どの時点で難関校向けの勉強をスタートさせたのか、出題傾向に慣れるための準備ができたかどうか、だろう。受験生をふるい落とすために、学校の授業範囲を超えた〝難問〟が平気で出題されるからだ。

「小学校時代から難関私立中学受験のために塾に通ったが、受験は失敗に終わった。公立中学に入ってからも塾をつづけ、日曜日ごとの授業を受けた。月曜日から土曜日までは自宅で塾の予習をやり、二年生になっても同じペースでつづけた。三年生になる直前の春休みから、夏休み、冬休みなどの講習にはすべて参加した」

こう語るのは、広島県出身のＭ・Ｙ君だ。名門の私立修道中学の入試には失敗したが、高校入試時に再度チャレンジして見事に合格し、東大の文Ⅲに進んでいる。

「三年生になってから大手の進学塾に通いはじめたが、先生の横柄な態度に失望してやめてしまった。その後、近所の小規模な塾に入り直してがんばった。塾長のおかげで、人並み以下だった国語がかなりよくなった。私立と国立にねらいをしぼり、夏期、冬期、直前と最大手の予備校に通い、強い刺激を受けた。しかし、在籍した公立中学では私立や国立を第一志望にすることと、塾に通うことはひどく嫌われたので、志望校をかくしていた」

と語るのは、もう何度も登場しているI・Y君だ。小さな塾で実力をみがき、それを大手予備校でチェックするというやりかたが成功し、難関の桐蔭学園高校理数科に合格している。

中高一貫制に通っている場合は、塾を先どり学習の目安にしろ!

ここと決めた塾の雰囲気になじんで三年間ずっとつづけた先輩もいれば、途中で二つ三つと塾を替えた先輩もいる。目標がはっきりしていて進路に迷いがないのなら、もっと自分に合った塾に替えるのもいいし、そのまま続行するのもいい。先生や友達とうまくやることも大事ではあるが、学校とはちがうのだから、自分本位を優先させてもかまわないのだ。

公立志望だからこうしたい、私立志望だからこうやりたいと、自己イメージにそったわがままを押し出すのを遠慮しないこと。そうした主義主張が「自分像」を明確にさせるのだから、ためらう必要などない。そのうえで、受験勉強を楽しんでしまうのが理想だろう。

すでに私立や国立の中学に在籍しながら、塾に通っていた先輩もいる。彼らの塾の位置づけは、当然のことながら、これから高校受験にのぞむ人たちとは明らかにちがう。

「中高一貫だったので、授業は中学三年ですでに高校の内容をやっていた。中学からの内部進学者も、高校受験で入ってくる生徒と同じ入試問題をやらされるので、一ヵ月前からがっちり準備した。実力を計るために、大手の塾の高校一年生向けの模擬試験を受けてみたりした」

こう語るのは、埼玉県出身で私立巣鴨中学〜高校から理IIに進んだK・H君だ。彼の塾の利用のしかたは明快で、どんどん先どり学習していく学校の授業を補習するため、さらには通常より一学年上の学力がついているかどうかをチェックするためだった。中学の段階ですでに大学受験まで視野に入れているので、そうなるのは当然だったろう。

彼らのやりかたは、一般の中学生には向かない。また、東京都内には学芸大附属中学など国立系や私立大学付属中学の生徒がたくさん通う塾がある。一般の公立中学の生徒も入塾できるが、レベルがかなり高いので、よくよく注意しないと逆効果になる。国立系などの中学でも高校進学のさいに内部試験が行なわれるので、彼らはそれに向けた準備をしているのだ。すでにハイレベルの中学入試を勝ち抜いてきた連中といっしょに机を並べてもあまり意味がない。

大手進学塾の「強み」を利用するには、向き不向きがある！

その塾が合っているかどうかを決めるのは、君たち自身だ。自宅からは自転車なのか、それとも電車を利用するのかなど、すぐ体験してみること。建物やトイレは清潔か、机はせますぎないか、先生たちの表情は明るいかなど、気になる点をチェックしてみるといい。

塾では学校での自分より少しわがままでもいいのだから、ここで輝いてやるぞ！　変身してみせるぞ！　と自分を奮いたたせる雰囲気にあふれているなら、そこに決めればいい。

首都圏や大都市部に教室を開いている大手の塾は、その実績といい、先生がたの優秀さといい、かなり質の高い陣容をととのえている。生徒数が多く、別の中学からも通ってくるので、新しい友達と出会うチャンスもふえるだろう。テキストや問題集などは実績のあるオリジナルのものが用意されているので、あれかこれかと悩まないですむのも強みだ。

こうした進学塾は、まず入塾テストによって選抜してクラス編成し、さらに月に何回かのテストで入れ替えをする。上位から順に、国立・私立難関コース、公立トップ校コース、公立・私立コースなどと段階分けされ、さらに細かく点数順にクラス分けされる。つまり、クラス名からただちに学力レベルが判明してしまう制度をとっている。

テストごとの得点によるクラス編成はかなり心理的にきつい。「上位クラスをめざしてやるぞ！」と、やる気をかきたてるタイプがいれば、「ドキドキするのでいやだ！」と逃げ出したくなるタイプもいる。成績はよくても、競争になじめないタイプはいるものだ。

また、クラスは少人数でも塾自体は大きいので、なかには管理主義的な発想をする先生もいるかもしれない。教えることにかけては優秀でも、心理的なケアの面で力不足だと、例のパソコン少年だったI・Y君のように、塾そのものに失望させられることもある。

大手塾の教材もいいが、力量不足だと消化不良に！

オリジナルの教材や問題集にも問題がある。

入試でよくねらわれる急所がしぼられているので、かなりのすぐれものではある。だが、大人数の生徒の学力にはバラツキがあるので、落ちこぼしのないようていねいに説明しようとするあまり、かなり分厚くなっている。すごい内容にはちがいないが、「やってもやっても終わらない！」とため息のひとつもつきたくなる。

要するに、難関校をめざすタイプや、ライバルと競い合うことをはげみにできるタイプにはぴったりだが、そうでないタイプにはかえって効率がよくないのだ。たしかに入試のためのデータや資料は豊富だし、多数のライバルのなかでの順位が正確につかめるので、合格可能偏差値も信用できる。だが、居心地がよくないのであれば、やめてもかまわない。

ここでやれる！　というタイプは腰を落ち着けるといい。科目別の特訓講座も併設されているので、不得意科目を克服する道もひらけている。冬休みや入試直前になると、塾全体の空気がピリッとはりつめる。中学生のうちに、そんな緊張感を経験しておくのも悪くない。

小規模の塾のほうが学力を伸ばせるタイプがいる！

大手の進学塾になじめないタイプというのは、大勢でやるのが苦手だったり、むきだしの競争が好きになれない性格なのだろう。かといって、能力が劣っているわけではない。だが、塾という「場」は少しだけ自分をわがままに出してもいいところなのだと気づいていない。学校では平気なのに、塾という競争本位の場所だと気持ちがしぼんでしまうのは、他人の評価を気にしすぎるせいかもしれない。こういうタイプは、少人数の補習中心の塾で、先生とうちとけながら勉強をがんばってみると、かならず結果はついてくる。

小さな塾では、先生自作のプリントなどを用いることが多い。市販されている教材を用いるときでも、その生徒に合わせて問題を並べかえたりするなど、細かいところにまで目が配られる。ひとりひとりの学力のどこに不足があるかを正確につかまないと、こうした指導はできるものではない。大手進学塾を大病院とすると、こちらは街中の開業医というところだろう。

大手の進学塾の教材や問題集はりっぱで分厚いものが多いので、「やった！」という達成感がなかなか味わえない。ところが、小さな塾のものは薄いうえに、そのつど一枚ずつ手渡されたりする。「ここまでやればいい！」という目安が立つし、終わったときは「できた！」という満足感を味わうこともできる。このちがいは、心理面でかなり大きい。

その反面、「つぎは何をやる？　そのつぎは？」という、もっと大きな見通しには欠ける。それが不安だというのなら、先生に聞けばいい。何も不安を感じないのなら、先生のカリキュラムを信じてやり抜けばいい。それだけで十分に実力は伸びるが、もっと客観的に力を見きわめたければ、先生が推薦する大手塾の公開模擬テストを受けるのもいいだろう。

もっと受験情報を知りたいときは、大手の進学塾に行っている友達から収集してみるのもいい。進度やレベルを聞くと「ちがう！」と実感できるだろうが、そのことにあまり意味はない。仕入れた情報はやる気を育てる材料にとどめ、「自分は自分なのだ」と割りきること。

いろいろな塾のありかたを考えてみたが、結論を急ぐなら、君たちの性格と将来の希望進路、そして「いま」の学力レベルを照らし合わせて選ぶのが正しい。週に何回がいいか、授業料はいくらかという問題が残るが、それは君たちのご両親と相談すればいいだろう。

上位・中位の私立入試でも、塾でのがんばりが有効だ！

公立中学の学習内容が削減された一方で、私立中学入試のいわゆる〝難問〟をみとめる方向が示された。私立には中高一貫校が多いので、中学時入学生とのレベルや進度を合わせる必要があるため、高校入試のほうもさらに範囲外からの出題をふやすにちがいない。

すでに難関私立高校の入試には〝難問〟がかなりみられるが、上位や中位クラスの私立高校もまたそうした傾向にならって、出題に新しいくふうをこらすだろう。

たとえば、理数系の学力がずばぬけている、英語の達成度がすばらしい、国語ができる、社会科学系の力がめざましいなど、それぞれの校風に合った生徒を入学させたいという意向が強くなる。さらに自由な選抜制度が許されるようになるのだから、不得意科目があっても、ある一科目の能力がすばらしいなら合格させるなど、独自なやりかたをするかもしれない。

そうなると、出題傾向はかたよってくる。ある科目には大学入試レベルの難問があるのに、別の科目はやさしすぎるという事態が起きるかもしれない。君たちは受験する立場なのだから、出題が「いいか悪いか」を論じても始まらない。何がなんでも合格してみせるしかないのだ。

授業範囲外のこと、私立受験のことは、塾の先生がたに相談するのがいちばんだ。塾では出題傾向を分析しているので、そこでがんばるのが正しい。これは範囲内か範囲外かをいちいち考えなくても、志望校に向けたやりかたを指導してくれるはずだ。

中位クラスの私立には、ユニークな教育方針をかかげる学校が多い。偏差値が高いか低いかではない視点から進路を決めたほうが、のちのち有利になることもある。範囲外の勉強をしながら、本当に自分らしい将来像を描くのもいいだろう。

学校と塾をどう連結させるかが、成績のカギをにぎる！

塾に行くことで生じる盲点がある。これは塾で先にやったから、どうせ塾で復習するのだから、という考えが頭をもたげてくると、学校と塾の両方ともダメになることがあるのだ。

補習中心の塾ですらそうなりがちなのだから、進学塾の場合はもっとやっかいだ。塾はあくまでも学校の授業を補うものだという視点をないがしろにすると、まず勉強への取り組みかたに変調があらわれ、つぎに学力そのものにまで落とし穴が生まれはじめるのだ。

私立や国立の難関校をめざすには、特殊なといってもいいくらいの、ハードな勉強が必要になる。学校の授業レベルを超えた力をつけないと、まず合格はむずかしい。だが、「塾でずっと進んだ勉強をしているのだから、学校の授業なんか軽く受けておけばいい」というおごりの気持ちが生まれるようだとまずい。そうした姿勢のゆがみは、学力に飛び火する。

むずかしい塾のテストでは得点できるのに、やさしいはずの学校のテストで失敗するという奇妙な現象があらわれるのだ。その段階で基礎をじっくり点検する勇気がもてると、そのような現象はすぐ消える。ところが、「たんなるミスだから平気さ！」とナメてかかると、落とし穴は埋まらない。なぜなら、失敗の原因がいわゆる基礎事項の理解不足にあるからだ。

ここが重要になる。進学塾でも基礎から始めることは同じだが、すぐに高度な問題の解きかたへと急ぐ傾向がある。数学でいえば、ややこしい計算をはぶいて、学校では教えない公式にあてはめて一気に解くというやりかただ。時間も少なくてすむし、得点率も上昇する。

生徒のほうは、なぜその公式なのかをじっくり考えるよりも、暗記するほうを選ぶ。得点できると、「わかった！」と安心してしまう。だが、公式がうろ覚えになったときが怖い。コツコツ計算してもできるはずなのに、スパッと解くことにこだわって、あげくは初歩的なミスをおかす。自分で考えることをなおざりにすると、こうした落とし穴にはまるのだ。

また、公立の上位校や中位校をあきらめ、中位以下の私立校にしぼるタイプにも危険が待っている。「合否は入試の点数で決まるのだから、学校の成績は関係ない。塾で受験科目だけやればいいや」と、授業を軽視するのはまずい。すぐ定期テストの成績が落ちるので、自信がなくなる。パニックにおちいると塾のほうもおかしくなるので、一文の得にもならない。

一度でも自信を失うと、取り戻すには時間がかかる。学校と塾とを対立するもののようにとらえる「あれかこれか」という並列的な考えをやめて、もっと肩の力を抜けばいいのだ。

勉強にスランプはつきものだと楽観しろ！

何をやっても不調で、自信がもてなくなる状態がスランプだ。きびしい見かたをすると、自入試直前のスランプは短時間集中作戦で乗りきれ！

分を弁護するのにつごうのいい言葉でもある。

実は、スランプになるのは君たちに向上心があるからだ。逆にいうと、向上心をもって勉強すればするほど、スランプにおちいる危険は大きくなる。だが、心配はいらない。

スランプは向上心のせいで生じるが、脱出する糸口をつくるのもまた向上心なのだ。苦しくても歩みをやめないでいると、ちがった自分が見えてくる。時間がたてばスランプなど乗り越えられるといわれるのは、前進をつづけようとする気持ち＝向上心があるからなのだ。

「勉強は順調にきていたが、三年生の十月ころにスランプになった。模擬試験を受けて、都立高校は確実に合格することがわかったのがきっかけで気が抜けてしまった。なんとか立ち直るため、十二月ころに名門の私立武蔵高校の受験を思いたった。そのうちにスランプから脱出できたが、私立受験のほうは失敗した」

こう語るのは、O・T君だ。その後、彼はもともとの志望校だった都立武蔵高校から文IIに進んでいる（平成十二年度から私立武蔵は高校時の募集を中止）。

「三年生の六月ころにスランプになった。どうしても数学の問題が解けないので、周囲の人たちに八つ当たりした。通っていた塾の大学生の先生に相談したところ、〃まだ受験まで時間があるから大丈夫だ〃といわれてホッとして、ようやく立ち直った」

こう語るのは、神奈川県の公立中学～県立柏陽高校から理IIに進んだS・M君だ。野球部でがんばり抜く気力をもっていたからこそ、猛烈なスランプにおそわれたのだろう。

「一年生の夏休み後に行なわれた実力テストのときがそうだった。休み中はまったく勉強しなかったので頭がからっぽになり、ひどい成績をとってしまった。二年生になっても、三年生になっても、同じ失敗を繰り返した。ただし、三年生の秋からは奮起してがんばった」

これは、熊本県の公立中学～県立済々黌高校から文IIIに進んだN・T君だ。テストがあるとわかっていても、なかなか準備ができない。その苦しさは他人事ではないだろう。

「一年生のときから不定期にスランプになることがあった。ボーッとして頭を休めるか、マンガやテレビを見て気分転換するようにした。二年生になっても同じだった。三年生になると勉強を始めるとムシャクシャしてきた。やけ食いしてごまかしながら、机に向かった」

これは、同じく熊本県の公立中学～県立熊本高校から文Ｉに進んだＮ・Ｍ君だ。逃げるわけにはいかないと決め、「自分をごまかして」までがんばったところに注目してほしい。

「一年生の正月明けにスランプになった。何をする気も起こらないので、じっくり休んで〝やる気〟が起きるのをひたすら待った。二年生では夏休み中にスランプがやってきたので〝思いきり遊ぶ日〟というのを週に何日かつくり、あとの日は勉強するようにした。三年生の正月明けにまたスランプになった。不安で勉強が手につかなくなったので、短時間でサッと終わらせるようにした。この短期集中型への切りかえが成功した」

こう語るのは、広島県の公立中学～私立修道高校から文Ⅲに進んだＭ・Ｙ君だ。正月明けが鬼門だったようだが、学力に余裕があるなら、入試直前はこのようなやりかたが有効だ。

勉強をがんばる以外に、スランプから脱出する方法はない！

高校受験をしなくてもいい私立の中高一貫校に行っていた人たちも、同じようにスランプに苦しめられていた。勉強にはスランプがつきものであることの証拠だろう。

「中学の三年間をとおして、二学期の中間テストのころにスランプになった。一年生のときは記憶力がおかしくなって暗記科目がまったく不得意になったが、自然に回復するのを待つしかなかった。二年生のときは、まるで勉強する気がなくなった。でも中間テストの成績があまりにも悪かったので、しかたなく机に向かった。三年生のときも、勉強への意欲がなくなって脱力感におそわれた。やはり自然にやる気が出てくるまで待つしかなかった」

こう語るのは、埼玉県出身で私立開成中学～高校から文IIに進んだM・Y君だ。彼のようにじっとガマンするのは勇気のいるやりかただが、治療のしかたとしてはまちがっていない。

「根が楽天的なのか、スランプという精神状態はおぼえていないが、アセリはあった。一年生の一学期に数学に赤点がついたのであわてたが、宿題をやるうちに脱出できた。二年生の一学期も数学で赤点をとったが、一年生のときと同じようにして脱出した。三年生では数学に力を入れたので赤点はまぬがれたが、今度は自信をもっていた英語が下がってきたのでパニックになりかけた。予習にもっと時間をかけることで、ようやくのりきった」

こう語るのは、兵庫県の私立甲陽学院中学～高校から文Iに進んだO・H君だ。こうみてくると、スランプの内容がよくわかる。そして、そこからの脱出法もよくわかるだろう。

「いろいろな心配事など、勉強以外のことが原因でやる気がなくなるというのはわからないでもないが、自分の勉強がうまくいかないからといって、そこで努力をやめてしまう人の気が知れない。勉強のことは勉強で取り戻すしかないではないか！」

こういいきるのは、N・I君だ。彼は広島市の出身で、広島学院中学～高校から文IIに進んでいる。私たちも、このシンプルで力強い言葉にすべてが集約されていると確信する。

第2章
英語の成績を伸ばす、ムダのない勉強法

真の点数主義を貫いて、得点できる力を伸ばそう

英語における"四つの技能"とは何だろう?

必修教科の「外国語」は、英語の履修が原則とされる。その学習目標は、聞くこと(listening)、話すこと(speaking)、読むこと(reading)、書くこと(writing)の「四つの領域」での技能を身につけることとなっている。一年生は初歩、二年生はそれを広げる、三年生でさらに広げるというように、三学年間を通して、少しずつ習熟していくように指導される。

四つの技能を身につけることによって、①外国の言語や文化への理解を深める、②積極的にコミュニケーションしようとする態度をつくる、③聞くことや話すことなどのコミュニケーション能力を養う、の三つを達成するのがねらいなのだ。ある程度の知識を身につけていても、それを活用できないという従来のありかたにメスが入れられたことになる。

もっとも重視される「聞くこと」では、発音や強勢、イントネーション、区切りなど、話される音声の特徴をとらえることが大切とされる。ついで、具体的な内容や大切な部分を聞きとる、相手の質問や依頼などを聞いて応じる、話し手に聞き返すなどして内容を正しく理解する、

などの事項に注意するよう求められている。

同じように重要とされる「話すこと」では、音声や発音を正しくする、考えや気持ちを相手に正しく伝える、問答したり意見を述べ合ったりする、つなぎ言葉（well, let me see など）をくふうして話がつづくように話す、などの事項が大切とされている。

三番めの「読むこと」は「聞くこと・話すこと」より下位におかれ、文字や符号を正しく読む、内容を考えながら黙読や音読をする、物語や説明文などのあらすじや大切な部分を読みとる、伝言や手紙から書き手の意向を理解して応じる、などが大切な事項とされる。

四番めの「書くこと」は、正しく書くこと、聞いたり読んだりしたことをメモして感想や意見を書く、気持ちや考えが読み手に伝わるように書く、伝言や手紙で自分の意向を正しく伝えるように書く、などの事項があげられている。

私たちのころは学年ごとの目標が立てられていたが、現在は、学年ごとの目標はそれぞれの学校に任されている。各学校の自主性にゆだねたほうが、生徒のありかたや地域の実情に応じた学習ができると判断されているので、習熟度別のクラス編成なども導入されている。

私立中学入試のレベルは、英検4～5級だ！

英語は生きた言語なのだから、「聞く・話す」がいちばん大事ということに異論はない。長年にわたって勉強してきても会話も満足にできない、というのはたしかに情けない（私たちのメンバーでも会話が自由自在というのは少数にとどまる）。「読む・書く」の知識を中心にしたペーパーテスト偏重の授業（＝受験勉強）が、その原因だとされるのも理解できる。

すでに一部の公立小学校では「総合的な学習の時間」のなかで初級会話を中心にした英語を教えているが、早くから「聞く・話す」に親しむのはいいことだ。幼児のころから英語スクールなどで勉強するケースもふえてきているが、覚えはじめたばかりの子供で一〇〇〇語前後の単語を身につけ、小学校終了時にはさらに一〇〇〇語ほどふやすという。

また、首都圏などの一部の私立中学では、入試科目に英語を取り入れている。応用問題などは英検の5級～4級レベルだというから、英語になじんでこなかった人にはやさしいとはいえない。基本問題では単語のつづりを書かせない、面接でかんたんな会話力をためすという形式が多いようだが、ある私立女子中学では英検5級レベルを出題していたが、正答率が高すぎるので4級に引き上げたという。

ちなみに英検というのは、㈶日本英語検定協会が「日常の社会生活に必要な英語の能力を検定する」もので、5級、4級、3級、準2級、2級、準1級、1級という等級に分かれて実施される。筆記試験とリスニング（listening）、面接が行なわれ（4級、5級はなし）、年間約三五〇万人が受験しているが、その等級は英語能力を示す尺度として広く認知されている。

たとえば4級レベルの単語では、家族の名称（cousinなど）、都市の名称（Germanなど）、季節や曜日（August, Fridayなど）、同意語（close・shut）や反意語（full・empty）などが問われ、適切なものを選ぶ。会話表現では、対応する文中の空白部にWhere are you going?などの文を選択させ、読解では手紙文が出題されて質問に対する答えを選ばされる。

このレベルの問題を正答する小学生がいるのだから、君たちも負けてはいられない。「もっと使える英語力をみがく」という時代の流れをきちんと正面から受けとめ、さらには「テストで得点できる英語力」を高めてもらいたいものだ。

試験で得点できる英語力をめざせば失敗はない！

ここで「四つの領域」について考えたのは、私たちの中学時代と、いまの君たちとの相違点を明らかにしたかったからだ。比較していうなら、私たちはペーパーテスト重視型の、つまりは「読む・書く」にかなり比重をおいたカリキュラムのなかで勉強してきた。

もちろん私たちも「聞く・話す」に時間をかけたが、それを〝使えるレベル〟にしようという意識は強くなかった。学校のテストでも、成績につながるのは「読む・書く」の点数だったので、そちらの力を必死にみがくことで、試験で得点できる英語力を身につけてきたのだ。私たちが成功したのだから、そのようなやりかたは正しいに決まっている。

ここが急所なのだが、学習目標の「聞く・話す・読む・書く」という順位づけと、得点できる英語力を身につける勉強のやりかたの順位づけはちがう。まず「読む・書く」を優先したうえで、それを「聞く・話す」につなげてやる。つまり、「読む・書く」にそこそこ習熟した段階で「聞く・話す」と融合させ、たがいに学力を支え合うようにするのがコツだろう。

君たちは、聞くこと（listening）や話すこと（speaking）を目いっぱい楽しめばいい。ネイティブの話した内容がわかる、ネイティブにわかるように話せる、というレベルに近づくごとに英語力は伸びてきている。だが、耳で聞いて反応し、自分で発声して伝え、さらに文字として視覚できるように自分の手で書く練習をしないと、本物の力にはならない。

一方、「読む・書く」のほうは、もっとコツコツが必要になる。なぜなら、理解力や思考力を高めないと伸びてくれないからだ。わからないこと、納得のいかないことをつきつめて考え、そのつど解決していく。そうした繰り返しのなかで、「読む・書く」の力はきたえられる。

そのうえで、「読む・書く」と「聞く・話す」とをつなげる。得点できる力にこだわりながら、発声しながら読み、発声しながら書く、という複合的なやりかたをめざすのだ。

必要最小限の努力を最大限の成果につなげろ！

勉強は楽しくやるにかぎる！　しかし、努力しなければ勉強はすすまない。最初のうちは苦高得点をめざす「決意の強さ」が成績を押し上げる！

しいかもしれないが、そこを突破すると、一気にラクになる段階がくる。

「いい成績がとれるようになるかならないかは、その人が〝いい点をとりたい！〟と決意する強さの度合いによる。よく東大生と他の大学生とを比べて、同じ教科書を読んでも東大生のほうがよく頭に残るとか、スーッと自然に暗記してしまうのだろう、などと思うのはナンセンスな話だ。相違点は、そんなところではない」

こう語るのは、筑波大附属駒場中学〜高校から文IIに進んだF・K君だ。彼はつづけて、「最低限の努力を惜しむな！　ただし、とことんムダをはぶいた努力をしろ！　これがもっとも自然で現実的なやりかた、つまり得点できる英語力をもたらす」という。三年生のときに学年一二〇名中の80番くらいだったが、ずっと硬式テニス部に所属しながら、勉強と両立させた根性はすごい。

「英語のやりはじめは、じっくり、ゆっくりが基本だろう。ムダがあるかもしれないが、そのムダがのちの急成長を生む。最小の努力というと、うわべだけをサーッとやるようにとられがちだが、本当はちがう」と語るのは、F・K君と同じ筑波大附属駒場中学～高校から理Ⅰに進んだS・Y君だ。彼は野球部で活躍しながら、中学時代を100番前後で通した。

「人間はもともとなまけ者なのだから、なんとか要領のいい勉強をしたいと思いがちだ。そのため、あれやこれやと試してみるのだろう。しかし結局のところは、いざというときの〝集中力〟が勝負になると思う。日頃から集中力を養うようにするのがいちばんだ」

こう語るのは、東邦大附属中学～高校から理Ⅰに進んだS・H君だ。かぎられた時間のなかで、ここと決めて集中する。そのようなトレーニングの積み重ねが効くのだ。

「英語には横着なコツとか、これだけをやればあとは遊んでいても平気というテクニックはない。きちんと予習して、教科書に出てくる単語と例文を、和文と英文のどちらにも訳せるようにコツコツやるしかない。それ以下ではダメだし、それ以上もやる必要はない」

これは、静岡県の公立中学～県立韮山高校から文Ⅲに進んだO・N君の意見だ。やるべき課題をきちんとこなす姿勢が大事なのだ。とくに公立中学に在籍する人は参考にしてほしい。

「英語は勉強の成果が出るまでにある程度（二～三ヵ月）の時間がかかるので、努力が必要な科目だ。ただし、効率のいい勉強のやりかたは追求すべきだろう」

こう語るのは、横浜市の公立中学～県立横浜翠嵐高校から文IIに進んだK・E君だ。効率のいい方法を考えることは、やりかたを改善しよう、もっと成績を伸ばそう、という意欲のあらわれなのだから、それこそが「意味のあるムダ」というものだろう。

ドカン型とコツコツ型をうまく組み合わせよう！

勉強のやりかたにはコツコツ型と、ドカン型がある。まず一回だけ成功体験してみて、それをきっかけに成績を上昇気流にのせるやりかたが、後者の「ドカン型」だ（第1章を参照）。まず高得点をめざすのだから、聞こえは悪いが、点数ねらいの一発屋ともいえる。

このドカン型は、定期テストに強い。ただし、目先の点数にこだわって手にした成功は第一歩でしかない。つぎの二歩め、三歩めをコツコツ進めないと、効果は消えてしまう。

「テストでいい点数がとれるようになれば、勉強も少しはおもしろくなるだろう。すると、おのずと勉強に身が入るようになる。とにかく、何がなんでもいい点をとるのだという強い意志がないと、点数はとれない」と語るのは、東邦大附属中学～高校出身のS・H君だ。補足すると、まずテストにドカンと集中していい結果を出し、「少しおもしろく」なったところでコツコツを持続するという混合スタイルが成功するやりかたなのだ。

「教科書の範囲から出題される学校の定期試験では、日頃の予習と復習さえちゃんとやっておけば、教科書の見直しを数回やるだけでいいだろう。しかし、特別の範囲がない実力テストで高得点をとるには、絶え間なくコツコツと勉強するしかない」

こう語るのは、千葉県の公立中学〜県立千葉高校から理IIに進んだA・K君だ。中学三年時の成績は学年で15番ぐらいなので、名門高校のなかでは中位クラスが順当なところだろう。ところが彼は高校一年生の終わりころには一気にトップグループに入っている。中学時代に身につけたコツコツ型のがんばりが、その時点で大きな効果をあらわしてきたのだ。

「テストの点数を低くおさえようとして勉強する人などいないはずだ。勉強イコール点とりと考えてみれば、どこまでも点数主義をつらぬくのがベストだろう」というのは、東京都出身で学芸大附属中学〜高校から文IIIに進んだM・Y君だ。彼のいう点数主義とは、つねに高得点することにこだわり、ドカン型とコツコツ型を使い分けながら結果を出すやりかたただろう。

「満点をねらうには、勉強を完璧にやらないといけない。だから、つねに満点ねらいで全力をつくすことが大事だ。そうすれば、かならずいい結果につながる」

これは、千葉県の公立中学〜県立千葉高校から理Iに進んだN・K君の意見だ。結果的に満点ではなくても、満点主義をつらぬく効果は大きい。絶対に失点をしない！という主義なのだから、弱点をなくすという点では、これ以上に有効なやりかたはない。

ただし何度でもいうが、その場かぎりの一発主義、つまり底の浅い点数主義はよくない。「ラクしてテストでだけ点をとればいいというクセがついたらまずい。ラクをして得た知識や、点とりのためだけの勉強はすぐメッキがはがれる。そうしたやりかたは定期試験の直前にだけ役立つ」というのは、東京出身で私立武蔵中学～高校から理Ｉに進んだＦ・Ｏ君だ。

事後の処置を怠ると、点数主義の落とし穴にはまってしまう！

「テスト勉強というのは、テストでいい点数をとるためにやるのだから、点数を第一目標にするのは当然だ。しかし、テストのための勉強以外の勉強も大切だと思う。むしろ、こちらの方向からアプローチしたほうが楽しくやれるので、両方のバランスをうまくとればいい」

こう語るのは、熊本県の公立中学～県立熊本高校から文Ｉに進んだＫ・Ｓ君だ。彼のいうように、ビデオなどでアメリカやイギリスの文化事情を勉強するのもおもしろい。生きた英語を耳にするうちに、「聞く・話す」のほうの力もつくだろう。

「本気になって英語を学んでいくのであれば、点数主義にはかならずしも賛成ではない。しかし、短時間で高得点をのぞみたいのなら、得点をとるためだけの勉強をすべきだろう」というのは、千葉大附属中学～日大習志野高校から理IIに進んだＮ・Ｋ君だ。まったくの正論なので、私たちがつけ加えることは何もない。

テストでの高得点を第一目標にして、最低限これだけは暗記すべきだというものを頭に叩きこみ、目先のテストでいい点数をとってしまう。これが点数主義だが、それがいったん成功した時点で本格的な勉強を新たにスタートさせないと、つぎへステップ・アップできない。

「初めのうちは点数が低くてもくじけないこと。英語は地力がものをいう科目なので、ある程度の時間がかかるのを覚悟しないとダメだ。安定して高得点できるようにするには、テストの点数ばかりにとらわれないで、少しずつの積み上げを心がけたほうがいい」

こう語るのは、私立開成中学~高校から文IIに進んだM・Y君だ。彼は、英語は授業についていくのがやっとだったという。学年三〇〇名中、総合成績は100番前後、英語は150番くらいだった。ハイレベルな競争はかなりのプレッシャーだったろうが、自分を信じて努力をつづけ、文句なしの地力をつけたのだ。

「目先の点数にばかりこだわり、試験に出そうなものだけ要領よくやるという方法では、十分な基礎力がつかない。だから、本当の実力も身につかない。そのまま〝つまみ食い〟のような勉強をつづけていると、点数はすぐ頭打ちになってしまう」

これは、前にも登場した横浜市の公立中学~県立横浜翠嵐高校出身のK・E君の意見だ。その場しのぎでの〝要領よく〟だけでは、本当の〝要領よく〟からだんだん離れていく。一時的な成功に有頂天になって気を抜くようだと、目先の点数すらとれなくなるので、せっかく〝つ

「その場しのぎ」と本当の「要領のよさ」は別物！

まみ食い〟したのに腹がふくれないという悲劇が生まれるのだ。

テストでの高得点は実力とはかぎらない！

「テストの良しあしは、要領の良しあしによるところが大きい。まったくのまぐれ当たりで高得点して、それを自分の実力だと過信してしまうと、つぎの試験に結びつかない」

こう警告するのは、Ｓ・Ｔ君だ。長崎大附属中学～県立長崎北陽台高校から文Ⅲに進んでいる。私たちにも経験があるが、苦しまぎれで○×したのに正解することがある。素直にやり直しすればいいのに、「その内容はできる！」と思いこむようではまずい。

中高一貫六年制の場合の、英語の勉強のやりかたを語ってくれたのは、私立横浜聖光学院中学～高校から文Ⅰに進んだN・M君だ。

「中学時代は、とにかく実力をつけることが大切だと思う。六年間をずっと見通して、大学受験まで視野に入れるくらいの長期的な展望をもって勉強したほうがいい。目先の勉強をがんばるのは当然だが、テストでまちがえたところを徹底的に復習しながら覚えていくのが、結果的には、実力向上へのいちばんの近道なのだ」

N・M君たちの有利な点は、高校受験にエネルギーをとられないですむことだが、目先の勉強をがんばり、そのつどフォローを完璧にしていることを見逃してはならない。

「試験などというものは、ある程度の実力さえあれば、あとはテクニックだけで点数を伸ばすことができる。ただし、つねに実力を上積みしていかなければ、いくらテクニックをみがいても、それ以上、絶対に点数は上がらない」

これは、前にも登場したK・A君の意見だ。彼は、埼玉県の公立中学～県立浦和高校から文Ⅲに進んでいる。戦闘にたとえると、局地戦では奇襲が成功することもある。だが、二度三度はむずかしい。敵が正面から総力戦をいどんできたときに、奇抜なテクニックだけに頼っていたのでは勝てない。君たちは、堂々と敵を打ち破る実力を追求すべきなのだ。

授業と教科書中心の堅実な勉強法が、成功につながる

学校の授業レベルにぴったりな辞書を選べ！

辞書は、英和辞典の活用が基本になる。二色刷りやカラー写真などが入っているのも悪くない。かんじんなのは、引いて引いて引きまくって、うまく「汚す」ことだ。使ってナンボなのだから、手あかでうす汚れるくらい〝自分のもの〟にしないと活用したことにならない。

私たちのアンケート調査によると、辞書の選びかたには地域差がみられる。同じ現役東大生でも、首都圏や大都市周辺の出身者や、私立・国立中学の出身者は、程度の高いものを早い時期から使っている。その反対に、地方の公立中学出身者には、ふつう程度のものが多い。

その一方、「英和辞典」と「英英辞典」を併用していた先輩もいる。「英英辞典」とは、英語で説明する辞書のことだが、中高一貫の私立（私立開成中学〜高校）でのハイレベルな授業のために学校が使用させたものなので、かならずしも必要だというわけではない。辞書だけ超一流をマネても効果はうすいので、君たちの授業レベルにぴったりのものを選びたい。

「目が耐えられるかぎり、小型のものがいい。英和と和英が一冊になった小さいのを使いまく

るのが、すごく効果的だった。絵や写真がたくさん入っていると、もっといいだろう。英語の先生に『三省堂クラウン』をもらったが、あまり程度が高すぎて役に立たなかった」

　こう語るのは、鳥取県の公立中学～県立米子東高校から文Ｉに進んだＦ・Ｍ君だ。がんばりに期待した先生の好意はうれしかったが、彼なりのやりかたに合致したのは、名前さえ覚えていないような辞書だった。おそらく手あかや赤鉛筆で汚れてしまったにちがいない。

　最初は初級向けのやさしい辞書を使うのもいいが、発音をカタカナで表記したものは避けたほうが無難だ。一年生のスタート時に、まずカタカナで抵抗感をなくすのも有効なやりかたではあるが、すぐ卒業しないと感覚がおかしくなる。初歩といっても外国語にはちがいないのだから、英語固有のスタイルに早く慣れることが大事なのだ。

　勉強の進度に合わせて、辞書を使い分けていくのも大切なことだ。初級のうちは程度の高い辞書を引いても理解できないことがある。無理をせず、やさしいものを活用すれば十分だ。

「一、二年生のときは中学生向けのやさしいものを使った。受験をひかえた三年生になって高校生向けの、初級レベルのものに切りかえた」

　こう語るのは、山形県の公立中学～県立山形東高校から文Ｉに進んだＳ・Ｋ君だ。

「一年生のスタート時は『学研１０００語』、一年生の後半から二年生にかけては『学研アンカー』、三年生から高校にかけては『小学館プログレッシブ』を使った」

これは、兵庫県の私立甲陽学院中学～高校から文Ⅰに進んだO・H君だ。

ところが、「中学一年生のうちから、大学受験まで使える辞書に慣れておくほうがいい」という意見もある。東京都内の公立小学校～私立桐蔭学園中学～高校から理Ⅰに進んだK・M君だが、これは中高一貫コースでの活用法なので、公立中学生にはすすめられない。いきなり高度な『研究社英和中辞典』などを購入しても、ほとんど役に立たないのだ。

また、「簡単なものと、むずかしいものの二冊を使い分けると効果的だ」と語るのは、千葉大附属中学～日大習志野高校から理Ⅱに進んだN・K君だ。単語の意味ぐらいなら、簡単なハンディ型で用がたりる。文法事項がからむ程度の高いものは、机上版の大きな辞書（『研究社英和中辞典』など）で引くにかぎる。そのように使い分けるのも、要領のうちだろう。

「発音などささいなことでもすぐ辞書を引いた。わからないところがあれば、時間がかかってもとことん調べた。例文が役に立つので、たくさん載っているものがいい」と語るのは、兵庫県の私立白陵中学～高校から文Ⅲに進んだM・T君だ。

教科書巻末の単語・熟語集は、すごい利用価値がある！

その他の先輩たちの活用法をまとめると、「パッと見てわからなかったら、同じ単語であっても何度でも辞書を引く」「むずかしい単語よりも基本単語のほうを何度も引いて、例文などをじっくり読んだ」「辞書を引いて教科書に書きこみ、別に単語ノートをつくった」「辞書を引いたあと、ルーズリーフを使って単語と熟語中心の自分用の辞書をつくった」などだ。

授業内容をより深く理解して、使いこなせるようにするための最大の武器が辞書なのだ。自分にはこれで十分だと思えるのなら、そのレベルの辞書を使いつづければいい。もっと理解の程度を深くしたいというのであれば、より高度な辞書が必要になるだろう。つまり、必要なときに使うから効果があるのだが、辞書をあまり使わなかった先輩たちもいる。

「辞書は持っていたが、ほとんど使わなかった。教科書の巻末に単語や熟語がまとめてあったので、それで間に合わせた。公立高校の入試はそれだけで十分だと思う」

こう語るのは、群馬県の公立中学~県立前橋高校から文IIに進んだM・K君だ。また、熊本県の公立中学~県立済々黌高校から文IIIに進んだT・N君、福岡県の福岡教育大附属中学~県立小倉高校から理IIに進んだA・M君も、そう語っている。彼らの勉強のコツは、

「学校の授業に集中して、その場できちんと理解する。小テストにも全力でのぞむ。まちがった個所はその日のうちに復習して、二度と失敗しないようにする。教科書の文は丸暗記するつもりで覚え、目をつむっても書けるようにする。単語はかたっぱしから覚える」

というところにある。授業中に頭をフル回転させ、知識の「引き出し」をたくさんこしらえておいたからこそ、そのようなやりかたが可能だったのだ。教科書巻末の単語や熟語のまとめ

教科書巻末のまとめは公立校突破の基本中の基本！

をやればいいという目安がつかめているので迷うことはないし、それだけで公立高校に合格できるのも事実だろう。ただし、パーフェクトに近いくらいやり抜くという条件がつく。

英和辞典すら引かなかった先輩がいるのだから、和英辞典はもっといらない。英作文でわからない単語やフレーズが出てきたときでも、記憶の糸をたぐりながら、英和辞典で調べるのが正しい。知識をフルに活用して、英語流の表現にたどりつく努力をするのだ。

「和英辞典はいままで買ったことがないし、まったく不要だった。どうしても必要なときは図書館で調べた。そのかわり、英和辞典はすごく使いこんだ。不明な点がひとつでもあったら、すぐ調べてアンダーラインを引いた」

こう語るのは、長崎県の公立中学～県立島原高校から文Iに進んだB・K君だ。彼のやりかたがいちばんオーソドックスだろう。ほかの先輩も、「和英辞典はあまり価値がないし、和英を使わなければならない授業というのはおかしい」と語っている。ただし、高校の段階で「CDつき・和英辞典」を活用するのはいい。初級から上級までの英語表現が収録されているので、活用しだいで大きな武器になるだろう。

時間配分は「予習3・復習7」が代表的だ!

予習と復習への重点の置きかたには、これでなくてはダメというものはない。授業の進めかたは先生によってちがうし、君たちの性格や生活スタイルもまちまちだからだ。

「予習してこい!」という先生の場合は、予習重視でいい。その反対に復習重視の場合もあるだろう。ただし、予習重視であっても、週のしめくくりの復習を欠かしてはいけない。塾に追われても、学校の授業重視をやり抜くこと。

現役東大生へのアンケート調査によると、予習重視と復習重視は半々だったが、予習5・復習5型をふくめると、予習重視型が優勢だった(三年生の二学期以降は追いこみ時期なので比率は変わる)。ただし、ちょっと辞書を引いただけのものも予習重視型にかぞえる。

予習重視型のいいところは、予備知識をもっているので授業がよくわかることだ。すんなり理解できるので、復習にもあまり時間がかからない。その反対に、ぶっつけ本番で授業にのぞむ復習型は、授業での集中力がすごい。頭がくらくらするほど先生の授業にのめりこみ、そのあとの宿題や復習でどんどん理解を深めていく。

ここでは、予習重視型の代表パターンをまとめてみよう。まず、単語の発音や意味などをザーッと調べ、内容をおおざっぱにつかんでおく。意味が不明なところがあっても、それ以上深入りせずに残しておく。少しくらい疑問があったほうが、頭が活性化するからだ。

つぎは、授業で集中する。予習でわからなかった個所を中心に、先生の日本語訳をノートにとる。走り書きのメモでもいいので、先生の発言を耳で聴きとり、手を使って書き、小声で復唱してみる。文字のきれいさにとらわれず、感じとったもののすべてを記録するのだ。

復習では、授業ノートをもとにする。覚えるのを急がずに、わかるまでよく考え、声を出して読み、手で書き、さらに黙読を繰り返す。市販されている教科書準拠のカセットテープを聴いて、暗唱するのもいい。また、自分の話す声をテープに録音して、それを聴いてみるのも効果がある。どこかに「遊び感覚」をもちながら、楽しくやるのがコツだろう。

宿題は、その日のうちにやってしまう。問題集を併用している場合は、その範囲の問題演習を終わらせる。それでも不明なところがあれば、つぎの授業で質問するための準備をする。どこがどうわからないか、簡潔に質問できるようにまとめる。

以上だが、予習重視といっても実際は「予習3、復習7」の比率になる。もっとも無難なやりかただと考えるが、力がついてくれば予習の比率を大きくするのも方法だろう。ただし、あまり完璧をめざさないほうがいい。緊張とリラックスを忘れないのもコツのひとつなのだ。

授業の理解のために「予習・復習」は自分流にこだわれ！

公立中学～公立高校というコースを進んだ先輩の意見を紹介しよう。「中学校は先生がていねいに教えてくれるので、予習は必要ないと思う」というのはA・T君。「まったく予習はせず、復習だけをやった」というのはS・T君だ。二人とも一、二年生のころは塾にも行かず、とことん学校生活を楽しんだようだが、授業で集中するのは当たり前のことだった。

ところが、「すべて予習ですませた。しかし、塾では一年生のときに二年生までの範囲を終わらせ、二年生では三年生から高校一年の範囲までやってしまっていたので、毎日の学校の予習はまったくやらなかった」という公立中学出身の先輩もいる。

これは長崎県出身のB・K君だが、県立島原高校から文Iに進んでいる。同じ公立コースでも、前記のA・T君やS・T君とはまったく対照的だ。といっても、塾の先生がB・K君の能力をみこんで先を急いだだけともいえるので、大きなちがいはないのかもしれない。

その他の公立中学出身者は、「授業直前の休み時間に、急いで予習をした。復習のほうは定期試験の直前になってからやっと始めた」というI・Y君、「塾に行っていたので学校の勉強は授業を受けるだけだった。そのかわり定期試験の前に教科書を丸暗記した」というS・M君などだ。I・Y君は私立桐蔭学園高校理数科に、S・M君は県立柏陽高校に進んでいる。

私立中学に行っていた人たちの予習と復習の比率も、学校の授業方針や本人の性格のちがいがあるので、ひとつの傾向にまとめることはできない。

桐蔭学園中学に行っていたK・M君は、「家での予習と復習はいっさいしないで、すべて授業中に急いで辞書を引いて調べた」という。同じ中学出身のK・Y君は、「予習も復習もしなかったので、中学時代は英語ができなかった。高校時代の経験からすると、予習8、復習2の比率がいい」と、反省をこめて語っている。

また、「英語は予習しかしなかった。授業が復習になったので、なんの不安もなかった」というO・H君は、兵庫県の私立甲陽学院中学〜高校の出身だ。「特別に予習も復習もしなかったが、学校で出された宿題をやることが予習と復習になっていた」というT・Y君は、同じく兵庫県の私立灘中学〜高校の出身だ。

「予習8、復習2で勉強したが、とにかく授業を完全に理解することを重視した。だから、宿題は自分の納得がいくまで、とことん調べた。中高一貫の進学校なので、授業についていけるなら、それで十分だという安心感があった」と語るのは、兵庫県の私立白陵中学〜高校出身のM・T君だ。彼のやりかたが、私立中学に学ぶ人たちの基本的なスタイルだろう。

私立中学出身者も授業中心のやりかたで通しているが、公立中学生は受験をひかえているので、三年生の二学期ころからやりかたを修正しなければならない。授業に集中する一方で、自宅や塾での復習に力を入れたい。制限時間をもうけて問題を解きながら、ぐんぐん加速度をつけ、入試当日まで走りつづけるのだ。

参考書は必要なときに利用するだけで十分だ！

原則として、参考書はいらない。使うとすれば、くわしく説明されている程度の高い（高校レベル）ものがいい。ただし、それを勉強の中心にするのではない。学校の授業を完全消化するための補助剤と考え、困ったときに読む程度にしておくこと。

「塾と学校のテキストしか使っていない。地方の小さな公立中学だったので、レベルは低かった。それでも手いっぱいだったので、授業についていくことだけを心がけた」

これは、鳥取県の公立中学～県立米子東高校から文Ｉに進んだＦ・Ｍ君だ。前のほうで、先生に『三省堂クラウン』をもらったが、程度が高すぎて役に立たなかったと語っている。

公立中学に在籍していて、志望校も公立というタイプは、参考書を買わなくてもいい。学校が推薦すればそれを使えばいいし、塾に行っているのなら、塾のテキストを参考書がわりにすればいい。わからない個所をなくすのが目的なのだから、読むだけで十分だろう。

参考書より教科書の「決まり文句」の丸暗記が有効！

ただし、何度も出くわす、おなじみの例文は覚えるようにする。中学レベルの例文は、教科書や辞書、参考書などに何度も出てくる「決まり文句」なので、暗記してしまうこと。長い文章も短文をつなぎ合わせたものなのだから、決まり文句を頭に入れておくと楽勝なのだ。

私立や国立の難関校をめざす場合には、すでに中学から難関校に在籍していた先輩の意見が参考になる。「参考書は、学校が推せんした基礎的なもの一冊を何回も繰り返した」というのは、私立開成中学～高校出身のM・Y君だ。また、「分厚いものを一冊使った。程度は簡単でいい。疑問点がわかればいいのだから」というのは、私立灘中学～高校出身のT・Y君だ。

「参考書はまったく使わなかった。やっても疲れるだけだと思うので、いままで一冊も読んだことがない。予習をうんとがんばって、授業を復習にするという方法で通した。参考書をやるより、NHKラジオの基礎英語や続基礎英語を聴くほうが安あがりだ」と語るのは、大阪教育大附属中学～高校出身のM・N君だ。まず書店で市販のテキストをめくってみるといい。

問題集は、学校や塾で与えられた一冊をやり抜けばいい！

一、二年生のころは、問題集も自分で買う必要はない。学校や塾で与えられたものを着実にこなしていけば足りる。〝あれも、これも〟と手をひろげないで、授業優先をつらぬくのが正しい。学校の問題集ではもの足りない人や、塾に行っていない人は、量が多くなく、解説がていねいでくわしいものを選べばいい。何度も繰り返してやるのがコツなので、新しい問題集に買いかえる必要はない。チラッとながめただけで、その一冊の内容がまるまる浮かんでくるようになったら、その段階で、少し程度の高い問題集に手をつければいい。

また、テストの答案をファイルしたものも問題集といえる。まちがえたところを繰り返し復習するのは、勉強における常識というものだろう。そこが弱点なのだから、音読し、つぎに黙読し、さらに目をつむって書く。そこまで徹底すると、ファイルは君だけの宝ものになる。

「長文読解への対策には、設問のところの部分訳だけではなく、文章全部の訳文がついているほうが前後のつながりがわかるのでいい。しかも、こなれた日本語になっているものより直訳のほうがわかりやすい。また文法の問題集は、穴うめ式で、解説がくわしいものがいい」と語るのは、東京都の公立中学～都立国立高校出身のM・K君だ。

一冊を目標日内に終わらせ、自信をつけるのもいい。「三年生になってから『英語長文30日完成』など、短い期間で終わるものをやった」と語るのは、東京都の公立中学～私立桐蔭学園高校へ進んだI・Y君だ。日数が決められていると、それをはげみにできるだろう。

「自分で買った問題集はないが、通っていた塾が旺文社『英文標準問題精講』を教材にしたので、それをがっちりやった」というのは、東京都の公立中学～筑波大附属高校へ進んだI・J君だ。この問題集は大学受験にまで通用するほど程度が高いが、塾の先生が国立高校入試レベルの問題をピックアップしてくれたようだ。そうした指導がないと、効果はのぞめない。

「学校の授業で使った旺文社の『基礎英文問題精講』は解説がていねいでよかった。演習問題も厳選されているので安心だった」と語るのは、私立開成中学～高校出身のM・Y君だ。彼の場合は授業そのものがハイレベルなので、公立中学に在籍する人には向かない。

公立中学に在籍している人は、三年生の二学期から勉強のスタイルを変えること。志望校の入試の過去問題をはじめ、ひたすら問題にぶつかる実戦的なやりかたに突入するのだ。問題をこなしながら弱点をチェックし、そこを強化する。努力は絶対に裏切らない。

文章丸ごとの覚えこみが、総合力をつける最短コースだ

教科書の文章の丸ごと暗記が、すべてのカギをにぎる！

単語などが覚えられないのは、記憶力が悪いからではない。世間には抜群の記憶力をもつ人がいるが、それは先天的なものというより、記憶のしかたのコツをつかんでいるからだ。それに加えて、必要なのだから絶対に覚えてやるぞ！　という決意の度合いがものをいう。

私たちや先輩たちも、単語を覚えるのに四苦八苦した。だが、試行錯誤は決してムダにはならない。最後にはかならず自分にぴったりの方法が見つかるので、それまではガマンだ。

「教科書の文章を読んで、わからない単語の意味を調べ、文章の流れとともに覚える。この単語はどこに出てきて、そのとき主人公は何をやっていたのか、というふうにストーリーで記憶してしまう。ただし、別の文章に出てきたときに思い出せるかどうかをチェックした」

こう語るのは、大阪教育大附属中学～高校出身のM・N君だ。単語や熟語は、教科書などの文章や辞書の例文と切りはなさないで覚えること。これが第一の鉄則だ。

その他の先輩たちも、「教科書に出てくる単語や熟語を、文章ごとかたっぱしから覚えた。

ひっかからずに読めるようになれば、自然に覚えているものだ」「かならず例文といっしょに覚える。語呂あわせみたいなやりかたはやめて、英語として覚える」「声、耳、手をフルに活用して、白い紙がまっ黒になるまで、早口でいいながら書いた」と語っている。

「市販の単語帳を覚えるやりかたでは成功しない。同じ長文を何度も繰り返し読んで、そのなかの単語を覚えていくのがいちばんいい。ついでに基本構文と熟語（イディオム）も覚えてしまう。教科書を終えたら、入試の過去問題をやるといい。これがもっとも効果的だ」

というのは、東京都内の公立中学～都立国立高校出身のM・K君だ。例の一夜漬けでがんばったエピソードの主人公だが、土台となる教科書の単語を文章のなかで覚え、つぎに入試問題を解きながら覚えるという実戦的なやりかたが、得点力を伸ばしたのだ。また、教科書の文章を頭に入れたうえで、第二段階として、自分で単語ノートをつくるのは有効なやりかただ。

「ノートの左ページに単語と意味（複数の意味があるものはすべて）を書く。右ページには教科書や辞書の例文と、その訳を書く。それを繰り返しテストして完全に頭に入れる。日本語と英語の転換をやり、どちらもできるようにする。熟語も同じようにやる」と語るのは、千葉県の公立中学～県立千葉高校出身のT・M君だが、もっとも正統なやりかただろう。

「単語ノートをつくって、友達に日本語または英語を読んでもらい、他方を答えるゲームを考案した。相手にも同じやりかたをして、どちらが勝つか競い合った。覚えられない単語は何十回も手で書いたが、気合いさえあれば、かならず覚えられる」

この方法は、東京都内の公立中学～私立桐蔭学園高校出身のI・Y君のものだ。

「一年生の初歩のレベルでは、いちいち単語の意味を辞書でこまかく調べるのがいい。力がついてくると、単語ノートやカードをつくっていってはかえって効率が悪くなる。わからない単語のおおざっぱな意味だけを英文テキスト（副読本をふくむ）のわきに書きそえ、大量の英文をどんどん読んでいって、文章の流れのなかで覚えていくようにした」

これは、中学から桐蔭学園に学んでいたK・M君のやりかただ。単語ノートは作成するだけで時間と労力がかかるので、すぐ英語力につながる実戦的な方法にこだわったのだろう。

上位校や難関校をねらう段階では、市販の単語帳を活用しろ!

第一段階では教科書を中心に例文のなかで単語を覚え、第二段階では自分でくふうした単語ノートをつくる。そして第三段階で、市販の単語帳を活用すれば万全だろう。とくに私立や国立の難関校の入試は、どれほど単語を覚えているかが合否の分かれ目になる。例文（基本構文をふくむ）のなかでの使われかたに注意しながら、繰り返して覚えこんでいくといい。

公立や、中位の私立高校の受験は、九〇〇語（単語、連語および慣用表現をふくめて）で十分とされる。だが、上位の私立高校の受験には一七〇〇語程度が必要になる。さらに最難関の開

覚えてしまいたい基本動詞の用法

have

① 所有している「…を持つ、…をいだく、…を経験する」

The year has twelve months.（1年は12カ月からなる）

I have a liking of music.（音楽が好きだ＝I like music.）

I had an accident.（事故にあった）

② 手に入れる「…を受ける、…を食べる、…を行なう」

Will you have sugar?（砂糖を入れますか）

He is just having dinner.（彼は夕食の最中です）

Did you have a good sleep?（よく眠れましたか＝Did you sleep well?）

③ させる「…に動かす、…する、…をしてもらう」

I have a headache coming on.（頭痛がしてきた）

Shall I have him go there?（彼をそこへ行かせましょうか）

He had his shoes shined.（彼は靴をみがいてもらった）

make

① 作る「…を作ってやる、…を得る」

She made him a new suit.（彼女は彼に背広を新調してやった）

I made good grades at school.（学校でいい成績をとった）

② させる「…させる、…にする、…になる」

She made me go.（彼女は私を行かせた：強制の意）

He made her his wife.（彼は彼女を妻にした）

He will make a fine teacher.（彼は立派な先生になるだろう）

③ 思う「…と考える、…と理解する」

What time do you make it?（何時ですか）

④ 達する「…に着く、…の一員になる」

The ship made port.（船が入港した）

He made the baseball team.（彼は野球チームの一員になった）

⑤ 進む「…へすばやく進む」

The ship made for the shore.（船は岸に向かって進んだ）

＊ask、find、get、go、help、keep、put、run、see、set、stand、take、tell、turn などの動詞の用法も調べておこう。

成や国立、早慶、海城、巣鴨などの難関校になると二〇〇〇語以上の単語力が要求される。

上位や難関の私立校をめざすなら、文章のなかで覚えていった単語を、つぎは市販の単語帳によって系統立てて整理するやりかたが、ロスが少なくていい。かなりの分量ではあるが、三年生の夏休みころから暗記作業にとりかかれば、十分間に合うだろう。

大学受験生にも人気が高い森一郎著の『試験に出る英単語』『試験に出る英熟語』（青春出版社）をやったのは、私立開成中学～高校出身のM・Y君、東京都内の公立中学～都立戸山高校出身のM・T君、茨城県の公立中学～県立土浦第一高校出身のN・N君などだ。上級ランクの単語・熟語集なので、中学生にはかなりの気合いが必要になるだろう。

「学校では、教科書の各章ごとの新出単語を覚えるくらいだったが、塾で『駿台・3000語』を買わされた。塾の授業のときに範囲を決めてテストされるので、そのつど覚えた」

こう語るのは、東京都内の公立中学～筑波大附属高校に進んだI・J君だ。現在は『システム英単語』（駿台文庫）が刊行されているので、おもに整理用として使うと効果的だろう。初級から応用レベルまでふくむので、意欲と余力があればチャレンジしてみてもいい。

例文をそっくり暗記すれば、単語も熟語も身につく！

単語も熟語も、文章と切りはなして覚えようとしてはいけない。それではすぐ忘れてしまうし、実戦で「使えない」ので、努力はまったくのムダに終わる。とくに熟語はそうで、ひとつの短文として覚えこまないと応用が効かない。そうしないと得点力につながらない。

たとえば、教科書巻末の熟語のまとめは、本文を例文とみなして覚えるから「使える」ようになる。巻末のまとめしか活用しないで公立トップ校に合格した先輩がいたが、彼らは教科書の文章を丸暗記するつもりで覚えた（前橋高校出身のM・K君、済々黌高校出身のT・N君、小倉高校出身のA・M君など）。「使える」ように覚えること、これが第二の鉄則なのだ。

公立高校や中位の私立校の受験に必要な熟語は、ほぼ一〇〇語とされる。だが、上位の私立校受験には二〇〇〜五〇〇語が必要になる。最難関になると、六〇〇語に近い。公立中学校では学習内容が三割削減されたが、中位以上の私立校がそれにともなって入試レベルを下げるとは考えられない。いくら少子化がすすんで全体の倍率が低下したとしても、人気校には受験生が殺到するので、かなり高レベルの競争が強いられるだろう。

この差は、大学受験にひびいてくる。大学受験に要求される単語数は五〇〇〇〜六〇〇〇語なので、公立高校生は相当がんばらないと、難関校の友達に追いつけない。先ほどの教科書巻末のまとめしか利用しなかった先輩たちは、ほぼ完璧といえるほど徹底して「使える」力をめざした。「ゆとり教育」という耳ざわりのいい表現にまどわされず、力をつけてほしい。

先輩たちのやりかたをまとめると、「学校の試験前に範囲内の熟語だけを書き出して、本文と照らし合わせ、チェックしながら覚えていった」「理屈はいらない。出てきたものをかたっぱしから覚えていった」「単語と同じように、自然に口をついて出るまで声を出して書きながら覚えた」というものだった。

目を引いたのは、「学校別の過去問題をやっていって、実戦のなかで覚えるようにした。重要なものほど何度も出題されるわけだから、ものすごく効果的だった」という意見だ。

俗に「電話帳」と呼ばれる前年度の問題集があり（『全国高校入試問題正解』　例年七月ころの出版）、全国の公立高校の入試問題をはじめ、主要な国立や私立校の入試問題が一冊にまとめられている。時間の余裕のある夏休みに、これと格闘すると、まちがいなく実力がつく。

「出る発音問題」は決まっているので、発音記号ごと覚えろ！

発音問題は、ネイティブ・スピーカー（native speaker）の発音を聴き、自分で発音してみて、発音記号を手で書けるようにしておけば、楽勝で得点できる。アクセント（accent）も同時に聴きわけ、発音記号にふりつけるクセをつけておけば、なんの問題もない。

辞書の項でふれておいたが、カタカナ表記の発音を早く卒業しておかないと、ネイティブの発音が聴きとれないだけでなく、発音記号を覚えるのにまごつく。また、会話文などを聴くリスニング（listening）でも、語と語の連結による音変化、語や句の強勢、文のイントネーション（intonation）、区切りなどがあやふやになってしまう。

また、テストで単語のつづりに迷ったときでも、発音記号をしっかり書けるようにしておくと、正しいつづりが思い出せる。力がついてくると、誤ったつづりの単語をパッと見ただけで「ヘンだぞ？」と気づくようになる。目をつむり、声を出しながら紙に書いてみるといい。手がかってに動いて正しくつづれるようだと、及第点がもらえる。

出題される単語はほとんど決まっているので、うすい問題集を一冊だけ、しかも一気にやってしまうのが効率的だ。短期間に集中してやると発音問題のすべての領域がつかめるし、なぜ特定の単語だけが出題されるのかという理由がわかる。

テストにはいじわるな側面があるので、「つづり・発音・アクセント」をまちがえやすいもの、しかもカタカナ的な（日本語的な）発音になりがちな単語が集中的にねらわれるのだ。

入試での配点は１００点満点でせいぜい5～10点くらいだが、ここを得点源にしておくと全体の得点計算がうまくいく。よく「1点を笑うものは1点に泣く」といわれるが、ここで失点すると痛い目にあうことになる。

派生語や同音異義語をふやすと、大きな得点力になる！

派生語というのは、もとの語から枝分かれして、別の語になったものをいう。動詞から同じような意味をもつ名詞や形容詞になったもの（move→movement, help→helpful)、名詞から形容詞になったもの（friend→friendly→unfriendly)、などがある。

これは何の派生語か？　という設問はないが、少し努力するだけで単語数をふやせるし、文章を読みとるさいに必要になる「言葉の広がり」を身につけることができるので、得点する力がグンと伸びるのはもちろん、より高度な学習への導きの糸になるのだ。

派生語がなぜ重要になるのかは、国語の文章題を考えてみるとよくわかる。もとの動詞や形容詞を知ったうえで、『空白』『学識』『沈黙』『凝縮』『美貌』『潔白』などという抽象語になじんでおくと、文章の意味をとりちがえることはない。

言葉がだんだん抽象的になっていくのは英語でも同じで、ある動詞が形容詞形になると少し抽象的になり、さらに名詞形になると、もっと抽象的な意味合いが強くなる。

国語では、小さな日常的なことからスタートして、どんどんテーマが広がり、人類全体を見渡す結論にいたる――というパターンの文章が好んで選ばれるが、そうした文章構成は英語の文章でも同じなのだ。ただし英語のほうは、国語ほど内容が高度ではないものが選ばれる。それは、君たちの学力、つまり英語で考える力に合わせるためなのだ。

たとえば、身体の調子がどうしたというきわめて個人的な話が、人間の『健康』という大きな話題に発展し、ついには地球の『健康』という巨大なスケールの問題が論じられる。これは

覚えてしまいたい基本構文１

①It…for―to～「―が～するのは…だ」

It is necessary for you to go away.（すぐ出かける必要がある）

②It is…that～「～するのは…だ」

It is a pity that you can't come.（あなたがこられないのは残念です）

③so～that…、such～that…「とても～なので…だ」

The chair was so heavy that I couldn't move it.

（その椅子は重すぎて私には動かせなかった）

She was such a pretty girl that everybody noticed her.

（彼女はとてもかわいかったので誰の目にもとまった）

④too～to…「あまり～なので…できない」

It is never too late to mend.（改めるのに遅すぎることはない）

⑤～enough to…「とても～なので…できる」

I was fool enough to believe her.（私はおろかにも彼女を信じた）

The desk is light enough for him to carry.（机は彼が持てるほど軽い）

⑥in order to～、so as to～「～するために」

I left early in order not to be late.（遅れないよう早く出発した）

I took a bus so as not to be late.（遅れないようバスに乗った）

⑦so that～can（may）…「…するために」

Work hard so（that）you can pass the test.

（試験に合格するように一生懸命勉強しなさい）

⑧as～as…can、as～as possible「できるだけ～」

Please come home as quickly as possible.

（＝as quickly as you can.　できるだけ早く帰宅してください）

⑨some～,others…「～の人もいれば、…の人もいる」

Some students like math, and others like music.

（数学が好きな学生もいれば、音楽が好きなものもいる）

⑩both A and B「AもBも両方とも」

I can both ski and skate.（スキーもスケートもできる）

I don't want both (the) caps.（この帽子、両方はいらない）

⑪either A or B「AかBのどちらか」

Either you or I must go.（君か私か、どちらかが行かねばならぬ）

国語でのひとつの出題パターンだが、「このテーマには、この抽象語が使われる」とあらかじめ頭にインプットしておくと、あわてないですむ。もちろん、得点率は高くなる。

「辞書を引いたときは、まわりの単語も見るようにしていた。塾の先生が『それでは、これの形容詞形は?』などと聞いてきたので自然に覚えたし、かならず派生語をチェックする習慣がついた」と語るのは、長崎県出身のB・K君だ。

同意語(同義語)というのは、発音や表記はちがっても意味が同じ語をいう。ある語を別の語にいいかえるのは一種の翻訳になるが、名詞と名詞はもちろん、いくつかの語で構成される熟語を、ひとつの単語にいいかえる練習もしておきたい(書き換え問題の項を参照)。

同音異義語も、よく出題される単語はかぎられるので、問題集でまとめて一気にやると効率がいい。公立高校入試では約四〇語が目安になるが、発音記号も書けるようにして、それぞれを関連づけて覚えるのがコツだろう。

わずか80語の不規則動詞で、公立校入試は突破できる!

動詞の時制をまちがえて失点することがある。時制変化にともなう現在形、過去形、過去分詞の語形変化が書き分けられて、さらに現在進行形、過去進行形、現在完了形が区別できれば問題はないはずだが、どうしてか苦手の時制が出てくるから困ったものだ。

そのような弱点を克服するコツは、まず不規則動詞を覚えてしまうことにある。教科書巻末の〝基本的な不規則動詞の変化〟を暗記してしまうにかぎる（辞書巻末の〝活用表〟も参照）。また、発音問題や派生語、同意語、同音異義語など、かぎられた語数のものは、まず全体をドカン型で終わらせ、そのあとで気になる単語をこきざみに反復すれば、かならず覚えられる。

中学レベルで必修とされる不規則動詞は、六〇語ほどだ。教科書に使われる不規則動詞がさらに二〇語ほどプラスされるので、中学用の基本語は約八〇語になる。つまり、公立高校入試を突破するには、約八〇語を覚えてしまえばいいという計算になる。ちなみに、高校用の不規則動詞の基本語は約三〇語なので、上位レベルの私立校を受験する人は目安にするといい。

その他の動詞は、語形変化のパターンを確認しながら、ひたすら覚えるだけだ。学年ごとの範囲をこなしていけば心配はいらないが、三年生になってあわてて覚えるというのであれば、まず一年生の巻末、つぎに二年生の巻末というふうに、教科書中心にまとめればいい。

先輩たちのやりかたは、「動詞の時制変化ができないと英語全体に影響してくるので、最初に完全に覚えてしまうようにした」「時制だけが異なる文章を並べていくつも書き、その意味のちがいを書きこんで、何度も何度も繰り返した」というところだ。

よく理解できないときは、参考書をじっくり読むのもいい。また、時制の問題だけのうすい問題集を一冊こなすのも有効だ。苦手の芽は、早いうちにつむにかぎる。

公立中学の進度は一律ではないが、中学一年の九月に一般動詞の文（規則活用）、翌年一月に現在進行形、二月に過去形（一般動詞・規則活用）へと進む。二年生では、四月に現在と過去、五月に進行形と未来、翌年二月に現在完了へと進む。三年生では、四月に現在完了形を学習して、ひとまず時制の全体を終わらせる（ただし、この進度はある通信教育の資料による）。

三年生の一学期にやる現在完了形は、それまでの現在、過去、未来形とちがい、長文のなかにふんだんに出てくるので、とくに力を入れたい。また、間接話法での時制、仮定法での時制は混乱しやすいので、きちんと例文を覚え、実戦に使えるようにすること。

入試に向けての追いこみにかかったら、先ほどふれたように、文法事項をさらに小さく分けた問題集をやるのが有効だ。まず一冊をこなせば、先が見えてくる。

書きかえ問題はパターンをつかめば応用が効く！

ある表現を別のいいかたに換えさせるのが、書きかえ問題だ。「文法」「語彙《ごい》」「表現法」の三つの分野で、「下線部の文章を○○に直せ」という形式でよく出題される。

学校の授業では、文法事項の学習時期がちがうし、表現法も事情は同じなので、まとめてやる時間がもてない。先生はそのつど段階を追ってくれるのだが、「書きかえ問題」という出題ジャンルを総まとめするやりかたではないので、自分で集中攻撃するのがベストだ。

「最終的にテストで高得点するためには基礎、つまり英文法をがっちりやるべきだ。自分の場合は、努力したが要領が悪かった。公立中学に在籍する人でも、基礎をしっかりやっておけば大学入試だって突破できる実力がつくので、がんばってほしい」と語るのは、香川大附属中学〜県立高松高校から理IIに進んだN・Y君だ。さあ、勇気を出そうじゃないか。

まず「文法」では、二人称を三人称に、単数を複数に、doとdoes、willとshall、肯定文を否定文に、比較級と最上級を使い分ける、toなどの不定詞の使いかた、直接話法を間接話法に、現在完了の使い分け、関係代名詞を使った書きかた、分詞を使った書きかた、などだ。

これらは文法の約束事を知らないと正解できないが、項目ごとに整理しておくと得点源にできる。ケアレス・ミスは練習不足のせいだと自分をいましめ、問題集をこなしてほしい。

つぎの「語彙」は、英語でいうとvocabularyだ。文章のなかで用いられる一個の単語を同じ意味の二語に書きかえろ、前置詞が変わるとつぎの単語はどう変わるか、などだ。

三つめの「表現法」では、動詞を別のものに変えて、もとと同じ意味の文章をつくれ、という問題がよく出題される。

先輩たちの攻略法は、「問題集を繰り返してやった。いつも失敗するものを紙に書き出して覚えるようにした」「問題集をやるときは先に解答を見て、なるほどと納得してから、改めて問題を解くようにして能率をあげた」「書きかえ問題は文法の整理に役立つので、なるべく数多くの問題をこなすようにした」というところだ。

公立入試では、ほぼ三〇〇の基本問題をこなしておくことが目安になる。もちろん私立の難関校はそれ以上が要求されるが、大手の塾や予備校では出題頻度の高いものを集めた問題集を出版しているので、参考にしてほしい。また、過去問題を解きながら書きかえ問題のポイントを整理する、という逆からのやりかたも効果的だろう。

穴うめ問題は、基礎文法中のさらに基礎でOKだ!

穴うめ問題（虫くい問題）とは、文中の穴（空白）をうめる出題をいう。単語をうめさせるのが「適語選択・補充問題」で、短文をうめさせるのが「適文選択・補充問題」だ。

これも文法問題の代表格なので、問題集をこなせば十分だ。ついでに構文や熟語、慣用句などもいっしょに整理していけば知識がグンと厚くなるので、得点力が伸びる。

「中学英語では、前置詞の用法や熟語の一部を穴（空白）にして答えさせるものが大半なので、知識をふやせば少しもむずかしくない。知っているかどうかを問うだけなので、逆に、問題を解きながら知識をふやしていくやりかたのほうが効果的かもしれない」

こう語るのは、広島県の公立中学～私立修道高校出身のI・H君だ。

ただし、文章の流れをつかんで適切な単語を入れなければならない問題では、その文章の内

覚えてしまいたい基本構文2

⑫ neither A nor B「AもBもどちらも…でない」

It is neither blue nor green.（それは青でも緑でもない）

⑬ not always「必ずしも…とはかぎらない」

He is not always honest.（彼はいつも正直であるとはかぎらない）

⑭ not only A but (also) B「AだけでなくBも」

He is not only kind but (also) honest.

（彼は親切なばかりではなく正直な人です： honestを強調）

⑮ A as well as B「BはもちろんAも」

He gave us clothes as well as food.

（彼は私たちに食べ物はもちろん衣類もくれた：clothesを強調）

⑯ not A but B「AではなくBである」

It is not his mistake, but mine.

（それは彼のまちがいではなく、私のまちがいです）

⑰ 命令文，and ～「～しなさい、そうすれば…」

Try hard, and you'll succeed.

（一生懸命にがんばりなさい、そうすれば成功するでしょう）

＝If you try hard, you'll succeed.

⑱ 命令文，or ～「～しなさい、さもないと…」

Put your coat on, or you'll catch cold.

（上着を着なさい、さもないとカゼをひくよ）

＝You must put your coat on, or you'll catch cold.

⑲ 知覚動詞＋目的語＋原形不定詞「～が…するのを～する」

We saw him enter the room.（彼が部屋に入るのが見えた）

I heard her go out.（彼女が出ていく音が聞こえた）

I felt the house shake.（家がゆれるのを感じた）

＊原形不定詞＝to のない不定詞（＊範囲外のSVOC文型）

⑳ 知覚動詞＋目的語＋現在分詞「～が…するのを～する」

We saw him walking across the street.

（彼が通りを横切っている途中が見えた）

I felt my interest rising.（興味がわいてくるのを感じた）

（＊範囲外のSVOC文型）

容にそった答えかたをしなければならない。つまり読解力が要求されるわけだが、その難易レベルは、複数人物が登場する会話のやりとりのなかから、ある特定の人物の会話文がどれかを選ばせたり、その季節や時刻を答えさせたりする程度なので、おそれる必要はない。

国語の文章読解では、それぞれの段落の要旨を○や△、□などの記号をつけて整理すると混乱がふせげるが、それと同じやりかたが有効になる。頭のなかだけで決着をつけようとしないで、目と手を使って整理するのがコツだろう（このやりかたは次項でも紹介してある）。

「ただやみくもに勉強しても、なかなか英語力はつかない。ある程度の文法事項を習得したあと、英文を多読するやりかたが、真の英語力への近道だと思う。そうしていけば、高校に入ってからも通用する力がつくと思う」

これは、新潟県の公立中学～県立新潟高校出身のA・T君の意見だ。まず文法の基礎をしっかりさせることでテストでの得点源をつくり、サブリーダー（副読本）や問題集などでたくさん英文を読む。ここに大きく飛躍するカギがあるのだ。

長文読解や英作文は、要領のいい対処法が決め手になる

問題を解く順序をまちがえると得点できない！

長文といっても、君たちが読むものはそれほど長くない。学年ごとに難度や分量がちがうので、三年生向けの入試問題での解きかたのコツから考えていこう。

模擬テストなどでおなじみだと思うが、まず長文読解問題がきて、そのあとに書きかえや穴うめ問題がつづき、最後に作文問題がくる。入試の過去問題も、ほとんどそのパターンだ。配点比重は長文読解問題がもっとも大きく、残りの比率をその他の問題が分けあう。

ひとつの傾向として、長文が苦手なタイプほど、まっ先に長文に取り組んで読みこなしにかかる。どんな設問があるのか、何をつかめばいいのかなどを無視して、頭からガリガリと必死になって文章を追う。全文をまるまる翻訳してやるぞ、とでもいうような迫力だ。

ところが、わからない単語が出てくるとパニックになり、そこから先の内容は頭に入らなくなる。最初にもどって読みなおしても、やはりわからない。だんだん時間がなくなる。長文を中断して書きかえや穴うめ問題に取り組んでも、アセッているのでミスを連発する。もう作文

に手をつける余裕なんかない。ついに、終了のチャイムが鳴る。

結論をいうと、こうしたタイプは三つの面でまちがっている。第一は、問題全体への時間配分ができていないこと。第二は、問題をこなしていく順序がおかしいこと。第三は、長文問題そのものの解きかたがなっていないこと、以上だ。

開始のチャイムが鳴ったら、まず三分ほど全体をながめる。長文は設問を先に読み、かける時間を決める。書きかえや穴うめ問題をサッとながめ、直感で答えがわかれば余白にメモしておく。作文のフレーズが浮かんだときも同じ。そのうえで、時間配分をメモ書きする。

問題をこなす順序は、点数がとれるところを優先して、しかも短時間で終えてしまう。書きかえや穴うめ問題をかたづけ、さらに発音やアクセント問題も終わらせる。ピンときているなら、作文もこなしていい。時間配分をたしかめながら、いよいよ長文に取り組む。つまり、単純な知識問題で確実にかせぐやりかたが正しい。性格もあるので、あとはくふうしだいだ。

ただし、長文を先にやるのが悪いわけではない。頭のほうから順にこなしていく自信と力があるのなら、配点比率の高い長文でがっちり得点するほうが賢明だろう。

長文読解問題は、発想を逆転させれば、むずかしくない！

第三にあげた長文問題の解きかたでは、先に設問を読むことがポイントになる。どのような答えが要求されているのかをつかみ、それから改めて文章を読みはじめる。極端にいうと、設問をよく考えるだけで正解できる場合もある。そこを見抜けばムダも失敗もない。

長文にとりかかったら、最後まで読みとおす。わからない単語があっても気にしない。設問のために下線が引かれた個所では、おおざっぱな見当をつけておく。設問とは関係がなさそうなところはザーッと斜め読みしてもいい。とにかく全体像をつかんでしまうのだ。

設問に答えるときは、そこで問われていることだけに限定する。あっちも大事、これもいいたいと間口をひろげると、ピントがぼけてくる。設問のねらいを誤らずにとらえ、必要最小限にしぼって答えれば正解できる。テストのすべては設問にあり！　と考えること。

ここが急所だが、君たちの思いこみとは逆に、長文というのはやさしい。文章の流れや前後の展開から大意がつかめるので、わからない単語の意味もだいたいの見当がつく。実は、こうした推論のしかたは、国語での長文読解とそっくり同じなのだ。

「長文の読解は、結局のところ国語力だと思う。英文を読みこなし、少々わからない単語があっても、前後の流れから推定できるようにすればいい。読み終えてから、英文の要旨を日本語でまとめる練習をすると、目に見えて実力がつく」

こう語るのは、私立桐蔭学園中学〜高校出身のK・M君だ。不明な単語の意味を推定し、要旨を日本語でまとめるというのは、たしかに国語力の領域だろう。国語ができれば、かならず英語もできるようになると考えれば、希望もふくらむというものだ。

先輩たちの声をひろうと、「いろいろな構文をマスターするのが基本だ」「教科書を覚えておくと、似たような文章にかならずぶつかる」というところだ。教科書の文章は丸暗記してでも覚えろ！　といわれる理由がわかるだろう。壁を突き崩す第一歩は、やはり基本なのだ。

また、「日本語の訳文を見ながら、長文に慣れていった」という先輩もいる。習うより慣れろ！　という警句のとおり、わからない文章にかじりついてウンウンうなっても時間をムダにするだけなので、先へ先へと進んで、英文への免疫をつくるのも有効なやりかただ。

そのほか、「長文といっても短文の連続だと思えば平気だ。読む量をふやして慣れていくと、この文章は何をいおうとしているのかが早くわかるようになる」「問題集で慣れるのがいちばんだ。だんだんスピードをつけて時間を短縮するようにした」というものが主流だ。

「長文といっても、基本はとにかく文法だ。どんな英文も〝主語プラス動詞〟が絶対的な基礎なので、まずそれをつかまなければならない。そのあとで、目的語や補語などの付属品を検討していけばいい。多くの英文に接することが英語力アップにつながる」

こう語るのは、先のほうにも登場した香川大附属中学～県立高松高校出身のN・Y君だ。たしかに主語と述語という基本をいいかげんにすると、登場人物のあいだの関係が混乱してしまう。そんな場合は、マンガを描くように図解してみると効果的だ。

覚えてしまいたい慣用表現・作文の基本用例 1

① 時間・時刻に関するもの

・私の時計では7時30分です。	It is seven thirty by my watch. It is half past seven by my watch.
・彼は8時20分に登校する。	He goes to school at eight twenty. He goes to school at twenty minutes past eight.
・私の時計は1日に2分進む。	My watch gains two minutes a day.
私の時計は1日に2分遅れる。	My watch loses two minutes a day.
・この時計は10分進んでいる。	This watch is ten minutes fast.
この時計は10分遅れている。	This watch is ten minutes slow.
・彼女は夕食後2時間勉強する。	She studies for two hours after supper.
・彼女は1時間で宿題を終えた。	She finished her homework in an hour.
・ここから公園までどれくらい時間がかかりますか。	How long does it take (to go) from here to the park.
・ほぼ10分かかるでしょう。	It will take about ten minutes.
・雨は明日まで降りつづくだろう。	It will go on raining till tomorrow.
雨は明日までにはやむだろう。	The rain will stop by tomorrow.

② 長さ・距離・方向などに関するもの

・ここから学校までどのくらいの距離ですか。	How far is it from here to the school?
・彼は帰りに由美と会った。	He met Yumi on his way home.
・その橋の長さはどのくらい？	How long is the bridge?
・その通りの幅はどのくらい？	How wide is the street?
・その湖の深さはどのくらい？	How deep is the lake?
・あなたの体重はどのくらい？	What is your weight?
・彼らは隣に住んでいる。	They live next door (to us).
・私たちの学校は駅から少し離れたところにある。	Our school is at a distance from the station.
・家は公園の東側（東隣）にある。	My house is on the east of the park.

たとえばAという人物は年配の男性なので、四角形にヒゲを描く。Bは女の子なので卵型に目パッチリ、Cは少年なので丸形に鼻のバッテンを描く。どういうやりとりがあったか、どこで対立したか、それはどういう理由か、などを絵のわきにメモしてみる。テストの設問はそのあたりに集中するので、トンチンカンな答えをふせぐことができる。

社会常識に強くなると、長文読解をこなす基礎力がつく!

長文読解では、さらに社会知識があるかどうかで得点力がちがってくる。国語の論説文や解説文でもそうだが、文章の流れをつかんで要約しようとしても、書かれている内容への知識がとぼしいと、英語以前のところでつまずき、意味がわからないという事態が起こる。

各分野の専門家になれといってもムリなのだから、せめて社会科や理科の知識、それに加えて新聞やテレビのニュースに強くなっておきたい。それらのジャンルの事項について質問されるわけではないが、知識があったほうが文章の内容がよくわかる。

「英文は、主語と述語の関係、副詞、形容詞、句が何を修飾しているかを、文の意味からではなく、形（文法）から決定できることがあるので、英文解釈といっても文法に還元して考えることができる。ただし、日本語にした文章を読んで、その内容がわかる程度の教養がないと困る。それは、文法がどうこうとは別の問題だろう」

こう語るのは、横浜市の公立中学～県立横浜翠嵐高校出身のK・E君だ。

「自分のもっている知識でカバーできる範囲でないと、長文はすんなりと読めないので、常識をどんどんふやしていくことが大切だ。短文と同じように声を出して読んでいくと、わかりが早い。単語は、あつかわれる分野ごとに決まっているので、いろいろな種類の文章を読んだうえで、紙に書き出すと頭に入りやすい」

こう語るのは、東京都内の公立中学～都立国立高校出身のM・K君だ。分野別の単語ノートをつくるほど徹底しなくてもいいが、レジャーやスポーツをふくめて、いわゆる常識を身につけてほしい。イギリスやアメリカなどの英語圏の情報に強くなるのも方法だろう。ただし、小説などを読むのは回り道になるので、そんな無謀《むぼう》なことは考えなくてもいい。

三年生の場合は、入試の過去問題をたくさん解いて慣れていくのが近道だ。また、市販の問題集をやるときは、一カ月ほどで終わるものを選ぶのがコツだ。その一冊を最後までやりとげると、かならず実力がつく。

学校以外の教科書をサイドリーダーにするのも有効だ！

教科書を土台にして、サイドリーダー（副読本）を併用して読むと力がつくといわれる。だが、学校や塾が指定したもの以外はやらなくてもいい。英語文化にふれるうえでたしかに効果は大きいが、時間と根気がいるので、負担になることが多いのだ。

興味がある人物の自伝や、日本語に翻訳されたものを読んでいると、話は別だ。まだ余裕のある二年生のころに読んでおくと自信がつくが、いつ中断してもいいと考えておいたほうがいい。読みとおせなかったことがプレッシャーになったのでは、逆効果になる。

「読むなら、対訳がきちんとしている本格的なものがいい。だが、勉強だと割りきってやるのなら、サイドリーダーなどより、長文を集めた問題集のほうがはるかに能率があがる」と語るのは、群馬県の公立中学～県立前橋高校出身のM・K君だ。

下線部の意味は？　空白に入れる単語は？　全文を要約すると以下の文のどれが正しい？など、実戦にこだわったやりかたのほうが、力のつきかたが自分で測定できるからだ。

あえて結論づけるとすれば、「サイドリーダー」ということにこだわらず、自分が学校で使っているもの以外の教科書を何冊もやると力がつく」という意見に賛成したい。これは私立灘中学～高校出身のT・Y君のやりかただ。くわしい解説書が市販されているし、その内容にそった問題集もあるので、これ以上はのぞめないほど充実している。

英作文は「決まり文句・例文」のつなぎ合わせで正解できる！

英作文が苦手になる原因は三つある。ひとつは、決まりきった例文を覚えていないこと、二つめは、単語数の不足とつづりの不正確さ。三つめは、基礎文法があいまいなことだ。

教科書に出てきた文、辞書を引いて読んだ例文、テストや問題集に出てきた文、つまり何度も繰り返して登場する決まり文句や例文を、単語も丸ごと覚えてしまう。そのうえで、まわりくどい日本語文をいくつかの英語の例文に分解してみて、覚えた例文をつなぎ合わせれば、それでOK！　作文といっても、新しい文章を創作するわけではないのだ。

単語や独特のいいまわしが思い出せないときは、その和文を自分の知っているほかの言葉に置きかえてみる。強引にいってしまうと、「うれしい→悲しくない」「狭い→広くない」といいかえると書けそうなら、それで押しきればいい。模範解答と同じでなくても、得点はできる。

「英作文をするときは、ほかに別の書きかたがないか、いつも考えるようにした。まず日本語の意味をくだいて、やさしくしてから英語に直すようにするとうまくいく」

こう語るのは、私立桐蔭学園中学～高校出身のK・M君だ。派生語や抽象語のところで考えたことだが、同じような意味合いの表現をストックしておけば実戦に強くなる。

また、京都府の私立洛星中学～高校出身のI・N君も、「ムリにむずかしいことをいおうとしないで、簡単な単語で書くようにする。意味はそのままで、日本語をなるべくやさしくすると楽になる」と語っている。カッコよく作文してやろうなどと思わないのがコツだ。

日本文をそのまま英語に直そうとすると、かならずムリが出てくる。出題者は、問題文をどのように分解して、おなじみの基本パターンにもちこめるかをテストしているのだ。修飾語にすぎない形容詞などに悩まないで、文章の骨格である主語と述語、時制などをまちがえなければいい。満点とはいかないかもしれないが、それだけでも点数はもらえる。

「作文練習というよりも、ひたすら例文を覚えてストックするようにした。実際のテストのときは、口から自然に出る言葉を大事にした」というのは、長崎県の公立中学～県立島原高校出身のK・B君だ。口から自然にというのは、国語の自由作文のように「自分のいいたいこと」が浮かぶのとはちがう。覚えた例文がスッと出てくることをいうのだ。

君たちは「聞く・話す」重視の授業を受けているが、話すための特有な表現、身近な暮らしでの表現、相手に情報を伝える表現、相手の行動をうながしたり自分の意志を伝えたりする表現、気持ちを伝える表現など、実際に「使える」例文を覚えてしまえばいいのだ。

基礎文法をこなして、日本語と英語のちがいをつかもう！

「問題を解くときは、めんどうくさがらずに紙に書いて訳文をつくり、答えを見てよく添削する。気になる表現があったらノートに書き出して覚える。自分は時制のチェックをあまりしなかったので、点を落としてばかりいた。ミスを防ぐには、よく見直しをするしかない」

こう語るのは、静岡県の公立中学～県立韮山高校出身のO・N君だ。

覚えてしまいたい慣用表現・作文の基本用例２

③ 天候・季節に関するもの

・今日はくもりです。	It is cloudy today.
・まもなく晴れるでしょう。	It will clear up soon.
・彼女は帰りに夕立にあった。	She was caught in a shower on her way home.
・雨が降りそうだ。	It looks like rain.
・雨がやんだ。	It has stopped raining.
・だんだん暖かくなってきている。	It is getting warmer and warmer.
・日ましに寒くなっていく。	It is getting colder day by day.

④ 健康・病気に関するもの

・私はひどいカゼをひいた。	I caught a bad cold.
・私は先週ひどいカゼをひいた。	I had a bad cold last week.
・彼は健康だ。	He has good health.
彼は身体のぐあいがよくない。	He is in poor health.
・彼は２日前から病気で寝ている。	He has been ill in bed for two days.
・私の父が病気になった。	My father has fallen [become, got] ill.
・早起きは健康にいい。	Early rising is good for the health.
・どうしたのですか。	What's the matter with you?
・お体をおだいじに。	Please take care of yourself.

⑤ 学校・勉強・試験に関するもの

・彼は学校でいい成績だ。	He is doing well in [at] school.
・きのう数学の授業をさぼった。	I cut my math class yesterday.
・私は来年高校の入試を受ける。	I will take the entrance examination of the high school next year.
・彼女は昨年高校を卒業した。	She graduated from high school last year.
・彼は英語が得意です。	He is good at English.
彼女は数学が苦手です。	She is poor in [at] math.
・彼は試験に失敗した。	He failed in the examination.
・それを暗記しなさい。	Learn it by heart.
・彼は勉強家です。	He is a hard worker.

「問題の解答を見てなるほどと思うだけではなく、自分がつくった英作文のどこがどうちがっていて、どうすれば文法上正しくなり、減点がふせげるか——これがわからなければ高得点できるようにならない。そのためにも、学校や塾の先生に添削してもらうのがベストだろう」

これは、広島県の公立中学〜私立修道高校出身のI・H君の意見だ。

「とにかく、5文型の原則を確かめること。すべての例文は5文型に帰着する。また、日本語文に単語を当てはめるだけでは、英作文とはいわない。日本語の内容をよくイメージして、自分が表現できる形に直してしまうこと。わからない単語を、わからないままにしていてはダメだ。別のいいかた、たとえば関係代名詞を利用したりして、とりつくろえばいい」

こう語るのは、群馬県の公立中学〜県立太田高校出身のA・H君だ。5文型や構文のまちがえやすいところは好んで出題されるので、まず文法を押さえること。

「日本語にはない独特の表現が英語にはあるので、むしろ〝日本語と英語のちがい〟を理解するのがポイントだ。たとえば現在完了などは日本語にはない時制だし、比較の〝one of the 最上級〟という表現も日本語にはない。受動態、物が主語の構文、未来形なども、日本語での使いかたとはズレがある。これらの点はしっかり理解しておきたい」

これは、山形県の公立中学〜県立山形東高校出身のS・K君の意見だ。また、神奈川県の公立中学〜県立湘南高校出身のN・Y君も、日本語とのちがいの大切さを強調している。とくに受動態と能動態は日本語と英語とでは使われかたがちがうし、英語では日本語よりも受動態が好んで使われるので、そのまま日本語にするとおかしくなる点に注意したい。

学力アップの最大のコツは、答案用紙の復習にあり！

三年生には、実力テストが待っている。さらに二学期になると月例テストが始まる。三年間の総まとめのテストなので、真の実力が問われる。実力テストといっても、抜き打ちということはない。かならず実施日が予告されるので、定期試験の前に計画的な勉強をするのと同じように、準備をしてのぞむこと。不安のあるところに目を通し、暗記をたしかめる。息を抜かず、かといって神経質にもならないのがコツだ。

失敗したなと思えるところは、その日のうちに復習する。どこで失敗したかわからない、問題を忘れてしまった、というのは準備が足りなかったのが原因だろう。最低限でも、教科書や問題集をめくって、どこから出題されたかを調べておきたい。

答案用紙が返却されてから、本格的に復習する。失点したところが弱点なので、そこをやり直せば確実に学力はアップする。テストは実力を伸ばす最大のチャンスなので、×印の問題は「よかった！　これで本番で失敗しないですんだぞ」と受けとめればいいのだ。

この答案用紙のファイルは、最高の問題集になる。まちがえた解答をそのまま残して、赤ぺンで正しい解答を書きこんでおく。それを繰り返し復習し、つぎの実力テストの前にもう一度チェックする。先輩たちも、「学校の月例テストとは別に、塾で三カ月に一回のペースでテストされたが、その日のうちに復習した」というやりかたで実力を伸ばしてきている。

また、「実力を知るには、受験者の多い大手のテストがいい。だが、自分の弱点を知るためには、範囲がきまっている学校のテストのほうがいいと思う」という意見もある。たしかに、定期テストは範囲がかぎられているので、弱点がすぐわかる。その定期テストの答案用紙をファイルしておいて、実力テストの前にやり直すのは当然のことだろう。

「自分でじっくり読みこむための長文問題がほしかったので、大手の塾などのテストをたくさん受けてファイルした。採点の結果は素直に受けとめ、復習に力をそそぐことにした。何度も繰り返してやったので、しまいには問題文を暗記してしまった」

こう語るのは、東京都の公立中学〜私立桐蔭学園高校出身のI・Y君だ。失敗は二度と繰り返さないという決意をもち、すぐにランク・アップした勉強を始めた点を見習いたい。

いったん削減された「範囲を超える内容」とは、どんなものか?

公立中学では文法事項などで「理解の段階にとどめる」というものが出てきたが、習熟度別クラスで範囲を超えた学習をすることも考えられるので、それらの事項をまとめておこう。

まず文型では、「主語＋動詞＋目的語」の文型のうち、「主語＋動詞＋what（where）などで始まる節」と「主語＋動詞＋間接目的語＋how（など）to不定詞」の二つが、聞いたり読んだりして理解できればいいとされ、表現することまでは求められない。また、「主語＋動詞＋目的語＋補語」の文型では、補語に「名詞」と「形容詞」がくるものをあつかい、補語に「動詞の原形」がくるものはあつかわない。

関係代名詞は、その全体を理解の段階にとどめながら、関係代名詞に前置詞がついたもの、先行詞と関係代名詞とのあいだが離れているものを基本的に避ける。さらに、関係代名詞の目的格のwhomおよび所有格のwhoseをまったくあつかわない。

動詞の時制では、現在形、過去形、現在進行形、過去進行形、現在完了形、助動詞などを用いた未来表現だけをあつかうので、過去完了（had＋過去分詞）、現在完了進行形（has been＋進行形）などは範囲外になる。当然、未来完了（will have＋過去分詞）もあつかわない。また未来時制では、単純未来と意志未来との区別は、くわしくなりすぎないようにする。

to不定詞では、「～すること」の名詞的用法、「～するための」の形容詞的用法、「～するために」などの副詞的用法などを選択しながらあつかう。ただし、toのあとに受け身形がくるもの、完了の形がくるもの（完了不定詞）はあつかわない。

動名詞のうち、受け身の形（受動動名詞・being＋過去分詞）、完了の形（完了動名詞・having＋過去分詞）をあつかわない。また、動名詞を使った慣用表現のむずかしいものは避ける。

受け身では、現在形と過去形だけをあつかい、完了、進行形、命令文、動詞句（動詞＋前置詞や動詞＋副詞＋前置詞など）などの受け身形はあつかわない。

ほかにも内容が軽減されたものがいくつかあり、原則として公立校入試はその範囲内からしか出題されない。ただし、私立や国立校入試は、それにとらわれない。公立中学での「範囲を超える内容」をさらに超える事項（公立高校二年レベル）を、最後にまとめておこう。

私立や国立入試は、指導要領外からも出題される！

過去に出題された文法事項は、①現在完了進行形・過去完了、②「主語＋動詞＋目的語＋補語」の文型、③関係副詞・関係詞の継続的用法、④分詞構文、⑤話法、⑥仮定法、の六つだ。

①の現在完了進行形は、have (has)＋been＋~ing の形で「ずっと~している」の意味になる。過去からの動作の「継続」をより強くあらわすための表現だ。ただし、know, see, like, be などの状態をあらわす動詞は、現在完了進行形にはしない。

過去完了は、had＋過去分詞の形で、「過去以前のあるときから、過去のある時点までの動作の完了や継続、経験」をあらわすものと、文中の二つの動詞のうち古いほうの動作をあらわす動詞を過去完了にして「過去の過去（大過去）」をあらわすものとがある。

覚えてしまいたい慣用表現・作文の基本用例 3

⑥ 家族・仕事・生活に関するもの

・7時に起こしてください。	Please wake me (up) at seven.
・起こしてしまってすみません。	I'm sorry to have waked you up.
・いつも何時に起きますか。	What time do you usually wake?
・食事の用意ができました。	Dinner is ready.
・彼女は食事の後片づけをした。	She cleared the table.
・どうか明かりをつけてください。	Turn on the light, please.
明かりを消しましょうか。	Shall I turn off the light?
・ご家族は何人ですか。	How many people are (there) in your family?
・私の家族は6人です。	We are a family of six.
	There are six (people) in my family.
・彼はその日暮らしをしている。	He lives from hand to mouth.

⑦ 電話・手紙に関するもの

・昨日彼に電話した。	I called him (up) yesterday.
・もしもし、健太ですが。由美さんはいますか。いいえ、(彼女は)出かけています。	Hello, this is Kenta (speaking). May I speak to Yumi? I'm sorry, but she is out now.
・そのままお待ちください。	Hold [Hang] on, please.
・まちがい電話ですよ。	I'm sorry, you have the wrong number.
・彼女から毎週便りがある。	I hear from her every week.
・手紙には彼がこちらに来ると書いてある。	The letter says he will come here.
・ご両親によろしく。	Please remember me to your parents.

⑧ 交通・旅行に関するもの

・東京行きの終列車に乗ります。	I will take the last train for Tokyo.
・彼は車にひかれた。	He was run over by a car.
・彼は交通事故で死んだ。	He was killed in a traffic accident.
・ここでは右側通行をしなさい。	Keep to the right here.
・私たちは京都見物をした。	We saw [did] the sights of Kyoto.
・外国へ行きたいですか。	Would you like to go abroad?

つぎの②の文型で、補語に名詞・形容詞をとるものは指導要領内なので、公立中学でも学習する（I found the book very easy. など）。I made him go there. のように補語に動詞の原形（go）がきて「○○に～させる」という使役の意味になる指導要領外のものが出題されるのだ。

③の関係副詞とは where, when, why, how, などをいい、「接続詞と副詞の働き」を兼ね、先行詞を修飾する形容詞節をつくる。先行詞が「場所」をあらわすときは where、「時」をあらわすときは when、「理由」をあらわすときは why、「方法・様態」をあらわすときは how。

関係詞（関係代名詞と関係副詞）の継続的用法というのは、その関係詞が先行詞の名詞を直接に修飾するのではなく、あとの文章をも継続して修飾するものをいう。接続詞の and, but, for などを補うと理解しやすい。He had two sons, who became teacher. は「彼にはふたりの息子がいて、ふたりとも先生になった」となるので、who は and they と置きかえられる。

④の分詞構文は、when, while, if, because, as, though, and, などの接続詞を用いた副詞句（主語と述語がある）を現在分詞（～ing）を用いた副詞節に書きかえたものだ。

⑤の話法では、人のいった言葉をそのまま他人に伝える「直接話法」と、人のいった言葉を話し手（私）の言葉に直して伝える「間接話法」のちがいを理解し、どちらにも書きかえられることが要求される。ここの急所は「時制の一致」だ。主節の動詞が過去になると、それに合わせて従節の動詞も過去になる。

⑥の仮定法には、「仮定法過去」と「仮定法過去完了」がある。話し手が現実のことを述べるのではなく、想像・仮定・願望など、心のなかのことを述べる表現だ。「仮定法過去」は現在に対する仮定をあらわし、「if＋主語＋動詞の過去形、主語＋would（should, could, might）などの助動詞＋動詞の原形」が基本形だ。現在の事実と反対のことを仮定し、「もし～だったら…するのだが」という意味になる（時制がひとつズレるところが急所だ）。

つぎの「仮定法過去完了」は過去に対する仮定をあらわし、「if＋主語＋動詞の過去分詞、主語＋would（should, could, might）などの助動詞＋have＋過去分詞」が基本形。過去の事実と反対のことを仮定し、「もし（あのとき）～だったなら、…したのになあ」という意味。

応用パターンとして「I wish＋仮定法過去」の形で、現在の実現不可能な願望をあらわして、「～だといいのだがなあ」という表現がある。「I wish＋仮定法過去完了」の形だと、過去に実現不可能だったことへの願望をあらわして、「～だったらよかったのになあ」となる。

さらに、「as if＋仮定法過去」は、「まるで～であるかのように」の意味になる。「as if＋仮定法過去完了」は、「まるで～であったかのように」という意味になる。

「学校で習っていない」という泣き言は通用しない！

先輩たちがこの指導要領の内外について、どう考えていたかを紹介しておこう。

「自分の受ける入試に出るかどうかで、やるかやらないかを決めればいい。出ないのならまったく不要だが、たとえば過去完了を知っていれば現在完了の理解が深まるのは事実だ」

こう語るのは、熊本県の公立中学～県立熊本高校出身のK・S君だ。たしかに完了の時制は比較したほうが理解しやすいし、過去完了が特別にむずかしいわけではない。

つぎに、公立中学から難関の私立や国立高校に進んだ先輩たちの意見を聞いてみよう。

「難関校を受けるうえでは、指導要領の内外は関係ない。出題されるのだから、やっておかなければならない。また、先々のことを考えると、公立志望の人でも知っておくべきだろう」

こう語るのは、島根県の公立中学～私立東大寺学園高校出身のF・J君だ。

「指導要領外のことも知っておくにこしたことはないが、別に知らなくても、入試問題のほかのところで確実に点数がとれれば必要ないし、心配することもない」

これは、広島県の公立中学～私立修道高校出身のI・H君の意見だが、テストというものの本質をズバリとつかんでいる。テストは「落とす」ためのものなのだから、まず範囲内での得点力を完成させるのが先決なのだ。そのうえで、指導要領外のものもこなせば万全だろう。

さらに、中高一貫の私立や国立出身の先輩たちの意見も聞いておこう。

「指導要領の内外など、入試をする側の高校には知ったことじゃない。外の事項は知らないなどと文句をいうのはかってだが、それでは試験に受からない」と語るのは、私立桐蔭学園中学

範囲を超える文法事項

① 範囲を超えるもの

・主語＋動詞＋what (where) などで始まる節（理解にとどめる）

I don't like what he says.（あの男のいうことが気に食わない）

・主語＋動詞＋間接目的語＋how（など）to不定詞（理解にとどめる）

My father taught me how to swim.（父は泳ぎかたを教えた）

・関係代名詞のwhomとwhose（あつかわない）

This is the man whom I met yesterday.（こちらが昨日会った人です）

I know a girl whose father is a doctor.（父が医師の子を知っている）

・to不定詞のあとに受け身形や完了形がくるもの（あつかわない）

There was no one to be seen there.（そこには人っ子ひとりいなかった）

He seems to have been rich.（彼は金持ちだったらしい）

・動名詞のうちの受け身形と完了形（あつかわない）

She likes being kissed on the cheek.（彼女はほほへのキスが好き）

I regret having called him a liar.（彼のことを嘘つきと呼んだことを悔やむ）

② 私立・国立入試に出題されるもの

・現在完了進行形：have (has)＋been＋～ing

It has been raining since yesterday.（～ずっと雨が降っている）

・過去完了：had＋過去分詞

He had never seen a koala.（彼はコアラを見たことがなかった）

・関係副詞と関係詞の継続的用法

I hurried to the station, where I met my father.（＝and there）

・分詞構文：現在分詞を用いた副詞節

Having no money, I can't see the movie.（～なので）

・話法：直接話法と間接話法

He said, "I like music".→He said that he liked music.

・仮定法：仮定法過去、仮定法過去完了、I wish ＋ ～

If I weren't ill, I would go on a picnic.（病気でなければ～のに）

If he had started earlier, he would have caught the train.

（もう少し早く出発していたら～のに）

I wish I were a bird.（もし鳥であればなあ）

They treated me as if I were a little child.（私をまるで小さい子供のように～）

～高校出身のK・Y君だ。また、同じコースを進んだF・O君も同じような意見だ。

「指導要領外だから知らなくていいということはない。私立高校がそこから出題するのは避けられないのだから、受かりたければやるしかない。また、要領外だからむずかしいということもないので、変に気ばらずにやったほうがいい」

以上だ。高レベルの競争を勝ち抜くためには、まず志望校の過去五、六年の入試問題をこなして出題傾向に慣れることがいちばんだ。さらに実績のある塾のテストを受けて弱点をつかみ、早い時期から集中的に攻略する。かならず指導要領外からの出題にぶつかるので、じっくり腰を落ち着けて、その場その場で身につけていけばいい。

大手の塾や予備校では、入試直前の冬休みに志望校別の短期講習を行なうので、それを受講すると劇的な効果がのぞめる。入試予想問題を中心にしたテキストなので、実戦感覚がみがかれるのはまちがいない。予習と復習、小テスト、模擬テストなどに全力でぶつかるといい。

「中学時代は、やればやるだけかならず結果がついてくるので、それを信じてがんばるしかないよ。君だけじゃなく、みんな勉強をがんばっているんだからね」

こう語るのは、横浜市の公立中学～私立桐蔭学園高校理数科に進んだH・M君だ。彼は高校入試では、1番で合格している。しかも、ずっと野球部をつづけてきたのだからすごい。堂々たる公立パワーを見習って、合格の日までがんばろうじゃないか！

第3章
数学の成績を伸ばす、ムダのない勉強法

数学を得意科目にするには、確かな計算力をみがけ

最初に数学全体の領域をつかんで、大きな見通しをもとう！

数学科は、「数と式」「数量関係」「図形」という三つの領域からなり、学年ごとに段階を追って内容が高度になっていく。授業では三つの領域が交互に進められるので、先への見通しをもっておかないと、何をやるのか、どこが重要なのかを見失いかけることがある。

三年間のカリキュラム（授業範囲と進度）をあらかじめ頭に入れてほしいが、それがムリなら、せめて一年間の流れをつかんでほしい。「いまここにいる！」と場所を確定できるようにしておくと、壁にぶつかっても、自分の力で打ち破ることができるからだ。

また、学習内容の削減によってカットされた「範囲を超える」事項や、「理解の段階にとどめる」とされた事項は、通常レベルの中学生がむずかしいと感じて「つまずく」急所であると同時に、「習熟度別クラス」に分ける基準にもなるところなので、それを知っておくと弱点チェックの目安がつかめるはずだ（205ページ以降で「範囲を超える」内容を考えておいた）。

公立校入試は原則として範囲内からしか出題されないが、私立校などの入試を考えると、削

減された内容や、高校へ移行された事項までやっておかないと不安が残る。その以前に、小学校から先送りされた内容につまずいているようでは、数学の初歩から困難をかかえてしまうことになる。それぞれの志望進路に合わせて、やるべき内容と程度を的確につかんでほしい。

まず小学校から移行されたのは、数と計算の「文字を用いた式」。量と測定・図形では「図形の合同・対称」「縮図や拡大図」「角錐や円錐」「柱体の展開図」「柱体と錐体の体積・表面積」。数量関係では「比例の式・反比例」「起こりうる場合の調べかた」などだ。

高校へ移行されたのは、「数の集合と四則計算」「1元1次不等式」「有理数・無理数」「2次方程式の解の公式」「三角形の重心」「二つの円の性質」「相似な図形の面積比・体積比」「球の体積・表面積」「資料の整理・標本調査」「いろいろな事象と関数」などだ。

削除されたのは、図形での「平行移動・回転移動・対称移動」「立体の切断・投影」「条件を満たす図形」など。「数の表現（近似値・2進法・流れ図）」「平方根表」もそうだ。

ここまで読みすすめただけで、頭痛がする人がいるかもしれない。誰にでも苦手科目があるが、とくに数学はそうなりやすい。そこで、まず先輩の意見を紹介してみたい。

「中高一貫の私立に入学したが、一年生のころから数学が全然ダメで、試験のたびに追試の連続だった。授業についていけないので、数学だけ家庭教師にみてもらった。一、二年を通じて成績は5段階評価の2だったのでかなり不安だった。三年生になって数学が『数Ⅰ』になったのと先生が替わったことで、心機一転してがんばった」

こう語るのは、広島県の私立広島学院中学~高校から文IIに進んだN・I君だ。追試の連続というのはこたえるので、泣きたくなったことだろう。さらにつづけて、

「宿題が多かったので、家では数学ばかりやっていたような気がする。その結果、やっと授業についていけるようになった。テストでもいい点数がとれるようになり、ようやく成績は3に伸びた。いま反省すると、一、二年生のころから少しでも予習をしていくべきだった。そうすれば授業についていけたかもしれない」と語っている。

私立有名校だから苦労したともいえるが、原因はそれだけではない。彼がいう「予習不足」がもっとも大きい。予習していくと授業がわかるし、つぎの課題もつかめる。つまり、先を見通した準備をすると、まったく効果がちがうのだ。そこで初めて、頭脳はフル活動する。

授業への予習でさえ効果抜群なのだから、数学全体を見通しておけば、もっと大きな効果がのぞめる。全体の流れのなかで、どこが苦手になっているのか、そこが得意なのはどうしてか――などがパッとひらめくと、学力の不ぞろいを直すための手がかりが発見できるはずだ。

年間カリキュラムのなかの苦手分野をチェックしよう!

まず「数と式」は、一、二年生の①「正の数と負の数・四則計算」から始まり、②「文字と

式」、③「1元1次方程式」、④「2元1次方程式・連立2元2次方程式」へと進む。三年生では⑤「多項式の乗法・展開」「因数分解」、⑥「平方根」、⑦「2次方程式」の順になる。ここは計算系なので他の領域の基礎になる。「はやく・正確に」を身につけるかどうかが分岐点になるが、その逆に、計算力が十分であれば中学数学は征服できる。

つぎの「数量関係」は、一、二年生の①「比例と反比例」、②「1次関数とグラフ」、③「1次方程式のグラフ」「確率」から、三年生の④「2次関数」へと進む。

さらに「図形」は、一、二年生の①「平面図形（直線図形）・空間図形」、②「円と直線」「扇形の弧・面積」「柱体・錐体の表面積と体積」、③「平行線と角」「図形と証明」、④「円周角と中心角」から、三年生の、⑤「図形の相似」「円」、⑥「三平方の定理」という順になる。

ただし小学生の四則計算では、整数の加減は3位数どうしまで、整数のかけ算は2位数どうしまで、小数のかけ算は小数第1位までの数どうしまで、小数のわり算は小数第1位までの数によるものまで、分数の乗除は真分数どうしだけ、という内容しかやっていない。

そのため、中学ですぐに小数と分数の計算でつまずくケースが多い。とくに仮分数や帯分数をやってこなかった分数での計算力不足が目立つので、二、三年生で計算系を苦手にしている場合は、一年生の「正の数と負の数」からやり直しながら、分数や小数をふくむやさしい計算問題集を一冊こなすといい。勉強の初めに十分間ほどやるだけで、計算力はつく。

おそらく君たちは、計算でミスばかりする、図形をかく気になれない、関数グラフなんか世の中からなくなればいい、などとタイプが分かれるだろう。だが、少しは得意な分野がないわけではない。得意なものがある以上、君たちの能力に不足などあるはずがない。

なぜ得意なのかを突きつめてみると、数式を解くのがきらいじゃない、図形をかくと気持ちがいい、グラフのタテ軸とヨコ軸がすっきりしていて好き、などという理由にぶつかるかもしれない。いわゆる「好きこそものの上手なれ」というやつだが、そこにカギがある。好きなものをやるのにコツコツを惜しむ人はいない。それを応用すればいいだけのことだ。

私たちのアンケート調査によると、二割近くの現役東大生が「数学がきらいだった」と答えている。だが、点数がひどく悪かったわけではない。数学アレルギーに悩みながらも、そうした気持ちをどう乗り越えるかをくふうして、得点力を身につけているのだ。

「デキない」のではなく「苦手意識」をもっているだけだ!

多くの先輩たちは、「授業をきちんと聞く」という基本的なものから始まり、「まっ先に教科書の問題をこなす。もちろん全部だ」「宿題をやり、復習をやる。それがすべてだ」という、実に当たり前のやりかたを重視している。

「まず、苦手なんだという意識を自分のなかから取り除くこと。そして、何事も小さく部分に

苦手をブロック分けして一個ずつぶち壊していけ！

分けて、ひとつずつ考えるようにする。一度でわかろうとせず、きちんと順序をふんで、パズルを解くような気持ちでコツコツ当たるといい。そのほうが高い点数がとれるはずだ。ただし、がんばろうと力んでも、実際にやらなければ結果はいっしょだ」

と語るのは、熊本県の公立中学〜県立高校出身のN・T君だ。苦手を小さなブロックに分けて、それを順序にしたがって、一個ずつ壊していく。誰にでもできて、もっとも正統なやりかただ。またそれは、好きなものに打ちこむときの姿勢とも通じる。

習いはじめでは解法パターンをつかみ、基本問題をこなして慣れること。たくさん問題を解いて慣れたところで、頭を使うものを少しずつやる。途中の計算を省略せずに残す。そうしないと、どこでミスをしたかがわからなくなるので、見直しがはかどらなくなる。

「数学では、各分野の導入部分の授業がいちばん大事だ。しっかり聞いて理解すれば、おそれることはない。問題演習になれば、自分でかってに問題集を解いていけばいい」と語るのは、東京都内の公立中学〜都立国立高校出身のM・K君だ。きわめて平凡で常識的な意見だが、数学では奇抜なやりかたより、地道な積み重ねがモノをいう。

ところが、数学が苦手な人というのは「わからない↓できない↓きらい↓やらない」という悪循環におちいっていることが多い。そんなタイプは、この勉強は「受験のための手段だ」と割りきってみるのもいいだろう。そして、とにかく一カ月つづけてみることだ。

問題が解けないときは、なにくそ！　くやしい！　と思ってがんばる。解けなかった問題を復習して覚え、つぎに似た問題が出たときは絶対に解く。わからないときや覚えられないときはアセッたりせず、「そのうちにわかるさ！」と開きなおってもいい。押したら引く、引いたら押す。息切れしないためには、そうした力の入れかげんが大切なのだ。

そうしているうちに〝解くよろこび〟といったものが絶対に出てくる。理解できたときと解答を出して正解したときのよろこびは大きい。それは、暗記科目で正解したときの気持ちとはわけがちがう。一度でもよろこびを味わうと、それを手放す気にはなれない。

こうした努力を継続していけば、点数が伸びないはずがない。いったん壁を乗り越えると苦手意識など消えてしまう。それどころか、数学がおもしろくなるのはまちがいない。

「中学レベルの数学では先天的なものはいっさい関係しないので、努力すれば誰でもできるようになります。〝頭が数学に向いていないんだ〟と、自分から劣等感をもってちぢこまる必要はありません。初めのうちはガマンして苦手な部分に体当たりし、何度も繰り返し解いて、コツとカンを身につければ勝ちですよ」

これは、埼玉県の公立中学～私立学習院女子高等科から文Ｉに進んだＫ・Ｅさんの意見だが、さらに「パターンを覚えて答えを出すよろこびがわかってくるにつれて〝数我苦（すうがく）〟が〝数楽（すうがく）〟になるはずです」とも語っている。

彼女は、一年生の春までドイツにいたこともあって英語はずっと学年１番だったが、数学は三年生のときに10番くらいだった。本人は「もとから不得意だったので、三年生で努力して少し上がった程度」だという。ふつうに考えると悪くない成績だが、苦手意識が強かったせいで自己採点がきびしいのだろう。やはり彼女も、苦手からの脱出に成功したのだ。

計算力をつければ、中学数学はかならず征服できる！

計算力がないのは、努力が足りないせいだ。「はやさ」と「正確さ」の二つをめざして問題量をこなさないと、計算力はつかない。計算力は数学すべての基礎となり、それを向上させながら、さらに高度なレベルに進む。これが不十分では、数学の征服はおぼつかない。

「中学数学は計算力と同じことだ。計算力さえあれば、数学を手中におさめたことになる。だから、苦手な人は計算力を極めることをめざしてほしい。また、苦手だという人は、たんに数学の勉強時間が異常に少ないということが多いので、ドーンと時間をふやしてみるといい。すぐ結果は出なくても、上昇へのきっかけは見つかるはずだ」

こう語るのは、埼玉県の公立中学～私立海城高校から理Ⅰに進んだO・S君だ。苦手だといいながら計算練習に時間をかけないでいたのでは、いつまでも計算力はつかない。そこにメスをふるわないと、病状は悪化するばかりだ。つづけて彼は、

「約数・倍数、正の数・負の数などの単純な四則計算は、とにかく慣れることが大切で、数をこなすことが重要になる。小学校五年生から公文式《くもんしき》をやっていたので、計算力についてはスペシャリストになれた。数学の上達イコール計算力と考えていい」という。

小数第2位の数どうし以上の乗除、整数の4位数どうし以上の加減、3位数どうし以上の整数のかけ算、仮分数と帯分数の乗除、などは中学校に移行されたので、君たちは三年間でものすごく計算力を伸ばさなければならない。中学から高校へ移行された内容もあるが、「計算力はそこそこでいい」と考えられているわけではないので、カンちがいしないでもらいたい。

先のO・S君のように、小学生から塾で計算力をつけてきた人もいる。スペシャリストを自

小数と分数を攻略して計算のスペシャリストになれ！

称するのだから、私立や国立中学受験レベルだったのだろう。難関中学の受験をめざしてきた人たちは、小数第3位の数どうしのかけ算とわり算、仮分数や帯分数どうしの計算をすでに終え、πを3・14としてあつかってきているので、その計算力はすごい。

たとえ中学を受験しなくても、進学塾では高度な訓練をするので、同じ中学一年生でも計算力に差がついてしまっているのだ。

ちなみに公文式では「ぴったりのレベルから出発する」ので、学年に関係なく、独自のランク分けされた問題を解いていく。小学生なのに大学入試センター試験の計算問題の七割近くを正解するケースもあるというから、やればかならず計算力は伸びるものだとわかる。

では、どうすればいいのか？　学校で計算問題集が与えられているなら、その一冊をこなせばいい。制限時間内をめざし、正解できなかった問題に赤マークをして、もう一度やる。二度めは、もっと時間をきびしく守る。それでも正解できなかった問題だけを、三度めにやる。自宅で、十〜十五分間だけ集中するのだ。

短期に、しかも徹底的に苦手の分野をなくすためには、市販の問題集をやると効果的だ。分冊になった「小数の計算問題」「分数の計算問題」などを、一カ月くらいでやる。いまの授業がおろそかにならないよう、週末の二日間にドカンとやるのもいい。いま計算力がつきはじめている――そう実感しながら、ひとりだけの特訓をつづけてほしい。

紙にぐちゃぐちゃ書いて捨てるのは最悪のやりかたで、ちっとも力がつかない。計算用のノートに消しゴムなしの記録を残し、どんどんスピードをあげていく。そのうちに自分のまちがえるパターンに気づく。その失敗グセを直すための武器が、計算ノートなのだ。こうして苦手をブロック化してツブしてしまえば、もう心配はいらない。

また、小学生レベルの計算が苦手であっても、問題集は中学生初級用を使うことにこだわることも大事だ。そこが弱点ではあっても、小学生用をやるのは正直いって気が重い。楽しくやったほうが効果は大きいので、分野別の中学初級用を一冊ずつこなしていけばいい。三冊ほどたまったころには、標準問題に手がとどくようになっているはずだ。

苦手分野をひと通り終えたら、いまの授業にこのやりかたを応用してみる。「つまずき」を意識したときは、うすい初級問題集をこなす。一ヵ月といわず、二〜三週間で終えるようにして、授業にのぞむ。やるだけのことはやった！　という自信をもつ効果は大きい。

予習していかないと、授業時間内で理解できなくなる！

計算力をつけている最中にも、授業は待ったなしで行なわれる。先を見通した準備をしておくと授業がよくわかるのだから、どの程度までやるかは別にして、予習は欠かせない。

「授業の予習はかならずやった。前の日に問題をノートに解いておいて、先生の解きかたと照らし合わせ、どこがどうちがうのかを、ノートに赤ペンで書きこんだ」

こう語るのは、兵庫県の私立甲陽学院中学〜高校出身のO・H君だ。彼の学校では教材用の問題集を使っていたので、それを解いていくのが最低限のしごとだった。そうすると授業がよくわかるし、復習もはかどる。赤ペンを検討して、なぜ先生の解きかたがいいのか納得できるまで考える。「なるほど！」とひらめいたら、さらに類題を解いてみる。そこでまた「なるほど！」とヒザを打てるようだと、その分野に不安はなくなる。

「数学の勉強には〝仕入れる数学＝覚えるところ〟と〝組み立てる数学＝応用するところ〟がある。予習をして、それを知っておかないと、ムダな労力を使ってしまう」

こう語るのは、大阪教育大附属中学〜高校出身のM・N君だ。公式や定理、解きかたなどをよく理解して覚えてしまう――これが仕入れだ。覚えたものを使って、いろいろな問題を解いていく――これが組み立てだ。この二つのちがいがわからないようでは困ってしまう。

「数学を好きになってしまえば問題はない。中学の数学は証明問題の演習がすべてともいえるので、予習を欠かさず、そこに力を入れてがんばる。あとはすべて計算問題だ。計算にもちこむレベルに達したら、教科書の予習より問題集に重点を置いて、がんがん解けばいい」

こう語るのは、千葉県の公立中学～県立千葉高校出身のT・M君だ。彼は、例の織田信長型の先生にシゴかれた(!)ファイト満点の中学生だった(第1章)。

「中学レベルではいろいろな問題にぶつかってみて、解法をパターン化してしまうと意外とかんたんだ。最初から苦手意識などもたずに、地道に努力したほうがいい。だから、予習をしておくことが絶対に必要だ。自分から解こうという気のない問題をいくら先生がていねいに解説してくれてもムダだ。その反対に、自分からチャレンジした問題の解説はすごく有意義だ」

これは、私立桐蔭学園中学～高校出身のK・Y君の意見だ。

基礎ができている自信があるのなら、「ムダなくムリなく一日一問」という、私立開成中学～高校出身のM・Y君の余裕あるペースを見習うのもいいだろう。

先ほどのT・M君がいうように、証明問題以外は計算力が勝負になるので、すでに中位以上の計算力を身につけている人は、授業レベルに合わせた問題集を、しかも量をこなすようにするといい。よく途中の計算ミスを単純ミスと形容するが、それも計算力不足のせいなのだ。熱中をつづけていくうちにミスしなくなるのが、その証拠だろう。

五分考えて解けないときは、解答を先に見るほうがいい！

文章題を苦手にする人は、かなり多い。問題文を読んで、1次・連立方程式にもちこんでしまえばいいのだが、その前でつまずいてしまう。その原因は、問題文の整理のしかたにある。問題を箇条書きにして図を描くなど、わかりやすいように分解するのがコツなのだ。

「文章題には苦労した。問題文のわからないもの（求めるもの）をX（あるいはY）とおいて式を立てようとしても、その等式がうまく立てられなかった。問題集からその分野のものをさがして、ひたすら解いていった」

こう語るのは、埼玉県の公立中学～私立海城高校出身のO・S君だ。また、「よく出題される食塩の量の問題や、時計の長針と短針がつくる角度の問題などは、何と何をイコールで結ぶかは決まっているので（等式の成立）、早く覚えてしまうといい」とも語っている。

さらに、「方程式のポイントは、解の見直しにある。計算のほうにばかり目がいくと、文章題に合わない答えを出して、そのままにしてしまうことがある。解を導いたあと、かならず問題文を読み直して、検算してみること」と語ってくれている。

もちろん、その前に、「方程式は、まず法則をしっかり頭に入れておくことが必要だ。この分野は量をこなすよりも、移項や分母を払うなど、必要最低限のテクニックを身につけること」が前提になる。これは、群馬県の公立中学～県立太田高校出身のA・H君の意見だ。

方程式の文章題を解く手順をまとめてみると、

①問題を図にしてみる
②何をXにするかを決める
③関係のなかからイコール（＝）で結べるものを見つけて等式にする。このとき導き出される式をすべて書く
④この等式を加減法、あるいは代入法で解く
⑤解を問題の式に入れて検算する

以上だが、とくに③をマークすること。

解答には、むやみに時間をかけないこと。「解けなくても答えは見ない。二、三日かけてじっくり考える」というのは効率が悪いし、ある程度以上の力がついていないと意味がない。それよりも「五分間はひたすら考えて自力でやる。解けたら答えを見る。五分間で解けないときは、答えを見て、やりかたを覚えてしまう」という実戦的なやりかたのほうがいい。

つぎに、ユニークなやりかたを紹介しよう。

「まず問題をじっくり読んで、何が問われているかをきちんと理解する。つぎに図に描いて整理する。あとはすぐに解答を見て、やりかたを覚えていく」

これは、東京都内の公立中学〜都立国立高校出身のM・K君のやりかただ。

まず問題をつかんでしまい、自分で問題を解きにかからないで、先に解法の手順を見てよく考える。「なるほど！」と納得したところで、それを暗記する。つぎは自分で二度、三度と解いてみる。さらに類題をこなせば、もう完璧だろう。まさしく逆転の発想というやつだ。

だが、これを中途半端にマネると墓穴を掘ってしまう。いい加減に答えをながめて、「これで終わり！」というのでは、時間の節約にはなっても、得点力はついてくれない。

「どんな問題でも、いつもテスト本番の気持ちで解く。〝自分の考えは流れにそって式になっているかどうか〟をかならずチェックする。これができていないとテストで点数がとれないので、本当に勉強したとはいえない」

こう語るのは、大阪教育大附属中学〜高校出身のM・N君だ。先のM・K君のやりかたと比べると、こちらのほうが正統だろう。その分野や程度がちがっても、オーソドックスなやりかたは絶対に敗れることはない。

君たちも参考にしてほしい。

出題と解法パターンを覚えれば、得点力は上昇する

本物の実力を養成するには、問題集をやるのが最高だ！

教科書を理解し、例題や類題をきちんと解くのが基本だ。だが、それだけでは新しい問題をこなす実力はついてくれない。いろいろな問題の量をこなさないと、定理や公式、解法などを活用するだけの力はつかない。〝仕入れる数学＝覚えるところ〟を終えたら、つぎに〝組み立てる数学＝応用するところ〟をやって、ようやく得点力が身につくのだ。

学校で与えられる問題集は、いってみると標準問題になるので、やりとげると一般レベルの力、つまり公立高校入試を突破できるだけの力はつく。初級から始まり、中級、さらに上級とランク分けしてあるので、段階を追って解いていけばいい。

「定期テストの前に、ふつうレベルのものを一気にやった。問題数をこなすうちに、こうやればいいという解法パターンが身についてくるので、すごく効果的だった」

これは、神奈川県の公立中学～県立柏陽高校出身のS・M君の意見だ。標準問題集には入試の過去問題もふくまれるので、実力の目安にもなる。彼のようにドカンとやると、短期間で数

学アタマが養成されるので、少しくらいの難問でも解けてしまうものだ。

さらにレベルアップをめざすときは、市販の問題集をこなすといい。その難易度をどこに置くかは君たちの学力しだいだが、基本的には「自分のレベルより少しだけ上のもの」を選べばまちがいない。程度が高すぎたり、その逆に低すぎたりすると、せっかく努力してもムダになってしまう。また、定評のある問題集を選ぶことも大事だ。

「いい問題、いい解答だけが集められている問題集を、学校や塾の先生に聞くといい。いわゆる悪問をやるのは頭の毒になるだけだが、良問はすごく力になる。どんどん知らない問題にぶつかり、その解法を覚えてしまえば、かならず得点力は伸びる」

こう語るのは、大阪教育大附属中学～高校出身のM・N君だ。たしかに良問と良解答がそろった問題集を探すのは骨が折れるので、身近な先輩や先生に聞くのが手っとり早い。

第2章でもふれたが、俗に「電話帳」と呼ばれる過去問題集をかたっぱしから解いていくと、かならず力がつく。悪問がないわけではないが（一部の私立校）、入試問題は良問が多いので、その点は安心できる。解答と解説をじっくり読みこめば、相当なレベルに手がとどく。

さらに意欲がもてるようなら、むずかしいものを自分でどうにかして解く、難問をたくさん解く、良問の多いものを何冊もこなす、といやりかたがいい。私立や国立の難関校をめざすときは、それ以外に方法はないが、難関校を受験しない場合でも、トップレベルの問題をこなして悪いはずがない。高校で一気に成績のゴボウ抜きをするための準備と考えればいいのだ。解答を見てもわからないときは、先生などに聞けばいい。〝聞くはいっときの恥〟と割りきるのがいちばんだし、別の角度からズパッといってもらうと理解できることが多いからだ。

自宅学習→弱点を解消してランク・アップ！

時間のやりくりに頭を悩ます、学校と塾との勉強のバランスに苦労する、これが君たちのかかえた問題だろう。そこをうまく乗りきるコツは、自宅での勉強をどのように位置づけるかにある。勉強時間を多くするか少なくするかではなく、学校と塾、自宅という三角形を描いたうえで、それぞれの特性を生かすことを考えればいいのだ。

「学校と塾は、総合的な勉強の場だと思う。数学のわからないところは、学校でも塾でも、先生に聞けばいい。自宅では弱点を補強するために、とにかく考えることを大切にした」

これは、東京都内の公立中学～私立桐蔭学園高校出身のI・Y君の意見だ。学校と塾を「総合的な勉強の場」とすると、自宅は「ひとり伸びをする場」だろう。リラックスしながら、自分の弱点はどこなのかを考え、そこを補強してやる。時間がかぎられるので万全とはいかないかもしれないが、弱点をつかんでしまえば、先への見通しがもてるようになる。

「Z会の問題のほうが学校の授業よりむずかしかったので、すごく集中できた。だんだん力が自宅を「ひとり伸びする場」にして弱点を解消しろ!

ついていくのが自分でわかったので、勉強のペースに自信がもてるようになった」

と語るのは、東京都内の公立中学~筑波大附属高校に進んだI・J君だ。Z会の通信添削は公立中学校生向け、中高一貫校生向け、さらに進度の早い中高一貫校生向け、の三ランクに分かれていて、かなり程度は高い。

このI・J君は入試の半年前まで塾に行っていなかったので、通信添削に打ちこみ、それを自宅学習の柱にした。もちろん、授業の予習と復習をきちんとこなしたうえでだが、家庭という「ひとり伸びの場」を最大限に活用したからこそ、国立の難関校を突破するだけの力を身につけたのだ。

また、「公文式をやっていたので、問題をたくさん解いた。量をこなすことに重点を置いたが、計算力がついたので学校の授業がよくわかった」というのは、筑波大附属駒場中学～高校出身のS・Y君だ。難関の国立中学に在籍しながら、受験塾とはひと味ちがう教室で計算力をみがくことを学外学習の柱にした。これも自宅学習のくふうのひとつだろう。

彼らのやりかたは、塾に行かずに勉強したい人の参考になる。「公文式」には国語や英語のコースもあるし、「Z会」以外の通信教育もあるので、自分に合ったものを見つけてほしい。

自宅学習→復習して問題を覚えてしまえ！

学校でも塾でも、どちらも復習が大事だ。塾から帰ったあとは時間が少ないので、時間のやりくりにくふうして、最大限の集中を心がけたい。

「進学塾に行っていたので、自宅では塾の授業の復習だけをやった。学校の宿題は、できるだけ授業中や休み時間のあいだに終わらせるようにした」

こう語るのは、埼玉県の公立中学～県立浦和高校出身のN・T君だ。進学塾で力をつけていたから可能だったのだろうが、この短時間集中はすごい。のんびりしていたら時間が足りなくなるのは明白なので、こうした究極の時間のやりくりを発案したのだろう。

ただでさえ少ない時間を有効に使うためのカギは、第一に授業に集中してとことん理解すること、第二に自宅学習の比重をどこに置くか、その二つにかかっている。自宅では弱点の補強もやらなければならないので、十分間もムダにはできない。だとすれば、密度を濃くするしか方法はない。差がつくのは、ここだろう。

「授業中に完璧に理解するようにして、頭をフル回転させ、あとはひとりで黙々と問題を解いていた。だから、数学の勉強は授業中に終わらせていた」

これは、新潟県の公立中学～県立新潟高校出身のA・T君の発言だ。ちょっとスーパーマンすぎる気もするが、県立トップ校に余裕で合格した実力は並たいていではない。数学は徹底した授業重視をつづけ、自宅学習では英語に重点を置いたようだ。

「数学が苦手の人が多いが、それだけに、逆に数学で差をつけるくらいの気持ちが必要だ。少なくとも中学時代に苦手意識から抜け出しておかないと、高校に行ってからたいへんな目にあう。それに、数学は満点がとれる唯一の科目なので、がんばりがいがあるはずだ」

こう語るのは、私立桐蔭学園中学～高校出身のK・M君だ。机の前に「めざせ満点！」と書いておいても、誰も迷惑しない。みんなが苦手なのだから自分はがんばる、とファイトを燃やすのも悪くない。それで気持ちがふるい立つのなら、やってみる価値はある。

自宅学習→実力テストは、まちがえた問題を総チェック！

三年生には実力テストが待ちかまえている。それに向けての心がまえは、英語の場合と同じでいいが、数学のテストには特有の問題点がある。
「テストでの数学の点数は、浮き沈みがはげしい。そこを自覚しておかないと、自分の弱点を見あやまることがある」というのは、私立桐蔭学園中学〜高校出身のK・Y君だ。

数学では「解けた・解けない」の落差が大きい。たまたま解けたものでも得点になるが、小さな失敗でゼロ点になることもある。だから、失点したときはもちろんだが、得点できたときでも復習は欠かせない。大波小波のなかで自分を見失わないためには、ひたすらやり直ししかない。それで初めて「得点＝実力」になる。

「実力テストは、自分のアタマのなかの項目別の整理がうまくいっているかどうかをチェックするために活用した。結果は気にしなくていい。あとのやり直しで弱点を埋めてしまえば、そのテストではAランクがとれたと考えていい」

こう語るのは、東京都の公立中学〜私立桐蔭学園高校出身のI・Y君だ。まちがえるのも勉強のうちなのだから、「やり直す資料が手に入った！」と前向きに考え、きちんとファイルする。あとの自宅学習で、満点の答案を書きあげればいいのだ。

実戦的なやりかたは、「三年生の秋には、テストでまちがえた問題の総チェックと、まる覚え（問題と解きかたの丸暗記）にとりかかれ！」というものだ。制限時間内に解いたうえで暗記してしまう。これが最強のやりかただろう。

「大手の進学塾のテストは〝こんなものか、ひとつ経験がふえたぞ〟という程度ですませていい。結果をあれこれいうよりも、ふだんの授業への取り組みのほうを大事にしたい」

これは、兵庫県の私立甲陽学院中学~高校出身のO・H君の意見だ。高校受験がなかったからではあるが、いちいち結果に過敏になりすぎず、長期的な展望のもとに一歩ずつ進んでいこうという考えは、まちがっていない。ただし、テストのやり直しをやらないまま「一歩ずつでいいんだ!」などと気を抜かないことが条件だ。

その一方、「ほとんどの高校入試は、大学受験でのセンター試験や、各大学の一次、二次試験とちがって、一回きりの勝負なので、その結果は受験校選択のもっとも重要な資料にすべきだ」と語るのは、広島県の公立中学~私立修道高校出身のM・Y君だ。

志望校への資料にするのはそのとおりだが、テストではつねにベストをつくす、結果には一喜一憂しない、まちがいチェックを徹底する、以上をやったうえでの話なのだから、ガチガチに緊張しないでもらいたい。要は、本番で力を発揮すればいいのだから——。

自宅学習→難関校ではやや難度の高い問題の正解がカギになる!

私立や国立の難関校受験をめざす人の心がまえは、やはり英語と同じでなければならない。

志望校の過去問題をやるのはもちろんだし、大手の進学塾の冬期講習などを受けて、出題傾向に慣れておくのも当たり前の話だ。

二学期ころから成績がグングン伸びたからといって、それまでの公立志望を難関校に切りかえてもうまくいかないことが多い。実力テストなどで偏差値が足りていても、そうなのだ。すでに何度も考えたことだが、志望校の出題グセを研究しないと、突破はむずかしい。

「難関校の数学にはかならず難問が一題くらい出るが、みんなの正解率は低いので、その問題で受験生のあいだに点差はつかない。それより、やや難程度の問題を八割得点すれば十分に合格圏なので、それをめざせばいい」

こう語るのは、M・K君だ。彼は東京都内の公立中学〜都立国立高校出身なので、難関高校を受験したことはない。だが、東大理IIを突破している。その経験をもとに、本番で合格点をとるコツを教えてくれているのだ。さらに彼は、

「数学は全分野にわたって、まず標準問題をすべて正解すること。これが難関校突破の最低条件だ。あとは自分の得意な分野のやや難レベルの問題で得点を伸ばしていけばいいのだ」

と語っている。公立入試に難問は出題されないが、ほんの少しだけ難度の高い問題というのはある。合格点をとるコツは、このM・K君のやりかたと同じでいい。また、中位クラスの私立校入試も、同じやりかたで合格できる。

また、「高校一年レベルの問題をやっておきたい」という意見もある。私立灘中学〜高校出

難関校へは「やや難レベル」の問題で得点を伸ばせ！

身のＴ・Ｙ君だが、最高ランクの私立中学の学習進度を考えたうえでの忠告だ。開成を東の横綱とすると、灘は西の横綱になる。

その彼は英語についても、「高校レベルの文法をやっておくこと。入試直前には、大学のセンター試験の過去問題をやるのも刺激になっていいかもしれない。五割は得点したい」という。

自宅学習→難関校へは過去問題を中心に！

参考のために、めざましい進学実績を誇る私立桐蔭学園中学～高校理数科のカリキュラムを考えておこう。協力してくれたのは、東京都出身のＫ・Ｍ君だ。

「中学一、二年では『Ａクラスの幾何』『Ａクラスの代数』を教科書として使った。これは参考書としても問題集としても、たいへんいい。

中学三年では高校の数Iをやった。当然のこととして、高校進学時のテスト（内部生用）は数Iもふくまれる。この中学三年から高校一年にかけては、授業で教科書併用問題集（数研出版）を使った。これにはくわしい解説がなくて、答えしかのっていないが、基礎から難問まで数多くこなせるすぐれものだった」

すでに在籍する中学生がこのようなレベルなのだから、高校入試に指導要領外のものが出題されるのは当たり前なのだ。

「自習用には中学三年のときから『大学への数学』シリーズをやった。これは程度が高く、解答例が豊富でよかった。公立高校を受験する場合でも、余力のある者は高校の数Iくらいマスターしてもいいのではないかと思う」

と語っている。このK・M君は高校では理数科だったし、東大も理Iに合格している。もともと理数系に強かったのかもしれないが、中学三年から自習用に別の問題集に手をつける積極性がすごい。やらなければ何も始まらない、ということを教訓にしたいものだ。

この桐蔭クラスをねらうのなら、徹底的に過去問題をこなさないといけない。標準問題はすべて正解し、やや難レベルの問題で得点を伸ばすというM・K君のやりかたを参考にして、さらに難問題にもチャレンジしておかないと、準備は万全とはいえない。

その他の難関校出身の先輩たちは、「絶対に解けると思って問題にとりかからないと、最初から負けだ。答えのない問題などない」とか、「できる問題を確実に解く」「たくさん問題をやって自信をもて！」「当たってくだけろ！」「はったりでのぞめ！」などといっている。

第1章でもふれたが、はったりとは、ありもしない物事をあるように見せて他人を圧倒することをいう。強気をなくすと敗れ去るのだから、活用して悪いはずがない。

自宅学習→時間があれば自分だけの弱点ノートをつくれ！

自宅学習のためのノートを作製した先輩もいる。自分の弱点を把握するためにはよく考えなければならないし、数式や図形などをまとめる作業もかなり時間を食う。だが、その場で苦労すればするほど見返りは大きい。

入試直前でのチェックに役立つのはもちろんだが、それ以上に、弱点をまとめる作業そのものが実力を押しあげる。これを作製すれば、かならず伸びる！　という信念をもってやり抜くこと。ここでもはったりがモノをいう。ただし、時間に余裕がないときは、自分で赤ペンを加筆したテスト用紙のファイルなどで代用するのもいい。

「公式や定理などを書きこむほかに、自分なりのコメントをつけてノートを見やすくした。ただし、あとで見ようという発想ではなく、書きこむと同時に頭のなかに叩きこんでやるぞ、という気合いをもってやった」

こう語るのは、東京都内の公立中学～私立桐蔭学園出身のＹ・Ｉ君だ。彼は、「自宅では考えることを大切にした」というが、そのがんばりはノートに結実したのだろう。

その他の先輩たちは、「テストでまちがえた問題を別のノートに解き直して、毎日かならず見るようにした」「公式や定理を大きく書き出して、いつでも見られるようにした」「理解しにくくてまちがえてばかりいる問題を、左ページに問題文、右ページに解答をうつして、こまめに見るようにした」と語っている。

これらのノートは自分だけが見るものなのだから、見た目のきれいさは無視していい。蛍光ペンを使い分けて、パッと見ただけでまちがえやすい個所をわかるようにする。いくつも解法があるときは、すべてを書き出す。あとから書きこめるように、余白を大きくとる。

自分の病状とそれへの対処法を書きとめたカルテなのだから、問題を解くときはそばに置いておく。不安になったときはすぐチェックし、解答のプロセスをたしかめ、正しい処置を覚えてしまう。活用しているうちに、得点力はグングン伸びるはずだ。

つぎに、過去の入試問題の傾向から、それぞれの分野別の急所を考えてみよう。

過去の入試問題から傾向をつかんで最強の対策をとれ

「整数の性質・数の計算・式の計算」→量をこなして慣れろ！

まず「整数の性質」では、「公約数・公倍数とその利用」「素数・素因数・素因数分解」がよく出題される。「1」はすべての整数の約数である。「0」はすべての整数の倍数である。「約数」は1と、その数自身もふくむ。「倍数」はその数自身もふくむ。「指数」とは因数の個数をしめす。以上に注意して、ひたすら計算力をみがけばいい。

まず「倍数」では、2、3、4、9、11、25の倍数の見分けかたがポイントになる。また〝倍数どうしの計算〟では、足しても引いても、もとの数の倍数になる性質を押さえる。

最大公約数（G・C・M）と最小公倍数（L・C・M）では、X＝ABC、Y＝ACDとした場合、最大公約数はACで、最小公倍数はACBDになる。その関係を「2数XとYの積＝2数XとYの最大公約数と最小公倍数の積」という公式で覚えておくといい。

「頭でいろいろ考えていくとドロ沼にはまるので、決まった解法パターンを覚えこんで、それを機械的に利用していくほうがずっと早いし、点数もとれる。集中して問題を解いていけば短期間でコツがつかめるので、その段階でじっくり理解するようにするといい」と語るのは、ドイツから帰国して女子学習院高等科に進んだK・Eさんだ。

「最大公約数・最小公倍数の文章題が苦手だった。どういう計算式を要求しているのかを早く見つけることが大切なので、数多くの問題を解いてパターンを覚えてしまうにかぎる」と語るのは、埼玉県の公立中学～私立海城高校出身のO・S君だ。彼の場合も、まず機械的にやりかたを暗記してしまい、いろいろな問題を解いていくうちにパターンがわかり、そこに底流する法則が理解できるようになったのだろう。

つぎの「素数」では、1より大きい自然数（正の整数）は、1とその数自身以外に約数をもたない数と、そうでない数に分けられる。素数でない整数をいくつかの素数の積としてあらわすことを素因数分解といい、その順序を変えても結果は同じ素数の積になる、が大事だ。

「このあたりは苦手だった。問題をやるときは頭のなかで考えずに、まず紙に書いてみることをすすめる。手作業にもちこんで、答えまでの過程を紙に残しておくと、まちがいを発見しやすい。また、一度めに出た答えを正しいと思いこんではいけない。まちがっているのでは？と思って見直すと、結構まちがいが見つかるものだ」

こう語るのは、東京都出身で開成中学～高校から理Ⅰに進んだY・Y君だ。

また「数の計算」では、プラスとマイナスの記号のまちがいが命とりになる。まだ先の学習事項だが、平方根の計算では、分母の有理化の公式をしっかり頭に入れておくこと。指数法則はたくさん計算して、意識しなくても手がかってに動いてしまうようにするといいだろう。

　つぎの「式の計算」では、きれいに計算するクセをつけたい。答案用紙のスペースのなかに分数や（　）のある問題を小さい字で書けるように練習するのもいい。単項式の除法では、分数の形にして約分するか、割る数の逆数をかけるやりかたに習熟すること。文字式では、文字だけで考えないで、それがあらわす〝数〟を意識するのがコツだ。

　等式の性質をまとめておくと、①その両辺に同じ数を足しても成り立つ、②その両辺から同じ数を引いても成り立つ、③その両辺に同じ数をかけても成り立つ、④その両辺を0でない同じ数で割っても成り立つ、以上だ。

「1次方程式・連立方程式・不等式の計算」→基本テクニックを完璧にせよ！

　ここでは「等式の移項」と「加減法・代入法・等値法」がポイントになる。必要最低限のテクニックを身につければ楽勝だろう。とくに「移項」は等式の基本性質にかかわるので、自在にこなせるようにしたい（方程式の文章題を解く手順は前項にまとめておいた）。

（1元）1次方程式を解く手順は、①方程式のなかにカッコがあればはずす、②係数（単項式の数の部分）が分数や小数のときは、両辺に適当な数をかけて整数に直す、③移項により文字

（変数）をふくむ項を左辺に、数の項（定数項）を右辺に集める、④同類項を集めて $ax=b$ の形にする、⑤両辺をXの係数aで割り、解を求める、以上だ。

連立（2元1次）方程式は、2つの方程式から1つの文字を消して、（1元）1次方程式に直して解く。3つの文字をふくむ連立（3元1次）方程式も同じ手順でいい。おきかえによって連立（2元1次）方程式になるものはパターンに慣れること。また、$A=B=C$ の形の連立方程式は範囲外とされるが、解きかたはむずかしくないので覚えておこう。

つぎの「1元1次不等式」は高校の数Iに移項されたが、方程式を理解できればむずかしくないので、私立校受験をめざすならやっておくこと。「不等式の向き」「連立不等式での数直線の利用」「文章題でのXの変域」などがポイントになる。

不等式の不等号とは、数の大小をあらわすものなので、負の数を両辺に乗除すると向きが変わる。その他は方程式と同じように考えていいので、一方の辺の項を、符号を変えて他辺に移項することができる。ただし、＞と≧のちがいを数直線で見分けること。

解を求めるさいには、Xの変域が問題になる。不等式では解は1つではなく、ある一定の範囲の〝解の集合〟としてあらわされるので、数直線で図示すると、Xがどこからどこまでの間にあるかということが一発でつかめる。これは連立不等式においても同じだ。不等式を解いたあと、数直線を使って、それぞれの不等式の〝解の集合〟をあらわしたうえで、それぞれの不

「数と式」のポイント1

1)乗法公式とその応用

$(a+b)(a-b)=a^2-b^2$　$(a+b)^2=a^2+2ab+b^2$　$(a-b)^2=a^2-2ab+b^2$

$(x+a)(x+b)=x^2+(a+b)x+ab$

・数の計算の便法　$99\times101=(100-1)(100+1)=100^2-1^2$

$2001^2-1999^2=(2001+1999)(2001-1999)=8000$

2)整数の性質

・整数の割り算→aをbで割ったとき、商がq、余りがrならば

$a=bq+r\ (0\leqq r<b)$　$r=0$のとき割り切れる

(問題) 6，7，8のどの数で割っても5余る数字で、もっとも小さな自然数を求めよ。

$a=6l+5=7m+5=8n+5$　(l，m，nは0以上の整数)とすると

$a-5=6l=7m=8n$　よって　$a-5$は6，7，8の最小公倍数。

$6=2\times3$，7，$8=2^3$　から、最小公倍数は$2^3\times3\times7=168$

よって　$a=168+5=173$　答え　173

・連続した整数→n, n＋1, n＋2　などであらわされる

(問題)連続する3つの整数がある。最大の数と最小の数の積に1を加えてできる数は、中央の数の2乗になることを証明せよ。

最小の整数をnとすると、3つの整数はn, n＋1, n＋2。

$n(n+2)+1=(n+1)^2$であるから、最大の数と最小の数の積に1を加えてできる数は中央の数の2乗になる。

・約数と倍数

(問題) 3けたの2つの自然数 m, n がある。この2数の最大公約数が36で、最小公倍数が2772のとき、m, nを求めよ（ただし$m<n$)。

①最大公約数が36、最小公倍数$2772=36\times7\times11$、

$m<n$であるから、$m=36\times7=252$　$n=36\times11=396$

②数の性質→　2つの正の整数 m, n の最大公約数をgとすると、

$m=ga$、$n=gb$ (a,bは自然数で、その最大公約数は1　$a<b$)

この問題の場合、

$m=36a$、$n=36b$となり、$36ab=2772$　よって $ab=77$

m, nは3けたの自然数で $m<n$であるから、$3\leqq a<b$

$ab=77=7\times11$　よって　$a=7$、$b=11$　$\therefore m=252$　$n=396$

等式を〝同時に満たす値〟の範囲を求めること。

「最終的な解のチェックを忘れないこと。解けたからといってよろこばないで、求めているものは、たとえば1以上なのか、それとも他の制約があるのか、という根本的な条件を確認しなければダメだ」と語るのは、埼玉県の公立中学～私立海城高校出身のO・S君だ。

このあたりは、とくに文章題で注意したい。水や食塩水の量などの問題では、答えが負の数になることはありえない。また、鉛筆は何本か、リンゴは何個か、という問題では、答えはかならず自然数になる。分数（小数）の答えが出るのは明らかなまちがいなので、要チェックだ。

「単項式と多項式の乗除法・因数分解」→量をこなしてカンを育てろ！

二年生で単項式の乗法と除法を学習し、三年生では単項式と多項式の乗法、多項式を単項式で割る除法、1次式の乗法、公式を用いた式の展開、因数分解へと進む。

分配法則をもちいて多項式を単項式の和や差に直す「展開」と「乗法公式」を使えるようにするのが第一のカギだ。因数分解とは、多項式の展開の逆であることを頭に叩きこみ、よく出るパターン問題をたくさん解くこと。

因数分解の手順は、①偶数個の項をもつ式では、どれか2つずつを組み合わせてみる、②次数のいちばん小さい文字か、項の数が少ない文字で整理する、③まとまった式は1つのものとみる、④共通因数があればくくり出す、⑤乗法公式があてはまるように変形する、以上だ。

「ここは死ぬほど問題をこなした。それしかないよ、絶対に！」と語るのは、私立開成中学～高校出身のＭ・Ｙ君だ。またＫ・Ｅさんは、「因数分解はある種のカンが必要とされるので繰り返し練習するのみです。ちょっと手をつけないでいると鈍るので、つねに二、三題ずつコンスタントにこなしつづけることが重要です」という。彼女は、埼玉県の公立中学～私立学習院女子高等科の出身だった。

「因数分解は共通因数でくくることが基本であることをしっかり理解する。とくに難度の高い問題がそうだ。公式は覚えるためにあるのではなく、計算を速くするためだけにあると考えたほうがいい」と語るのは、私立巣鴨中学～高校の出身のＫ・Ｈ君だ。

「このあたりは問題を解きまくった。多項式を展開したものをまた因数分解したり、その反対に、因数分解したものをもう一度展開し直したりすることが大事だ。ポイントは共通因数でくくるのを忘れないことだ」と語るのは、千葉県の公立中学～県立千葉高校出身のＮ・Ｋ君だ。

「平方根とその計算・有理数と無理数」→分母の有理化を徹底的に！

数の平方根をふくむ式の四則計算では、交換や結合、分配の計算法則はそのまま成り立つが、加法と減法では異なることに注意する。「根号をふくんだ式の計算」「平方根の計算」「有理数と無理数」「分母の有理化」などが重要だが、平方根表はあつかわないことにされた。また「有理数と無理数」は高校数Ｉへ統合されたが、できれば理解しておきたい。

分母の有理化は、何のためにやるのかを理解しておきたい。分母が根号をふくんだ数であるとき、その分数の値を変えないで、分母が有理数の分数に変えることを〝分母を有理化する〟という。分母に根号のある式を、約分するか有理化するかして、根号のない式にすると計算しやすくなることをねらった作業なのだ。

有理数とは整数と分数をいうが、分数はさらに有限小数と循環小数であらわすことができる。つまり、有理数は分子と分母が整数の分数に直せる。それに対して無理数は循環しない無限小数なので、分子と分母が整数の分数に直せない。そこで√を用いてあらわす。

ここでは循環小数（有理数のひとつ）を分数に直す問題演習をやってパターンをつかむと、無理数というものがわかるので、私立校などを志望する場合はこなしておきたい。

平方根表は、１より小さい数や１００より大きい数の平方根の近似値を求めるときに利用できる。考えかたは明解なので、覚えておいて損はない。

「2次方程式」→まず因数分解で解いてから解の公式へ挑戦しろ！

この「２次方程式」は、因数分解で解く、平方の形に変形して解く（平方完成）、解の公式

「数と式」のポイント　2

1)分数と有限小数・循環小数

・a, b, cが1けたの自然数のとき、

$0.\dot{a}=\frac{a}{9}$　$0.\dot{a}\dot{b}=\frac{ab}{99}$　$0.0\dot{a}=\frac{a}{9}\times\frac{1}{10}$　$0.a\dot{b}\dot{c}=\frac{a}{10}+\frac{bc}{99}\times\frac{1}{10}$

(問題)循環小数$0.1\dot{6}$、循環小数$0.1\dot{2}\dot{3}$を分数にせよ。

①$0.1\dot{6}=a$とおくと、$100a=16.666\cdots$, $10a=1.666\cdots$,

辺辺を引くと、$90a=15$　$a=\frac{15}{90}=\frac{1}{6}$

②$0.1\dot{2}\dot{3}=0.1+0.0\dot{2}\dot{3}=0.1+\frac{0.\dot{2}\dot{3}}{10}=\frac{1}{10}+\frac{23}{99}\times\frac{1}{10}=\frac{99+23}{990}=\frac{61}{495}$

2)平方根

・aの整数部分をn、小数部分をpとすると、$0\leqq p<1$なので、

$a=n+p$　$n\leqq a<n+1$　$p=a-n$　となる

(問題) $3\sqrt{7}$の小数部分を求めよ。

$3\sqrt{7}=\sqrt{63}$　$49<63<64$　$7<\sqrt{63}<8$　整数部分は7、

よって、小数部分は$3\sqrt{7}-7$

3) 2次方程式の解と係数の関係

・$x^2+mx+n=0$の2つの解をα,βとすると

$x^2+mx+n=(x-\alpha)(x-\beta)=x^2-(\alpha+\beta)x+\alpha\beta$　$\therefore m=-(\alpha+\beta)$, $n=\alpha\beta$

すなわち　和$\alpha+\beta=-m$　積$\alpha\beta=n$

・$ax^2+bx+c=0$の2つの解をα,βとすると　$x^2+\frac{b}{a}x+\frac{c}{a}=0$の2つの解が$\alpha,\beta$であるから、和$\alpha+\beta=-\frac{b}{a}$、　積$\alpha\beta=\frac{c}{a}$

・和がp、積がqになる2数をα,βとすると、α,βは

$(x-\alpha)(x-\beta)=0\cdots x^2-(\alpha+\beta)x+\alpha\beta=0\cdots x^2-px+q=0$の2つの解

4)平方完成を利用した2次方程式の解きかた

・$ax^2+bx+c=0$ $(a\neq0)$は、$(x+m)^2=n$に変形して解く。

(例) $x^2-4x=0$ を解くとき、両辺にxの係数−4の$\frac{1}{2}$である−2の平方を加えると、$x^2-4x+4=4$　左辺を因数分解すると、

$(x-2)^2=4$　$x-2=\pm2$　$x=2\pm2$　$\therefore x=4, 0$

5)解の公式を利用した解きかた

・$ax^2+bx+c=0$ $(a\neq0)$の解は、

$$x=\frac{-b\pm\sqrt{b^2-4ac}}{2a}$$　…解の公式

・$ax^2+2b'x+c=0$ $(a\neq0)$の解は、

$$x=\frac{-b'\pm\sqrt{b'^2-ac}}{a}$$　となる。

で解く、の三つの解法があるが、平方完成は知っている程度でいいとされ、解の公式は高校の数Ⅰに移項されたので、もっぱら因数分解に力を入れたい。だが、平方完成が使えるようだと心強いし、いざというときは解の公式が役に立つので、公立校志望でもやっておくこと。

「2次方程式を解くときのコツは、楽をしようと考えることだ。まず因数分解をやって、ダメなときに解の公式を利用する」というのは、群馬県の公立中学〜県立太田高校出身のA・H君だ。さらに、「最後に解の検討をしないと落とし穴にはまる。計算に没頭して負の数が出たとする。だが、モノの値段を問う問題などで負の解でいいはずがない。そこでハッと気がつかないようでは困る」とも語っている。

解の公式は丸暗記するだけではなくて、自分で導き出せるようにしておきたい。移項や通分などの作業を正確にやる練習にもなるので、習熟しておきたい。

「変数は具体的に1、2、3などの数を代入してみると、一発でわかることがある。必要があれば0、-1も代入してみる。こうして見当をつけてから計算を始める」と語るのは、神奈川県の公立中学〜県立横浜翠嵐高校出身のK・E君だ。問題量をこなしていくとカンが養われるので、あらかじめ見当をつけてしまうことも可能になるのだ。

2次方程式の文章題を解く手順は前々項で紹介しておいたが、文章を読みながら図を描くクセをつけたい。2次方程式では、解が1つではなく、2つあることが多い。だが、文章題では

２つともその答えであることは少ない。食塩水、速さ、時間、距離などの問題では、その解が題意に適するかどうかを考えなければ、正答できない。

以上が計算系の急所だが、先輩たちの助言を整理しておこう。

①計算力をつける　②わからない個所を明らかにする　③日頃から問題をこなす（単元ごとに入試レベルの問題を少しずつ解く）　④何時間やったということで安心しない（わかっていない五時間より、理解して解く二十分をとる）　⑤ノートに大きな字と図をかき、計算を消さない　⑥わからないときは悩まずに先生か友人に聞く

これは学年を問わないし、高校に進学してからも有効な姿勢なのだ。

「比例と反比例・１次関数・いろいろな関数とグラフ」→きれいな図を描くのが先決！

小学校では、負ではない数の「比例」をあつかい、反比例を学習しない。中学では「比例」の変域を負の数にまで拡張し、文字を用いた式で表現する。また「反比例」も同じように学習する。また、中学では座標にもとづいたグラフを用いて、数量関係の変化や特徴をつかむ。

先に関数をまとめてみると、ある変数（Ｘ）を１つ定めると、それにともなって他の変数（Ｙ）がただ１つ定まるとき、「ＹはＸの関数である」という。そして、Ｘを変化させていったときに、Ｙの変化のしかたに特徴や規則性が出てくることがあり、それらのうちの特別な例が

「比例」であり、「反比例」である。

また、関数の変化の規則（XとYの関係）は「式」であらわすことができる。これを「グラフ」であらわすと、式であらわすことのできる、ある2変数の関係（XとYの関係）の規則性や特徴が視覚的につかめる。以上のような理解からスタートしたい。

まず、yがxの関数で、その関係式がxの1次式$y=ax+b$（a、bは定数　$a\neq 0$）であらわされるとき、yはxの1次関数であるという。この1次方程式の直線の傾きのパターンは、右上がり、右下がり、y軸に平行、x軸に平行、の四つだ。ここでは、平均の変化の割合や面積を求める問題が多い。グラフで直線を描き、「直線の傾き」は「高さ」を「水平距離」で割ったものであることを理解すればいいだろう。

グラフを描くためには、①2点が決まる、②傾きと切片が決まる、③傾きと1点が決まる、の三点のどれかが必要だが、この三つは本質的には同じだ。

「問題をすぐグラフにすればいいが、出てくる種類は少ないので、典型例を覚えてしまう。そのとき、Xの変域を十分に考えること」と語るのは、私立海城高校出身のO・S君だ。

また「2直線の交点の座標」の問題は連立方程式にして解くが、グラフの特徴からすぐ検算できる。得られた解がグラフ上に求められない場合は、どこかに計算ミスがある。

つぎの「いろいろな関数とグラフ」では、2次関数$y=ax^2$がカギになる。「2乗に比例する

「いろいろな関数・座標」のポイント

1)直線の方程式↔1次関数のグラフ

・2点A(x_1,y_1)、B(x_2,y_2)間の距離　$\sqrt{(x_2-x_1)^2+(y_2-y_1)^2}$

線分ABの中点$\left(\frac{x_1+x_2}{2},\ \frac{y_1+y_2}{2}\right)$　内分点　3：1だと$\frac{x_1+3x_2}{3+1},\ \frac{y_1+3y_2}{3+1}$

・点(x_1,y_1)を通り、傾きmの直線は　$y=m(x-x_1)+y_1$

・2点(x_1,y_1)、(x_2,y_2) $[x_1\neq x_2]$ を通る直線の傾きは $\frac{y_2-y_1}{x_2-x_1}$

(問題)A(−1,7)、B(−6,4)、P(3,1)がある。点Pを通る傾きmの直線と線分ABが交わるためのmの値の範囲を求めよ。

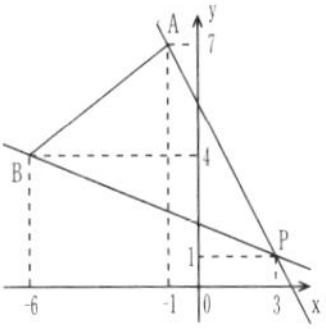

PAの傾き$\frac{1-7}{3-(-1)}=-\frac{6}{4}=-\frac{3}{2}$

PBの傾き$\frac{1-4}{3-(-6)}=-\frac{3}{9}=-\frac{1}{3}$

$\therefore -\frac{3}{2}\leqq m\leqq -\frac{1}{3}$

2)放物線$y=ax^2$について

・$y=ax^2(a\neq0)$のグラフは、原点が頂点、y軸に関して対称な放物線

点(t,at^2)と点$(-t,at^2)$はy軸に関して対称

・直線$y=mx+n$との交点

①x座標は方程式$ax^2=mx+n$の解

②x座標が−1,2だと、

ax^2-mx+nの解は

$x=-1,2$

$ax^2-(mx+n)=a(x+1)(x-2)$

よって　$m=a(-1+2)$,　$n=-a(-1)\times2$

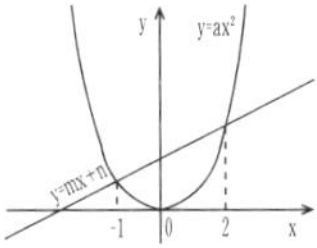

・三角形の面積

$\triangle OAB=\frac{1}{2}(a-b)\times n$

$(\triangle OAB=\triangle ONA+\triangle ONB$

$=\triangle ONA'+\triangle ONB'=\triangle NA'B')$

＊座標軸に平行な直線で2つの部分に分けると計算がらく

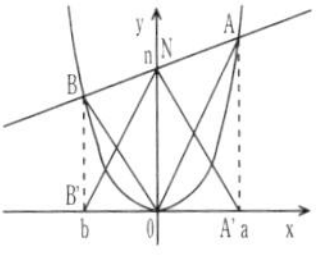

関数＝放物線・漸近線」「2次関数$y=ax^2$の変化の割合・最大と最小」を押さえ、もっとも重要な「放物線と直線の交点」を理解すること。

関数$y=ax^2$の変化の割合では、xの値がpからqまで変わるときの公式を覚えることが基本となる。最大と最小では、aが0でない正の定数のとき、aが0でない負の定数のとき、xの値の範囲が与えられているとき、の三つの場合を押さえればいい。ここではグラフをきれいに描くことと、xの変域が0をはさむときに注意する。

放物線と直線の交点（のx座標）を求めることは、2次方程式を解くことに帰着する。

「$ax^2+bx+c=0$の解は、連立方程式$y=ax^2+bx+c$、$y=0$の解と考えればいい。式もグラフも〝(xとy)の集合の表現の形〟ということに気づけば、方程式とグラフの関係への理解が深まる」と語るのは、山形県の公立中学～県立山形東高校出身のS・K君だ。

また「2次方程式を解くときに、やみくもに代入法でやるとすごい計算になることがあるので、良問だけを集めた問題集を選びたい。解答のスペースが大きい、例題形式のものがいい」という意見を参考にしたい。これは私立武蔵中学～高校出身のT・S君の経験によるものだ。

このあたりは私立や国立難関校でかなりの難問が出題されるので、志望者は過去問題をたっぷりやっておきたい。新出問題といってもほとんどが過去問題の一部を手直ししたり、数値を変えたりしたものなので、パターンをつかめばあとは計算力の勝負になる。

関数$y=ax^2$にかかわる日常的な事象には、理科で学習する斜面をころがる物の運動や、車のブレーキをかけてから停止するまでの（制動）距離、噴水の水がつくる形などがある。この2乗に比例する関数に強くなると、スムースに高校数学へ踏みこむことができる。

「図形」→定理のパズル操作でクリアできる！

一年生では、平面図形についての、線対称と点対称、角の2等分線、線分の垂直2等分線、垂線など。空間図形、扇形の弧の長さ・面積、円の接線、柱体や錐体の表面積・体積など。

二年生では、平行線や角の性質、多角形の角、三角形の合同条件、平行四辺形の性質、円周角と中心角の関係など（円周角の定理の逆はあつかわない）。

そして三年生では、三角形の相似条件、平行線と線分の比、三平方の定理などを学習する。ただし、以下では学年ごとの進度を無視して、それぞれの事項のポイントを考えていく。

この領域の基礎は、「平行線の性質」「三角形の性質」「図形の計量の公式」だ。定理や公式を覚え、それをどのように応用し、どう組み合わせるかがすべてといえる。また、図形の計量では、円や扇形、円錐などの面積、周、中心角、体積の出しかたを暗記しておくこと。

三角形の重心、2つの円の性質（2円の共通接線など）、相似な図形の面積比と体積比、球の体積と表面積などは高校の数Ⅰと数Aへ移行されたが、難関校はもちろん、中位以上の私立校も出題してくる可能性が大きいので、準備しておくべきだろう。

平行線と角では、2直線の平行条件を押さえる。2直線が1直線に交わるとき、①同位角が等しい、②錯角が等しい、③同側内角の和が2直角、の三条件は基本になる。また三角形の角の性質、多角形の角の性質と対角線の数、なども自在に使えるようにすること。

図形の証明問題は〝三角形の合同条件〟と〝平行四辺形の性質と条件〟がすべてといいきれる。三角形の合同条件は、①3辺相等、②2辺夾角相等、③1辺両端角相等、の三つ。これを基本にして、三角形の相似条件も押さえる。①3辺の比相等、②2辺の比と夾角相等、③2角相等、の三つだ。これらは〝辺の長さ〟や〝角の大きさ〟を求めるさいのカギになる。

平行線と線分の比も利用度が高い。また、中点連結定理とは平行線と線分の比の特異な形であること、二つの定理の逆の命題の一方は成立しない、などを理解する。

「このあたりの図形問題で意外と大事なのは、比、とくに数や小数であらわされた比をよく理解して使えるようにすることだ。比を分数や小数であらわすということは〝もとになるものを1とした〟場合、その何倍か、という意味でいわれていることを忘れないこと」

という意見がある。

山形県の公立中学～県立山形東高校出身のS・K君が語ったものだが、図形にばかり気をとられて、数の性質の基本をないがしろにしがちな盲点をついている。

「直線図形・円」のポイント１

1)三角形と平行線の性質

①三角形の１辺に平行な直線は他の２辺を等比に分ける

BC//DEのとき $\frac{AD}{AB}=\frac{DE}{BC}=\frac{AE}{AC}$, $\frac{AD}{DB}=\frac{AE}{EC}$

②三角形の２辺を等比に分ける点を結ぶ直線は第３辺に平行

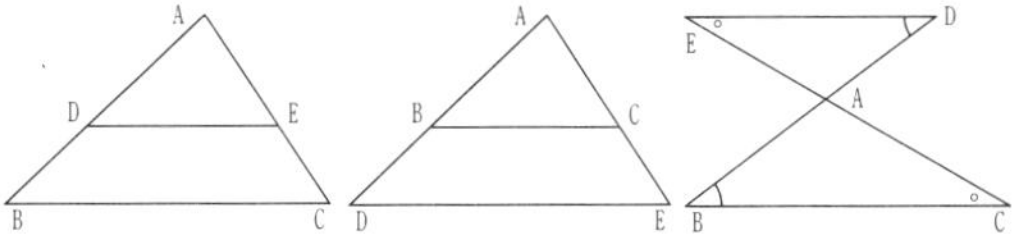

③中点連結定理

・△ABCで、D,Eが辺AB,ACの中点のとき、BC//DE　DE＝$\frac{1}{2}$ BC

・逆もまた真だが、中点Dを通り、$\frac{1}{2}$BCとなる線分は辺ACの中点を通る、とはならない

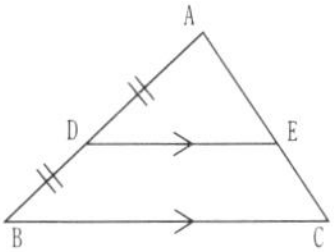

2)三角形の角の２等分線・中線定理

①△ABCで、ADを∠Aの２等分線、AEを∠Aの外角の２等分線とすると、

AB：AC＝BD：DC＝BE：CE

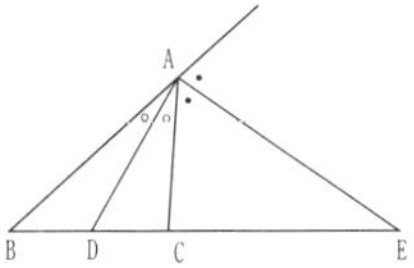

②△ABCで、BCの中点をM、AM上の点をPとすると、△ABM＝△ACM

△ABP＝△ACP　△BPM＝△MPC

また、$AB^2+AC^2=2(AM^2+BM^2)$

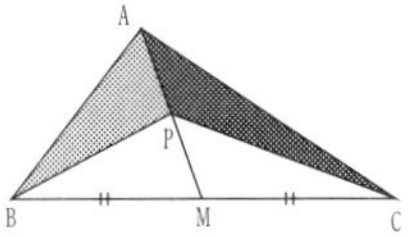

3)直角三角形と相似

・△ABCの直角の頂点Aから垂線AHを下ろすと、△ABC∽△HAC

△ABC∽△HBA　△HAC∽△HBAから

$ah=bc$　$b^2=aq$　$c^2=ap$　$h^2=pq$

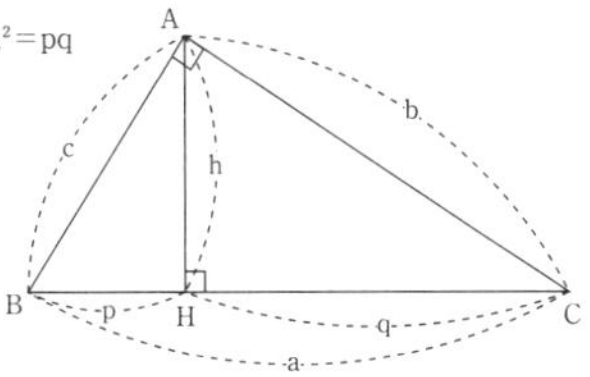

平行四辺形は三角形に分割すると苦もなく理解できるが、その条件は、①2組の対辺がそれぞれ平行、②2組の対辺の長さが相等、③2組の対角が相等、④1組の対辺が平行で長さが相等、⑤対角線がたがいに他を2等分、の五つ。

範囲外にされた三角形の重心や、内心・外心も利用価値が高い。三角形の1つの頂点とその対辺の中点を結ぶ線分（中線）は、その三角形の面積を2等分するが（逆もまた真）、3つの中線は1点で交わる。この点を重心といい、重心は3つの中線を2対1に内分する。

また、三角形の各頂点の角の2等分線の交点を内心といい、ここを中心として三角形の3つの辺に内接する円（内接円）が描ける。外心とは、三角形の各辺の垂直2等分線の交点のことで、ここを中心にして三角形の3つの頂点を通る円（外接円）を描くことができる。

面積の問題では、等積変形を押さえておきたい。底辺と高さの等しい三角形の面積は等しいことから、多角形を等積な三角形に変形して面積を求めるやりかただ。

つぎの「空間図形」では、頭にイメージが浮かぶまでよく考えることが大事だ。まず図を描いてみて、条件も書きこむ。だんだんイメージが確実になってきたところで、もっとましな図を描く。正多面体では、四面体、六面体、八面体までのイメージをしっかりさせる。立体の切断では、切断面が各辺のどこを横切るかを考えればいい。

よく出題されるのは、「円」だ。とくに円に内接する三角形や四角形がねらわれるので、円周角と中心角、円周角と弧の関係をつかんでおく。また、円の接線、接弦定理にも強くなっておきたい。かつては「円の接線」「扇形の長さと面積」は三年生の範囲だったが、現在は一年生で終える。また、かつては三年生の範囲だった「円周角と中心角の関係」を二年生であつかう。ただし、円周角の定理の逆を考える場面はないので、逆はあつかわない。

円と三角形では、外心と外接円、内心と内接円を押さえる。円と四角形では、円に内接する四角形の性質、四角形の4つの頂点が同一円周上にある条件、円に外接する四角形の性質などを理解すること。円の接線では、接線と弦のつくる角についての接弦定理を押さえたい。

2つの円の性質は高校の数Aへ統合されたが、1本の直線が2円に接するときの共通接線の性質はつかんでおきたい。また、円の接線と接点を通る弦のつくる角は、この角内にある弧に対する円周角に等しいという〝接弦定理〟も理解しておかないと、私立校などへの準備に不足が出てくる。たくさん問題をこなして、定理や公式を血肉にすることが大事だ。

円の性質は多様なので三角形や角などの要素が融合した出題となるが、それぞれの項目の典型的な解法と、基本的な考えかた、補助線の引きかたなどを押さえる必要がある。

補助線の引きかたを整理すると、①円の中心から直線と円の交点に向かって引く、②弦があるときは円の中心から2交点に向かって線を引くと二等辺三角形ができる、③接線と接点があるとき、円の中心から線を引くと直角があらわれる、④接点から弦が出ているときは接弦定理にもちこむ、以上だ。ここでは〝円の中心から引く〟というのが典型となる。

つぎの「面積・体積」では、平面図形での三角形の面積の出しかたが基本だ。補助線や等積変形を使って、求めやすい図形に直せばいい。円や扇形の面積は、パターンに慣れておく。

角柱・角錐の表面積と体積は、平面図形がわかれば楽勝だ。円柱・円錐の表面積と体積では、展開図を描く、底円の周の長さを出すがポイントだが、扇形の面積が出せれば問題ない。

ピタゴラスで知られる「三平方の定理」は、図形の体積を求める問題のほか、関数や円の接線とのからみでも出題される。特別な三角形の3辺の比、対角線の長さ、2点間の距離、2円の共通接線、面積・体積、などの公式を使えるようにしておく。

「図形はセンスで解くなどといわれるが、そんなことはない。最初に苦労しても、集中的に量をこなしていくと、かならず光は見えてくる。出てくる定理を使えるようにして、数多くの問題に当たる以外にやりかたはない」

こう語るのは、埼玉県の公立中学~私立海城高校出身のO・S君だ。さらに彼は、「補助線を引くのをガマンするといい。じっと図形を見て、必要なところに一本だけ引く。やたらに補助線を引くと図形が汚くなるので見る気がしなくなる」ともいう。参考にしてほしい。

最後に「確率」を考えておこう。かつての範囲だった「資料の整理・標本調査」は高校の数Iに移行されたが、「確率」は残され、二年生の終わりころに学習する。

「直線図形・円」のポイント２

4)三角形の重心・内心・外心

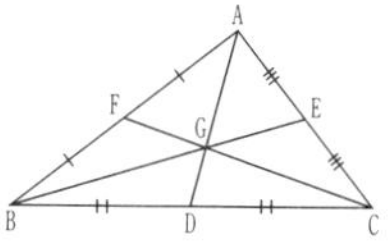

①△ABCの３つの中線が交わる点を重心(G)といい、重心は３つの中線を2：1に内分する。$\frac{DG}{AG}=\frac{EG}{BG}=\frac{FG}{CG}=\frac{1}{2}$

②△ABCの３つの内角の２等分線が交わる点を内心といい、内心は３辺から等距離（内接円がかける）

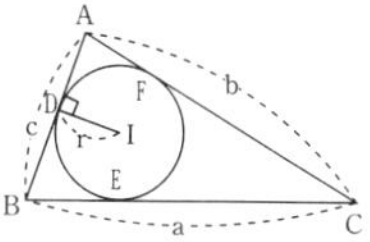

＊内接円の半径rとD（E,F）について

三角形の面積$S=\frac{1}{2}r(a+b+c)$

$AD=\frac{1}{2}(b+c-a)$

③△ABCの３辺の垂直２等分線が交わる点を外心といい、外心は３つの頂点から等距離（外接円がかける）

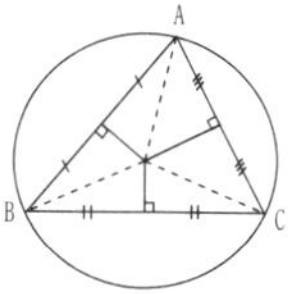

5)メネラウスの定理

・直線DEが△ABCの辺またはその延長と交わるとき、

$\frac{AD}{DB}\times\frac{BE}{EC}\times\frac{CF}{FA}=1$

$\frac{DA}{AB}\times\frac{BC}{CE}\times\frac{EF}{FD}=1$

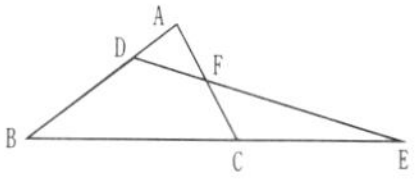

6)接弦定理

・円の接線（T)と接点（A)を通る弦がつくる角はこの角内にある弧に対する円周角に等しい

∠BAT=∠BCA

・また∠BAT=∠BCAならば、ATは△ABCの外接円の接線である

∠BAT＜∠R
のとき

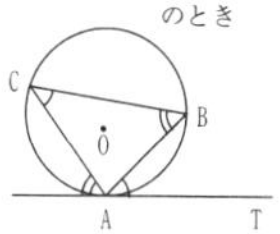

7)方べきの定理

・図１、図２でAP・BP=CP・DP　図３でCP^2=AP・BP（CPは接線）

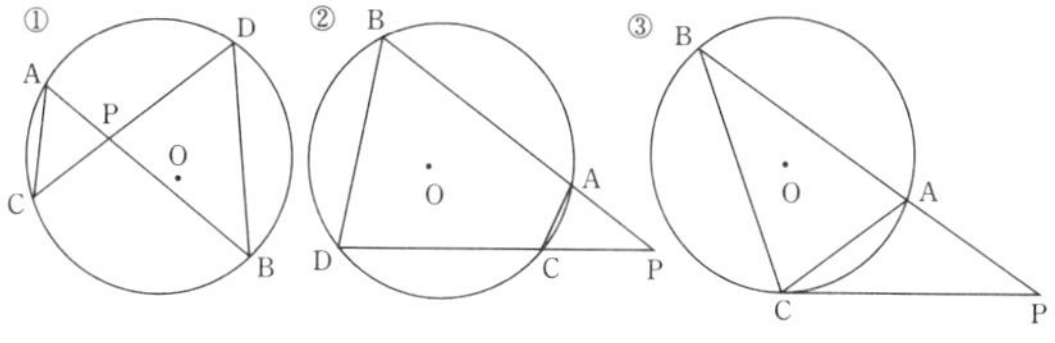

サイコロを何回も振って、それぞれの目について整理すると、ある安定した値をとる傾向が見られる。これを「大数の法則」というが、起こりうる場合を整理し、正しく数えあげるために樹形図や2次元の表などを利用する。サイコロの場合、その確率は六分の一になる。

出題されるのは基本問題がほとんどなので、「確率は1を超えない」という原則を押さえ、樹形図で、もれなく、重複なくかぞえることを基本にすればいいだろう。

また、数の列の和に関するものは、典型問題を解いてパターンをつかんでおきたい。私立や国立校の入試の過去問題にぶつかっておけば、十分だろう。

「中学の数学というのは簡単である。どんどん規則を覚えていき、それを守ればいいだけだ。数学的なセンスなどまったく必要ない。数学がむずかしいとか、できないとか、自分でかってに思いこむのは大きな誤りだ。それは、たんに怠惰なだけだ。やればできる！　やらなければできない！　やってもできなければ、もう一度やれ！　まず自分の甘えを捨てろ！」

こう語るのは、神奈川県の公立中学～私立桐蔭学園高校出身のH・M君だ。かなりの辛口アドバイスだが、彼の意見にまちがいはひとつもない。

第4章
国語の成績を伸ばす、ムダのない勉強法

国語力をアップさせて全科目の点数を引き上げよう

「話す・聞く」と「書く・読む」をつなげて、円満な学力をめざせ！

国語科は、「話すこと・聞くこと」「書くこと」「読むこと」の三領域と、「言語事項（文法や語句など）」とで構成される。かつては「表現」「理解」の二領域と「言語事項」とでワク組みされていたが、「適切に表現する能力」と「正確に理解する能力」を育成し、さらに「伝え合う力」を高めるという方向性が示されたのにともなって改編されたのだ。

もちろん「思考力」や「想像力」を養うことも大切にされるが、それより先にコミュニケーション能力を高めることが重視されるのは、かつての「読み・書き」が優先されるありかたから、言語のベースである「話す・聞く」への転換が計られたことを意味する。近年の話し言葉での用語や文法の乱れ、話し言葉と文章語との分離現象がすすむ現状をにらんだうえで、話し言葉そのものをより豊かにしようとする態度を育成するのがねらいなのだろう。

また、学年を「一年生」と「二年生・三年生」という二ブロック（初級・上級）に分け、初級段階ではもっぱら基礎的な内容をこなし、上級段階では発展的な内容を学習する。上級段階が二学年にわたるのは、連続して学習するほうが効果が大きいことと、君たちの理解度にちがいがあることを考慮したものなので、学校や先生によっては、習熟度別クラスを導入して、いっそうきめの細かい授業を実施することも考えられる。

こうした動きは、英語での「話す・聞く」への重点の移し変えと歩調をそろえている。生きた言語においては「話す・聞く」が基本ではあるが、その領域で養ったものを「書く・読む」につなげないと、学習効果はかなり低下する。その反対に「書く・読む」で身につけたものを「話す・聞く」に還流させないと、学力は凹凸だらけになってしまう。そんな不恰好なありかただと、母国語としての最低水準を達成することさえおぼつかなくなる（第2章を参照）。

要するに、「話す・聞く」が重視されるからといって、「書く・読む」のほうを軽視したのでは、円満な学力はのぞめないのだ。言語能力という土台がいびつなままだと、テストで得点する力が不十分になるどころか、他科目の学力を底支えする理解力や推理力、つまり総合的なパワーとしての国語力が不安定になってしまうだろう（第1章を参照）。

母国語だからと甘く見ると、得点力は身につかない！

国語の勉強についてしばしば〝甘ったれたカンちがい〟が見られる。「国語はふだん使っているから簡単だ」という考えがその典型だが、自由にしゃべり言葉が使えても、試験で得点できるとはかぎらない。ダジャレが得意でも、流行語を取り入れることがうまくても、それらは人間としての幅を演出する役には立つだろうが、テストの点数を押し上げてはくれない。

他科目とちがって、国語のテストではそこそこの点数がとれる。それがカンちがいを生む原因のひとつだが、水準以上の点数をとりたい、得意科目にしたいというのであれば、ツボを押さえた勉強をしなければ希望はかなうはずがない。むしろ「母国語だからよけいに勉強する」という意識をもたなければ、高校入試という関門を突破することはできないのだ。

漢字の読み書き、二字や三字の熟語の組み立て、四字熟語、慣用句の意味・用法、いろいろな和語、故事成語・ことわざの意味、知識の幅をひろげる類義語・対義語、文学史・作品と作者名、そして文法（言葉のきまり）などは基礎学力（いわゆる言語事項）といえるものだ。

基礎という表現は、国語科はもちろんのこと、他の教科を理解するうえでも最低限必要になる学力ということを意味する。すべての学力は国語力に支えられるのだから、「ふだん使っている」から、「より豊かに！」と意識して正しい日本語能力を伸ばすべきなのだ。そのような努力の積み重ねが基礎力という土台を固め、国語力を総合的な勉強パワーに育て上げる。

ただ漫然と言葉を使っているだけではダメだし、やるべきことを中途半端にごまかすのもまずい。ただし、勉強だからとガチガチに緊張して完璧を求めすぎるのは、もっとよくない。

念を押しておくと、国語ではまず基礎学力になるものを理解し、つぎに暗記すべきものを覚

「話す・聞く」と「読む・書く」は国語力の両輪だ！

えてしまうことが大事だ。このきわめて当たり前のやりかたは、国語の勉強全体の進めかたと、テストで問題を解く順序（答案の書きかた）の両方に当てはまる。テストでは暗記もので点数をかせいでから、推論する力や鑑賞力が求められる読解問題にとりかかるのが無難だろう。

もちろん、基礎知識を身につけることと、論説文などの読解との順序が前後するのはかまわない。むしろ混合型のほうが自然なやりかたではあるが、要は日本語だからといって基礎をおろそかにしてはいけないということだ。

国語のセンスは技術＝基礎学力で養われる！

君たちは「聞くこと・話すこと」を重視する授業を受けているが、それにともなって、文学的な文章よりも、論理的で説明的な文章を多く取り上げるようになっている。鑑賞に重きを置いた文学作品（小説や詩）よりも、説明や話し合いをする力や、記録や報告をまとめる力が重視されているのだ。

ところで、国語の決め手はセンス（sense）なので、センスがないやつはいくら勉強してもすぐ壁にぶつかる。それでは時間のムダなので、適当なところであきらめて別の科目に力を入れたほうがいい――という意見を聞くことがある。ここでのセンスとは「文をあつかうときの感覚にすぐれている」ことをいうようだが、はたしてそうだろうか？

これに類して、スポーツや音楽、絵画などでもセンスの有無がいわれ、「先天的なものが関与する」ので、そうでない人間はサッサと見切りをつけて別のことに転進したほうがいいといわれる。だが、発展途上にある中学生に、このような見解を押しつけていいのだろうか。

こうした意見は「学習」というものを理解していない。生まれついての天分というものはたしかにあるようだが、その天分が発揮される背後にはかならず「学習」が隠されている、と私たちは考える。名シェフは日頃から料理技術の鍛錬をおこたらないし、スポーツの名選手も観客のいないところで技術を向上させるためのトレーニングにはげんでいるのだ。

君たちには伊達《だて》巻《まき》はムリかもしれないが、目玉焼きはつくることができるだろう。黄身と白身がぐちゃぐちゃになっても、目玉焼きにはちがいない。その失敗から「学習」する姿勢をもちさえすれば、つぎにはもっと「らしい」ものができることを期待していいはずだ。

ここに大きなヒントがある。センスには先天的な要素があるのかもしれないが、それを発揮させるのは技術であり、技術を習得（＝学習）しようとする意欲なのだ。そこで習得した技術が、さらに上級レベルのセンスをみがく。だとすれば、つかみどころのないセンスなどを最初から求めたりしないで、技術を学習することから始めればいいのだ。

結論をいうと、高校受験レベルの国語においても、センスはないよりはあったほうがいい。だが、自分には先天的なセンスがあるかないかと思い悩むのはバカげている。ないと直感するのなら「あるように」すればいいだけの話なのだ。「センスは学習（読書などをふくむ）して身につけることができる」あるいは「センスは学習によってみがかれる」と理解してほしい。

小説などの文学的な文章を読みこんでいくと文学的なセンスが養われるだろうし、論理的で説明的な文章を読みこむと、それに相応したセンスが身につくだろう。そうしたセンスを支える技術といえば、言語事項などの、いわゆる基礎学力ということになる。

「読む・書く」に比重を置いて基礎学力を豊かにしよう！

ここで、基礎学力（いわゆる言語事項）の内容をザッとつかんでおこう。

漢字は「読み」と「書き」に段差がある。一年生では小学校の学年別漢字（一〇〇六字）を読むのに加え、常用漢字（一九四五字）のうち二五〇〜三〇〇字程度を読む。書くほうは、上の学年までにできるようにする。つまり、二学年かけて書けるようになればいい。

さらに、二年生で常用漢字のうち三〇〇〜三五〇字を読み、一年生の二五〇〜三〇〇字程度を書く。三年生ではその他の常用漢字（三〇〇字弱）を読み、二年生の三〇〇〜三五〇字を書くようにする。書くほうがたいへんなので、負担が軽くされているのだ。

言語事項の「語句」では、初級で〝語句の辞書的な意味と文脈上の意味のちがい〟、上級で〝慣用句・類義語と対義語・同音異義語や多義的な意味の語句〟を学習する。さらに「語彙《ごい》」では、初級で〝事象や行為などをあらわす具体的な語句〟、上級で〝抽象的な概念をあらわす語句〟を学習する。

また「話や文章、文」では、初級で〝段落・文と文の接続関係〟、上級で〝文中文の順序や照応・文の組み立て〟を学習する。「単語」では、初級で〝単語の類別・指示語・接続詞および同じはたらきの語句〟、上級で〝単語の活用・助詞と助動詞のはたらき〟を学習する。

そして「言語生活」では、初級で〝話し言葉と書き言葉〟、上級で〝共通語と方言・敬語〟を学習して、言語事項を終了する。

漢字の「書き」が次学年に先送りされたほか、古典は「親しむ」ことに重点を置くので初級レベルに限定された。言葉のきまり（文法事項）の内容もあまり細部にわたらない方向が示されたし、文学的な作品への比重が減るので、詩や短歌、俳句などに関する知識事項や鑑賞も初歩的なものにとどめられた。漢文は返り点などの読むルールを知る程度でいいとされ、文学史にいたってはまったくあつかわれない。

これらの措置は「ゆとり実現」のためのものだが（序章を参照）、それによる学力低下を心配するムキもある。内容がカットされることで学力レベルが危なくなるのは数学や理科でも同じだが、国語力は他科目の伸びを底から支える重要な役割をになうので、そのダウンは学力全般に致命傷を与えかねない——ここに国語での学習内容の削減を不安視する理由がある。

君たちには高校入試が待っているが、公立校の入試問題は原則として範囲内からしか出題されないので、範囲内を着実にこなせば合格できるだけの学力は身につくだろう。ただし、それを水準以上の力に引き上げるのは、読書などで養われる幅ひろい教養力、つまり範囲にこだわらない領域で積み重ねた総合的な力——いわゆる「センス」であることは疑えない。

範囲にこだわらない領域とは、学校が実施する「範囲を超えた授業」はもちろんのこと、中学や高校というワクを取り払ったところでの知識や教養というレベルまでをふくむ。そこまで踏みこんで初めて君たちの学力に余裕が生まれ、めざましく得点力が伸びるのだ。

中位クラスの公立校などは、軽減された内容だけでいいとしても、県立トップ校をねらうためには、ムダな失点をしない学力が要求される。範囲にこだわらない野武士のようなパワーで得点力を押し上げておかないと、ミスはふせげない。公立入試は標準問題しか出題されないのだから、正答率をぎりぎりまで上昇させたうえで、失点しないことがカギになるのだ。

また、中位以上の私立校でもそうだが、難関の私立や国立校は君たちの学力に合わせて出題するわけではない。高レベルの受験生を「落とす」ために試験するのだから、泣こうがわめこうが、学力競争に負けた者はかならず落ちる。学校でやらなかったから、というのは理由にならない。受かりたければ、自分でやるべきことをやるしか方法はないのだ。

盲点になりがちなのが、漢字の書きだ。書くのは負担だ、というのはわかる。私たちも「読めるだけでいいじゃないか！」と思ったものだが、漢字のすごい威力もよく知っている。

漢字が書けると熟語を自在に使えるようになるので、理解力も表現力も一気に伸びる。ものの考えかたが深くなると、「大人の世界」がのぞけるようになる。自分は成長した！　そのような実感がもてるようだと、すでに総合的な力が伸びはじめているのだ。

さらにいうと、古典にも悩まされたし、文法を覚えるのもたいへんだった。だが、「理解する・覚える」を積み重ねていくうちに、背丈がグンと伸びた気がした。つまり、国語を本格的に勉強することで、私たちの視野はグンと大きく広がったのだ。

ここにカギがある。国語力をアップさせると、総合力がグングン底上げされる。このパワーが受験を乗りきる源泉になるが、国語を甘く見ると得点力がつかないどころか、勉強全体の伸びにブレーキがかかってしまうのだ。

範囲にこだわらないで積み重ねる総合力をめざせ！

漢字を書けるようにする、熟語などのストックをふやして言語事項に強くなる、文法をおそれない、古典や文学史にも落とし穴をつくらない、という決意で取り組んでほしい。

君たちが何年生であっても勉強のやりかたは同じでいいが、以下では、受験をひかえている三年生にしぼって考えていこう。

外国語と同様、辞書を引くとセンスが育つ！

国語辞典を棚に飾っておいたのでは宝の持ちぐされになる。英語と同じように、つねに辞書を引くことを基本姿勢にしたい。ふだん使用するのは小さなハンディ版でもいいが、くわしく知りたいときのために大型の国語辞典と漢和辞典もあったほうがいい。

「文章のなかにわからない言葉があると、まず文章の前後の流れから意味を推測してみた。こういう意味だろうと自分でだいたいの見当をつけてから、改めて辞書を引くようにした」

こう語るのは、群馬県の公立中学～県立前橋高校出身のM・K君だ。大型の辞書には例文がのっているので、それも読んでおく。まったく英語と同じやりかたがいいのだ。

「熟語などは、ひとつの文字の意味から熟語全体の意味を推測してみて、それから辞書を引くようにすると、日本語のセンスがみがかれる。ただし、抽象語は辞書の説明を読んでもわからないことが多いので、雑誌や新聞、広告、チラシなどの印刷物を活用して、実生活のなかでの使われかたと意味を知ることが大切になる」

これは、東京都内の公立中学～私立桐蔭学園高校出身のI・Y君の意見だ。客観的・主観的、絶対的・相対的、などの抽象語は、論説文や説明文によく使われるので慣れておきたい。

また、言葉には辞書的な意味と、文の流れのなかでの意味がある。小型の辞書がとくにそうだが、ある面にかたよった説明しかされていない場合があるので、文中での意味はそれでいいのかどうかを見きわめなければならない。さらに、「和語」というのは、漢語や西欧からの外来語に対して、わが国固有の「やまとことば」をいう。やわらかな語感をつかんでおきたい。

授業で「伝え合う力」が重視されるのは、ここ近年の話し言葉での用語や文法の乱れが目にあまるからだが、なかでも「思いやりのない言葉」の横行が問題視されている。当人に相手を傷つけるつもりがなくても、人間関係のありかたやその場の状況にそぐわない使いかたをしたのではまずい。敬語表現などはとくにそうだが、その用いかたが適切かどうかを配慮しようとする言語感度の良しあしもまた、国語力のひとつの要素なのだ。

「わからない言葉のうち、初めて目にしたものはすぐ辞書を引いたが、見たことのあるものは意味を思い出すよう努力してイメージを浮かべ、それから辞書を引くようにした」

と語るのは、O・M君。私立早稲田中学～高校の出身だ。彼は小説などの読書にかなり時間をさいていたが、そうした趣味面での貯金が、国語力の伸びを支えたのだろう。

だが、なんでも辞書を引けばいいというのではない。辞書がないと文章が読めないというのは、漢字や熟語力などの不足と円満な社会常識に欠けているせいだろう。一応のレベルに到達していながら、さらに力を伸ばそうというときに、辞書を引くことが有効になるのだ。

「国語は外国語だというつもりでやったほうがいい」というのは、東京都内の公立中学～筑波大附属高校出身のI・J君だが、こうした心がまえをもつことに賛成しておきたい。

みんなが苦手の古典を攻略して自信をもとう！

古典とは、古文や漢文などをいうが、古典をあつかった現代文や、格言・故事成語《こじせいご》、詩歌《しいか》、物語、随筆、能《のう》・狂言《きょうげん》などの文章もふくまれる。ただし、古典の時代的な範囲は江戸時代までとされる。よく出題されるのは、説話《せつわ》では『今昔物語集《こんじやくものがたりしゆう》』、『宇治拾遺物語《うじしゆういものがたり》』、『十訓抄《じっきんしょう》』、『古今著問集《ここんちょもんじゆう》』など。随筆では、『枕草子《まくらのそうし》』、『方丈記《ほうじょうき》』、『徒然草《つれづれぐさ》』などだ。

古文では、仮名づかい、語句や語彙《ごい》、係り結びなどが基礎になる。漢文では、返り点、送り仮名など、訓読に必要なものが基礎事項だ。こう列記しただけで、気が重くなる人が多いことだろう。だが逆にいうと、それだからこそ古典で大きな差がつくのだ。みんなが苦手なところを自分の確実な得点源にする――これも勉強でのコツのひとつだろう。

公立校を志望する場合は、教科書の文章を読みこなして、その古文が書かれた時代背景や筆者のことを押さえておけば十分だ。その教科書がおもしろくないというのであれば、市販されているマンガや絵入りの抄訳ものを読んで壁を破っておいてから、取り組むのもいい。

自分の好きな「軍記物《ぐんきもの》」に取り組んだのは、東京都内の公立中学～都立武蔵高校出身のO・T君だ。彼は「対訳つきの『平家物語』を読んだ」といっている。NHK大河ドラマのノリで、興味のあるところを人物本位に読みとばしていくと息抜きにもなるだろう。

この『平家物語』は、平清盛を中心とする平家一門の興亡にそって歴史の激動をとらえたもので、琵琶法師たちの語り（平曲）によって多くの人たちに享受され、その和漢混交文での表現のしかたが洗練されていったとされる。栄枯盛衰《えいこせいすい》を描いた人間ドラマを読みふけると、古文にかぎらず、読み物的な文章を読解する力が養われるのはまちがいない。

大学受験用に現代語訳のものが市販されているので、君たちも古典世界の雰囲気を味わってみるといい。「学ぶ」より「楽しむ」ことを優先していいのだから、斜め読みでも飛ばし読みでもかまわない。人物たちの動向を追いながら、その時代の政治などの流れや考えかたをつかめばいいのだ。いずれ、そうした雑学的な知識に助けられるときがかならずやってくる。

独自学習でも、難関校を突破するだけの力はつく!

英語や数学もそうだが、国語も公立と私立とでは授業進度とレベルが大きくちがう。公立中学生も私立中学の程度を知っておいて損はないし、私立校志望であれば、その附属中学のレベルを頭に入れておくのは当然のことだ。ここで、中学から私立桐蔭学園に在籍していたK・M君と、公立中学から桐蔭学園高校に進んだI・Y君のやりかたを比較してみよう。

「初心者のうちは教科書の文や問題文などを全部ノートに写して、そのわきに和訳（日本語訳）を書くくらいの努力をしたほうがいい。桐蔭中学では、週に一〜二時間を古文にあてて量をこなしていた。ふつうの公立中学では絶対的な時間数と読む量が少ないので、レベルの高い塾などを利用してがんばらないと、私立中学のレベルに追いつかないだろう」

と、中学入試を経験したK・M君は語っている。一方、公立中学出身のI・Y君は、

「対訳などなくてもいい。（高校レベルの）くわしい註だけがついているものを、ひととおり読

めば力がつくはずだ。どうしてもわからないところは、先生に聞けばいい。対訳がついているものは、学校の定期試験対策用あるいは読み物と考えればいい」と語っている。

中高一貫の有名校のレベルは高いが、そこを高校時に突破しようと考えていたI・Y君は準備をおこたらなかった。そのための急所のひとつが古文だとにらんだI・Y君の目もたしかだが、高校レベルの、しかも註釈しかついていないものを読破したところがすごい。

また、「古文は読んだ量がものをいう」というのは開成中学出身のM・Y君だし、千葉大附属中学出身のN・K君も「古文の単語の意味と文法事項のマスターにかなり力を入れた。高校の基礎的なレベルまで知っておかないと読みこなせないので、どこまでが中学の範囲かということにはまったくこだわらなかった」といっている。

さらに、「古文のキイは助動詞にあると教わったので、なり・たり、ごとし・やらん、らむ・べし、たし・まほし、などの助動詞をがっちり押さえた」「文法に重点を置いて、動詞の活用や助詞などをひたすら覚えた」という先輩の意見もあるので、参考にしてほしい。

「枕詞などの修辞法は、教科書で覚えるだけで十分だと思う。それ以外で必要なのは、①古文単語、②助動詞の意味・接続、の二つだ。①は授業に出てきたものをリストアップしておき、寝る前に十分間ほど見返しておけば覚えられる。②は少しむずかしいが、文章を品詞分解して訳すことができれば、設問自体はあまりむずかしくないので、どの高校にも入れる」

古典のポイント１

①語彙のちがい（文語→現代語）

・あからさま→「急なこと、かりに、ほんのちょっと」
・あさまし→「びっくりする、話にならない」
・あぢきなし→「わけがわからない、つまらない」
・あはれ→「おもむきがある」　・山→「比叡山延暦寺」
・あやし→「（身分が）いやしい、不思議だ、変だ」
・ありがたし→「めったにない、めずらしい」
・いみじ→「恐ろしい、悲しい、すばらしい」
・うしろめたし→「気がかりだ」　・いと→「たいへんに」
・うつくし→「かわいらしい」　・寺→「三井寺」
・おとなし→「大人びている、分別がある」
・おどろく→「気がつく、はっとする」
・おぼえ→「ちょう愛、よい評判」　・たづ→「鶴」
・おぼえず→知らず知らずのうちに
・ことわり→「道理、もっともなこと」
・さうざうし→「ものさびしい」　・つゆ→「少しも」
・すさまじ→「興ざめだ」　・ふすま→「ふとん、夜具」
・すずろに→「やたらに、思いがけなく」
・つたなし→「へた、劣っている、みすぼらしい」
・なかなか→「かえって、むしろ（よくない）」
・ながむ→「ぼんやり物思いにふける」
・にほふ→「うつくしい」　・げに→「ほんとうに」
・ののしる→「大騒ぎする、うわさをする」
・めでたく→「すばらしい、立派だ」
・やがて→「すぐに」　・やさし→「上品だ」
・やん（む）ごとなし→「尊い、ふつうでない」
・ゆかし→「…をしたい、見たい、知りたい」
・ゆゆし→「ひととおりでない」　・こぞ→「去年」
・よし→「物事や身分がもっともすぐれている」
・わびし→「さびしい、苦しい、つまらない」
・をかし→「よい、おもむきがある」
・をこがまし→「滑稽に見える、さしでがましい」
・心→心あり＝「情緒がある」　心憂し＝「悲しい」　心もとなし＝「じれったい、気がかりだ」　心苦し＝「気の毒だ」　心憎し＝「奥ゆかしい、あやしい」

こう語るのは、群馬県の公立中学〜県立太田高校出身のA・H君だ。公立中学生向けの勉強法をベースにして、そのうえに必要な知識を積み重ねていけば、得点力はついてくる。彼のいうとおり、やるべきことをやれば「どの高校にも入れる」と信じてやり抜けばいいのだ。

そのほかの知識として、歴史的かなづかい、現代語と意味がちがう古語、動詞の活用、助動詞の種類、係り結びの法則、助詞の識別、文語表現（和歌など）における技巧、俳諧の季語、漢文を訓読する方法、漢詩の表現技巧、などがある。

実際の文章のなかで、現代文と比較しながら理解していくのが鉄則だ。暗記すべきものは理屈をいわずに頭に叩きこむ。そのうえで、「同じ日本語なのだからイメージを大切にして読んでいけばわかる」というT・M君のレベルに到達できると、古文は得意分野になっていることだろう。彼は、千葉県の公立中学〜県立千葉高校出身だった。

古文文法と現代文法との比較を先にやれ！

現代文法より先に古文文法を考えたのには、わけがある。「国語は楽勝のはずなのに点数がとれない」というタイプのほとんどが、文法を苦手にしている。カンにたよったやりかたを直さないので、いつまでも進歩がない。そんな彼らがとくに痛い目にあうのが、古文なのだ。

古文は文法をきちんとさせないと、すぐ壁にぶつかる。その逆に、文法を攻略すれば一気に道がひらける。そのカギになるのが、現代文法と比べながら整理するやりかただ。

古文は主語や述語が省略されることがあるし、「を」などの助詞も少ない。会話を示すカッコもないし、濁点や句読点がないのがふつうだ。歴史的かなづかい、現代語にはない言葉、現代語と意味のちがう言葉などもやっかいだ。だが、ものは考えようだ。現代文とちがうポイントを、ドカンと一度に整理するにかぎる。しかも、量はたいしたことがない。

先輩たちは、「古文は文法から入ったほうがムダがない」「古文の文法は先に慣れるまで繰返しやってしまうと、あとがグンと楽になる」「古文にかぎらず、文法は一度がっちりやって覚えてしまうこと。文章を読んでいくうちにいろいろな用法への慣れが出てくるので、いつの間にか完全になっているものだ」と語っている。

彼らのいうとおりで、そのつど覚えるよりも、早い時期に真正面からぶつかって一気に終わらせるのがコツだ。忘れたらもう一度やればいい。また、先に文法問題だけのうすい問題集を解いてみて、そこから逆に知識の整理にとりかかる攻めかたも効き目がある。

文法を頭に入れたうえで、文法から離れて読解力を伸ばせ！

一冊の文法問題集をこなせば、それだけでかなりの力がつく。その段階でいったん文法から離れて、文章の意味を読みとることに力点を置いてみる。もちろん、これは古文に特有の上二段活用だとか、この「こそ」は係り結びなので結びには已然形がくる、などと確認しながら読むことになるが、書かれている内容がわからないようでは困る。

よく「文法にとらわれると、ほかの大切なものが頭から消える」といわれるのは、その文章を読んでおもしろかった、感動したなどという読書本来の意味合いがゆがむことをいうのが主眼だろう。たしかに文法だけで押しきったのでは内容はつかみきれないし、その文章が問題にされたとしても、主人公の気持ちはどうか、という設問へのピントもおかしくなる。

国語力をみがき、テストで得点するために文法は絶対に必要な知識だが、その段階で息切れして先へ進めなくなるようでは、たしかに本末転倒というしかない。

その証拠に、「特別に文法だけを勉強することなど必要ない。連体形と連用形の区別などわからなかったが、国語の成績はよかった」という先輩もいる。だが彼のいいたいのは、「専門的な文法学レベルでの知識はもっていなかったが、文章を読んで、その意味をとりちがえないだけの知識はもっていた」というところだろう。

私立入試では「この活用形は何形か？」という設問がたまにあるが、公立ではまず出題されない。それは一種の悪問だからだが、たとえば連体形と連用形の区別ができなくても、めげる必要はない。もっと配点の大きい設問で得点すればいいのだから、文法を攻略したあとは、いったん文法から離れたところで文章を読むクセをつけ、センスと得点力をみがけばいいのだ。

古典のポイント 2

②文語文法の特徴

▼主語を示す助詞「が・は」の省略

風 ふきぬ　月 かたぶきぬ

▼助詞「を」を省略して連用修飾語にする

花の 散る（を） 見ゆ

▼「時」「推量」などの助動詞が多い

書きけり　書きつ　書きぬ　書けり

書きたり　書きし　書きしかど

（↓過去・完了をあらわし、口語の「た」に相当）

咲くべし（咲きなさい）　咲くらむ（咲くだろう）

咲くめり（咲くようだ）　咲かまし（もし咲いたらなぁ）

咲くらし（咲くらしい）　咲きけむ（咲いたのだろう）

（↓勧誘・命令・推量などをあらわす）

▼係り結び＝文中に係りの助詞があると、それを結ぶ述語の活用形は終止形にならない

風やいづる。　風ぞ強き。　風なむ静かなる。

風こそいづれ。　風こそ強けれ。　風こそ静かなれ。

＊ぞ・なむ（強調）↓連体形　や・か（疑問・反語）↓連体形　こそ（強調）↓已然形　＊用言や体言に助動詞がついた場合も同じ　風ぞ強かりける。　これこそ宝なれ。

▼形容詞の活用形（上↓口語　下↓文語）

〔未然形〕	よかろう	よからむ
〔連用形〕	よかった	よかりき
〔終止形〕	よい。	よし。
〔連体形〕	よい時	よき時
〔仮定形〕	よければ	よけれども〔已然形〕
〔命令形〕	○	よかれ

▼形容動詞の活用形（上↓口語　下↓文語）

〔未然形〕	静かだろう	静かならむ
〔連用形〕	静かだった	静かなりき
〔終止形〕	静かだ。	静かなり。
〔連体形〕	静かな時	静かなる時
〔仮定形〕	静かなら（ば）	静かなれども〔已然形〕
〔命令形〕	○	静かなれ

＊仮定条件↓未然形に「ば」をつけて「よくば」「静かならば」など

ただし、悪問を別にすると、漢字や熟語、語句などの知識問題で確実に得点していかないと、水準点以上をとるのはむずかしい。文法もそれらの知識問題にふくまれるので、1点ずつを拾うつもりで正解していくことが大事だ。

読解力を支えるのは「一般常識という総合パワー」だ！

読解力にある程度の社会知識が関係してくるのは、英語も国語も同じだ。もちろん国語のほうがより高度で幅広い知識をもっていたほうがいいに決まっている。

宇宙が素材にされたときは、恒星と惑星、人工衛星、ブラックホールなどの知識があるといい。エネルギー問題では、石油や石炭資源の将来性、水力利用の特性、原子力発電の現状などを知っておく。食糧については、海外諸国からの輸入、わが国の自給率の低さ、グルメ志向などを常識にしておきたい。春先に南半球からカボチャが輸入される時代なのだから、地球大の視点をもつことを心がければいいのだ。

「小学校のときから新聞二紙を、政治面や経済面、文化面をふくめてくまなく読むのを日課にしていた。テレビではNHKスペシャルなどを見るようにした。また、ジャンルを問わずに本をたくさん読めば読解力もつくし、いろいろな雑知識もつく」

と語るのは、中学から私立桐蔭学園に学んでいたK・M君だ。勉強のためと力まずに、新聞やテレビを楽しみながら豊かな常識を身につけてほしい。それが得点力につながるのだ。

英語（第2章）でもふれたが、新聞のコラム欄を読むクセをつけると、ものごとを六百字前後でまとめる要領がつかめる。わからない漢字や熟語は辞書を引き、知らない用語を家族などに聞いて覚えていくようにするだけでも効果がある。

たとえば、「社説やコラムを自分で段落に分けて、その内容をパッとつかんで、時間の余裕があれば短文にまとめるように訓練した」という先輩もいる。コラム（column）は短くて読みやすい。あつかう素材は分野が広いのでミニ知識も養われる。筆者はベテラン記者が多いので、いわゆる練達の文章というものだが、それが役に立たないはずがない。

社説を書くのはベテランの論説委員のようだが、天下国家を論じたものから、日常生活をもとにしたものなど、その時節や出来事によっていろいろだ。その新聞の「顔」ともいえるので、格調は高い。「世の中にモノ申す」という語調に親しんでおくと、授業でやる論説文のねらいをつかむコツがわかる。毎日はムリでも、せめて週に一度は読むようにしたい。

新しい情報をキャッチするのに役に立つ一方で、新聞は理科や社会科の授業でやった内容を身につける資料も提供してくれる。どこそこで自然災害が起きた、その原因は？　そこの気候や土壌の特色は？　その地域の人口は？　産業や特産物は？　という生きた知識が学べる。それらは、めぐりめぐって国語力を押しあげてくれる。それが常識というものの力だ。

スポーツでもいいし、料理情報でもいい。自分からアンテナを張っておくと、かならず得意なジャンルが見つかる。そこでの「物知り」をめざしているうちに、ほかの分野にも目が向くようになる。このスポーツ選手は南米出身だ、この香辛料のルーツは東アジアだ、などと興味をつないでいくと、かなりの社会知識通になってしまうだろう。

問題集は、使いかたしだいで得点力がまるでちがう！

基礎学力になる漢字や熟語、慣用句や故事成語、文法などは、それぞれ分野別のうすい問題集でまとめると効率がいい。ただし、解答や解説をたしかめるために辞書を引いたり、先生に聞いたりという確認作業をしなければならないこともある。解答や解説にミスがないともかぎらないからだ。それは長文の読解力を養うための問題集にもいえるので、定評のある、問題数が多くなくて、くわしい解説がされているものを選びたい。

ある先輩は、「読んでおもしろいものがいいに決まっているが、そうでないものが多い。とくに現代文はかたくるしい内容であってもガマンして読まなければダメだ」という。書かれている内容をよく考えろとか、むずかしい事項を覚えろと要求されるわけではない。理科や社会の問題ではないし、一般常識のテストでもない。あくまでも国語の問題なのだから、知らないからイヤだ！　興味がないからやりたくない！　といっていたのでは進歩がない。

古典のポイント 3

③文語の助詞のちがい→「が」「の」「な」の識別

西行が書ける詞　(主語を示す格助詞)
梅が枝　(連体修飾語をつくる格助詞・「の」と同じ)
春風のふくらし　(主語を示す格助詞)
おもしろの笛の音　(連体修飾語をつくる格助詞)
あやまちすな。　(禁止の終助詞)
これを見るはうれしな。　(感動の終助詞)
遊び暮らさな。　(希望・決意の終助詞)

④古典和歌の表現技法＝修辞法

▼枕詞…特定の語句に冠することば(原則として五音)

あかねさす→日・昼・紫・君　あしひきの→山・峰(お)
あづさゆみ→張る・引く　あまざかる→鄙(ひな)
あらたまの→年・月・日・春　あをによし→奈良
いわばしる→滝・垂水　うつせみの→命・人・世
くさまくら→旅・夕　さざなみの→近江・大津
しきしまの→大和　しろたえの→衣・袖・緒
たまきわる→命・世　たらちねの→母・親
ちはやぶる→神・宇治　ぬばたまの→黒・夜・夕
ひさかたの→天・空・都　むらぎもの→心
ももしきの→大宮・内　やくもさす(たつ)→出雲

▼序詞…ある語句をみちびくための前置きのことば・音節数が不定で受けることばも一定しない

「駿河なる宇津の山べのうつつにも夢にも人にあはぬなりけり」　→音の繰り返し

▼掛詞・懸詞…同音を利用して複数の意味をもたせる

「花の色は移りにけりないたづらにわが身世にふるながめせしまに」　→音韻の共通性

ながめ→「眺め」と「長雨」　ふる→「降る」と「経る」
＊秋風→「秋」と「飽き」　＊かれ→「枯れ」と「離れ」
＊ふみ→「踏み」と「文」　＊まつ→「松」と「待つ」

▼縁語…ひとつの語に意味上で関係のある語を用いて表現におもしろみを出す

「青柳の糸より掛くる春しもぞ乱れて花のほころびにける」　糸の縁語→「より」「乱れ」「ほころび」

＊序詞・掛詞・縁語はひとつの和歌のなかで重複することがある

制限時間を決め、テスト本番のつもりで解く。「できるだけ速く読むクセをつけろ！」を目標にして、ベストの答案を書き、得点予想をする。問題集には配点や合格基準点が付記してあるので、それを目安にする。自分にきびしくすればするほど、得点力は高くなる。

つぎは採点するのだが、ここに問題がある。長文についての模範解答を、単純に自分の解答と合っている、ちがっているで終わらせたのではまずい。解答にいたるまでの道筋を追い、考えかたの相異点などをたしかめ、納得できるまでやる。そうしないと効果はゼロだ。

ある先輩は、「長文の意味を問う問題の模範解答をそっくり信じこむのはよくない。その模範解答より自分の答案のほうが正しいと思うくらいでちょうどいい。ただし、どういう点ですぐれているかを指摘できないようだと、独りよがりになってしまう」と語っている。

これは第一に、模範解答にまちがいがないとはいえないこと。第二に、自分の解答に自信をもっていないと、まちがったときにピンとこないことをいったものだ。

模範解答に納得がいかなければ、先生や先輩に聞けばいい。出版社のミスであれば、それを発見できた力を自慢していいだろう。だが、第二はもっと深刻だ。なんとなくまちがえ、なんとなく模範解答を信じるのは最悪のパターンなのだ。同じまちがえるのでも、自信をもってまちがえたほうがいい。そうでないと本当に勉強したことにはならない。

ものの考えかたにはクセがある。誰でもそうだ。数学の場合は、計算のプロセスを追うことで、他人の目からも、まちがいグセが発見できる。ところが国語の場合は、考えのプロセスを残さないこともあって、他人は途中のまちがいを発見しにくい。つまり、考えの筋道のまちがいをチェックできるのは「自分だけ」という場合が多いのだ。

だからこそ、「自信をもってまちがえる」ことが有効になる。自分の理解力や推理力のどこに欠陥があるのかをチェックできるのは、自分のほかにはいない。これが国語科の特徴のひとつだが、そうした自己点検能力が君たちの学力を大きく底上げするので、他科目の成績もだんだん押し上げられてくるのだ。

短期間で成績を上げるには、発想を逆転させてみよう！

右のことからも、長文読解の問題集は学校や塾が推せんしたもの、先輩がやって効果があったものを使うほうがいい。「市販の問題集には解答がいい加減のものがあるので、手を出さないほうがいい！」という先輩がいるくらいなのだから、表紙のレイアウトが気に入ったなどという理由だけで選んだりしないこと。

ここで紹介したいのは、発想を逆転させた問題集の活用のしかただ。

「つぎつぎと問題集をやっていくと、社会の出来事の何が問題にされるかという傾向がわかるうえに、あれこれと一般常識を新聞やテレビであさらなくても、自分が知らなかった社会的な知識をチェックすることができる」

こう語るのは、東京都内の公立中学〜都立国立高校出身のM・K君だ。例の一夜漬け作戦ですでに何度も登場してくれているが、彼はいつも実戦にこだわり、しかもすばらしい結果を出している。

一般常識を身につけることを先にしないで、問題を解きながら、そのなかで必要なものをチェックするのはたしかにムダのないやりかただし、得点力も伸びるにちがいない。長期的に国語力を伸ばすためには、ジャンルを問わない読書量をふやすことが大事なので、正統な道筋からは外れたやりかたではあるが、短期間で成績を上げるにはもってこいの方法だろう。

少し遅れを意識しているなら、三年生の二学期ころから、彼のやりかたにチャレンジするのがベストだろう。もっとも力がつくのは入試の過去問題をこなすことなので、問題を解きながら、いろいろな用語や知識などを整理するといい。辞書的な意味では通じない語句などがあるので、先生や家族に解説してもらいながら、それを覚えこむ。読んだ文章のなかに不明な部分を一片たりとも残さないようにすると、実戦で使える一般常識が身につくだろう。

ちなみに、国語の参考書はあまり意味がないので、使う必要はない。せいぜい文法や文学史の整理に役立てるくらいでいい（私立や国立校入試では文学史は必出なので注意！）。

実戦の設問形式に慣れて、点数のとりかたを学べ

長文読解では、設問自体に解答へのヒントがかくされている！

受験用の追いこみにかかったら、いっそう得点するテクニックにこだわりたい。入試の過去問題などをつぎつぎに解いて、「こう聞かれたら、こう答えればいい」という設問形式のパターンに慣れてしまうこと。そのなかで文法や語句などの知識問題を確実な得点源にし、「このタイプの設問に何分かける」という本番での解答時間の配分を身につけてしまうのだ。

最近の傾向として、「以下から正しく内容をまとめたものを選べ」という選択式の設問よりも、「その内容をまとめよ」という記述式の設問がふえてきている。選択式ではイチかバチかのまぐれ当たりも期待できるが、自分で文章にまとめる場合はそうはいかない。

長文を要約して自分なりに文章にする、傍線を引いた部分を制限字数内でまとめる、などの記述式設問こそが読解力を問う本来のありかたなのだから、深く正しく読みこむ力をつければクリアできる。正攻法での力が問われているのだから、堂々と受けてやればいい。

だが、長文の要約だからといっても、大げさに考える必要はない。カッコイイ文を創作しな

さい、自分の考えを述べなさい、と要求されているわけではないのだ。文章を素直にたどっていくと、かならず要点はつかめる。そのカギになるのが、いろいろな設問だ。逆にいうと、設問にはかならず解答へのヒントがかくされている。

文章全体を読み解くうえでは、（　）内に適当な接続語を入れよ、傍線を引いた部分を別のいいかたで書け、などの設問に目をつけること。「なぜそこが設問にされるのだろう?」とこだわってみると、そこが筆者のもっともいいたいことだったり、その逆にいちばん否定したいことだったりする。つまり、文の流れの結論点であったり、転換点だったりするのだ。

英作文が知っている例文のつなぎ合わせでクリアできるのと同じように（第2章）、国語の読解問題もまた設問を正しくつなぎ合わせていくと、出題者のねらいどおりの結論にたどりつくことができる。ただし、簡単すぎるという場合は、そこで頭をヒネッてみるといい。わざと反対の結論をばらまいておく文の展開がないわけではないが、それはすぐ見破れる。

設問パターンに慣れていくと、「自分だったらここを設問にする」とか「ここは結論をまとめるのに便利だ」「ここに傍線を引いて、別のいいかたで十字以内にまとめよという設問ができるな」というように自分で出題できるようになる。そうなると、もう心配はいらない。

よく「数学はスパッと答えが出るが、国語ははっきりしない」といわれるが、それは設問の意味合いがわかっていないためのグチにすぎない。せっかく出題者が設問という形で文の急所

現代文法―「助動詞」の種類と働き

①使役→「せる」「させる」「しめる」

弟に買いに行かせる。　彼に窓を閉めさせる。
敵の戦意を失わしめる。

②受け身・可能・自発・尊敬→「れる」「られる」

先輩にほめられる。　水をかけられる。（受け身）
速い球を投げられる。　自転車に乗れる。（可能）
将来が思いやられる。　往時が思い出される。（自発）
院長が来られる。　先生が帰られる。（尊敬）

③打ち消し→「ない」「ぬ」「ん」

彼にはまったく人情味がない。（形容詞）
今朝はそれほど寒くはない。（補助形容詞）
今回はたいへん申しわけない。（形容詞の一部）
僕は急いで食べられない。（打ち消しの助動詞）
それは許されぬことだ。（打ち消しの助動詞）
時間に遅れてはいけません。（打ち消しの助動詞）

④希望→「たい」

読みたい。　行きたかった。　生きたくても…。

⑤推定→「らしい」

めずらしい。（形容詞の一部）　男らしい。（接尾語）
明日は雨が降るらしい。（推定の助動詞）

⑥様態・伝聞→「そうだ」

雨が降りそうだ。（様態）　雨が降るそうだ。（接尾語）

⑦たとえ・例示・不確かな断定→「ようだ」「ような」

氷のようだ。（たとえ）　鬼のような顔だ。（例示）
誰もいないようだ。（不確かな断定）

⑧断定（指定）→「だ」「です」「なのだ」

正直だ。（形容動詞の一部）　正直な人だ。（断定）

⑨過去（完了）→「た」「だ」

壁にかけた絵。　赤く咲いた花。（存在・継続の助動詞）
みんなはとっくに出かけた。（過去・完了）

⑩推量・意志→「う」「よう」

忘れてしまおう。（意志）　心配だろう。（推量）

⑪打ち消しの推量・打ち消しの意志→「まい」

彼は泣くまい。　二度と行くまい。（打ち消し）
行こうと行くまいと…。（動作などを対比）

をマークしてくれているのだから、その期待に応えてやらないと罰があたる。慣れないうちは文章がまとまらないかもしれないが、「これは自由作文ではない！」という一点を踏みはずさなければ絶対にうまくいく。問題文中のカギになる短文をつなげればいいだけだ。

こうした技術は、大学受験にまで応用できる。要約するときは「出はじめの言葉」と「しめくくりの言葉」が大事になる。また、結論を「――だ」なのか「――ではない」なのかを決めたうえで書く。極端にいうと、中間の部分はどうでもいい。五十字、八十字、二百字などと字数を決めて練習すると、かならず本番でも高い点数がとれる。

設問を読むだけで正解のあたりがつくのは、知識問題でも同じだ。ミスねらいのひっかけ問題もあるので、「――だ」か「――でない」なのかを読みちがえないこと。

実力テストは、気づかなかった弱点をつかむチャンスだ！

三年生の秋には実力テストが開始される。偏差値の追放がいわれてから業者テストは実施されなくなったが、学校独自の九月、十月、十一月の三回のテストでの結果が、志望校を決める目安にされる。受験生にはいよいよ「追いこみ」をスタートさせる季節だ。

英語でも数学でも同じことだが、実力テストをうまく利用するかどうかで、数カ月後の本番の運命が分かれる。いい点数がとれたかどうかも大事だが、それ以上に大きなカギは、事前にどのような準備をしたのか、あとの始末をどうするか、というところにある。「自分の弱点をつかむ絶好のチャンスだ」という姿勢で受け、徹底的なやり直しをすることが大事なのだ。

本番の英語や数学では、実力テストと同じような問題が出題されることがあるし、国語でも同じ著者の文章が出題されることがある。だが、そんなマグレを期待すべきではない。テスト前には、「この文法事項が出題されるかもしれない」とか「ここが苦手だからもう一度やっておこう」という入念な準備を欠かさなければいいのだ。いわゆるヤマカンを張るのも勉強のうちなので、君たちに実力があればカンは当たるだろう。

だが、このカンとマグレはちがう。カンが当たるぐらいの準備をすることが大事なのだ。マグレなどないものと腹をくくり、いつも実力が出せるように調整するのだ。実力テストの日程を二学期以降の勉強計画の柱にするなど、翌年の二月上旬から下旬にかけての受験本番に向けて、一気に走り抜ける姿勢をもつのがいい。

あと始末は、やり直しにつきる。弱点をつかんで初めて、テストを受けた価値が出るのだから、結果が悪かろうとなんだろうと、まだ余熱が残っているうちに自分にムチを入れる。予想点数をはじいて、失敗したと思われる個所を、知識問題を中心にやり直す。

さらに、答案が返却されたときに、本格的なやり直しに時間をかける。実力が身につくかどうかは「返されたテストの復習をかならずやる！」にかかっている。結果が悪いと気持ちが落ちこむかもしれないが、弱さを認め、自分と向き合う勇気がなければ将来はひらけない。

「大手の塾のテストを受けても、その結果に左右されないで、着実にふだんの勉強をつづけるようにした。誤りと採点されたものは、もう一度解いてみて模範解答と照らし合わせた」

こう語るのは、兵庫県の私立甲陽学院中学～高校出身のO・H君だ。英語や数学の場合と同じだが、これがいちばんオーソドックスなやりかたなので、かならず実力がつく。

「問題を解く時間の配分ペースをつかみ、問題文をしっかり読むクセをつけるようにした」というのは、私立開成中学～高校出身のM・Y君だ。経験の差というのは大きいので、つねに本番のテストを想定して、時間の感覚を身体に覚えこませておくと有利になる。

「国語のテストの文章は自分の趣味で読むものとはちがうと割りきったうえで、テストの結果は実力を計るモノサシと受けとめることが大事だ。作文を実施する実力テストもあるが、採点者によってはわけのわからない点数をつけることもあるので気にしなくていい」

こう語るのは、東京都内の公立中学～私立桐蔭学園高校出身のY・I君だ。彼は「復習をがっちりやった」というが、点数はその時点の実力の尺度でしかないのだから、「過信せず、安心もせず」でいい。やり直しを完璧にやって「満点がとれた！」とみなすのがコツだ。

「国語では漢字がカギをにぎっていると考えていたので、日頃から読みと書き取りに力を入れていた。1、2点を笑っていると大きな失点をやらかす危険がある。小さなことだが、漢字を

現代文法―「助詞」の種類と働き

①格助詞→「が」「の」「に」「と」「で」「より」

夢がかなう。（主語を示す）
波の音が聞こえる。（連体修飾語をつくる）
私の愛した人。（主語を示す）
照れ屋の鈴木さん。（同格を示す）
彼は遊ぶのに夢中だ。（体言をつくる）
彼女は三時に家を出る。（時間を示す）
ニューヨークに着く。（帰着点を示す）
星になりたい。（変化する結果）
ぴかぴかに光る。（動作・状態のありかた）
犬といっしょに走る。（相手を示す）
高校生となる。（結果を示す）
「好きです」という。（引用）
校庭で遊んだ。（場所を示す）
病気で欠席する。（原因・理由を示す）
富士山より高い。（比較の基準）
承知するよりほかない。（他を否定し、限定）

②接続助詞→「ば」「が」「ても」「から」「して」

急げば間に合う。（仮定条件）
怠ければ成績が下がる。（順接の確定条件）
努力したが失敗した。（逆接＝対比）
目を閉じても浮かぶ。（逆接の確定条件）
ほしいから買った。（受けて続ける）
労多くして功少ない。（受けて続ける）

③副助詞→「は」「こそ」「さえ」「でも」

ジュースはぼくが買う。（他と区別する）
彼こそ悪者だ。（強調）
歩くことさえできない。（他を類推させる）
水さえあれば生きていける。（最低限度）
サルでもできる。（他を類推させる）

④終助詞→「か」「な」「なあ」

本当にいいのか。（疑問を示す）
彼にできるものか。（反語を示す）
ついに合格したか。（感動を示す）
ふざけるな。（禁止）　困ったなあ。（詠嘆）

まちがえたときは、そのつどチェックした」と語るのは、千葉県の公立中学～県立千葉高校出身のT・M君だ。彼のような姿勢をもたないと、それこそ1点や2点に泣くことになる。

国立や私立校志望者は、大手塾のテストでさらに力をみがけ！

首都圏や大都市部に住んでいるのなら、大手の塾の公開模試を受けてみるといい。本番さながらの雰囲気に慣れると度胸がつくし、新出の設問パターンをつかむこともできる。

とくに中位以上の私立を志望するのであれば、合格可能偏差値がきちんと算出される大手のデータが、ものすごく役に立つ。難関校を志望する場合はなおさらで、最低でも二、三回は受けてみて、落とし穴のない学力の目安にしなければならない。

実際、難関校に進んだ先輩たちの多くは「大手の塾のテストを定期的に受けて、解説をよく読んで解答のしかたを覚えた」と語っている。それらの問題は私立や国立難関校の入試を想定したものが多いので、まさに実戦的な力をつけるのにぴったりだ。

難関校受験においては、過去問題をこなすことがカギになる。「過去問題はかならずやること。国語のなかでも現代文は日本語のセンスがモノをいうので、自分がどんな生活をしてきたかが問われる面が出てくる。ふだんから正しい言葉を使うよう心がけたほうがいい」というのは、もうおなじみの、都内の公立中学～私立桐蔭学園高校出身のI・Y君だ。

もちろん、中位クラスの私立校や公立校志望者にも大手塾のテストは活用できる。難問は捨て、標準問題で着実に点数がとれるようにやり直しする。この時期に基礎知識をかためる効果は大きい。基礎さえしっかりすれば、終盤での一足飛びのゴボウ抜きだって可能なのだ。

本番では、やさしい問題をまちがえないことが最大のカギになる。何度もいうことだが、テストでまちがえたのだから、本番ではもうまちがえない、助かった！ という前向きなとらえかたをしていけばいい。だからこそ、テストをチャンスと受けとめなければならない。

「実力がどのくらいあるかを把握するためにだけ利用した。本番で同じ問題がそっくり出題される可能性は、数学や英語と比べて低いので、復習は軽く流すだけにした」

こう語るのは、群馬県の公立中学～県立前橋高校出身のM・K君だ。彼は公立校志望一本だったが、たくさん問題を解いて出題パターンをつかんでしまったという。独力でそうした下地をつくった自信があるので、復習にさほど力を入れなかったのだろう。

塾や予備校のプロ教師から、点数のとりかたを学べ！

学校の授業の受けかたや、塾と自宅学習との組み合わせは、英語や数学と比べてあまり問題はない。授業をよく聞かなければならないのは全科目に共通しているが、国語の場合は、それ以外のところでの総合的な力、別のいいかたをすると、授業という規格から外れた「余力」をどう伸ばすかがカギになってくる。そこに、国語科特有のむずかしさがある。

ある先輩は、「言葉についての能力を点数で判断するテストは嫌いだが、受験科目である以上、塾などで点数をとるやりかたを習ったほうがいいに決まっている」という。

この意見のポイントは「国語力には点数では判断しにくい要素がある」というところだが、まさしく正論だろう。だが、これへの答えはもう出ている。

点数がとれる力が国語力だと割りきり、それをみがく。そのためにはまず基礎学力をかため、さらに文章を読み解く力をつけなければならない。作品を鑑賞するというのは少しニュアンスのちがう領域だろうし、その文章に感銘するかしないかも次元の異なる問題だろう。

国語のテストでは、問題文がすべてだ。たとえば、野鳥についての文章が出題されたとしても、「問題文のみ」からしか質問されない。同じスズメ科のオナガとカケスのちがいを知っていても、文中にあつかわれなければ、二種の鳥のちがいは？　という設問はありえない。理科のテストではないのだから、野鳥への知識がそのまま得点に直結することなどないのだ。

ただし文章全体をまとめるうえで、それらの知識はすごく役に立つ。野鳥の生態にくわしいと、筆者の主張がよくわかる。そうした知識や、それをベースにした推論する力を「余力」と呼んだのは、授業とは別のところで養われた「教養」というものがその正体だからだ。

だがテストは、「余力＝教養」をじかに採点するわけではない。そうした力は舞台裏で君た

現代文法―「敬語表現」のポイント

①謙譲語…目上の人に対して自分の動作などをけんそんして相手への敬意をあらわす(自分を下げる)

▼「お…する」「お…いたす」「お…申す」型

話す→お話しする　聞く→お聞きいたします

待つ→お待ち申し上げる

▼接頭語をつける型

自分のこと→小生　自分の家→拙宅

自分の作品→愚作　自分の妻(息子)→愚妻(愚息)

自分の会社→弊社・小社　他人への贈物→粗品

▼特別ないいかた

見る→拝見する　訪問する・聞く→うかがう

もらう→いただく　会う→お目にかかる

行く→まいる　いう→申す　やる→あげる

▼誤りやすい敬語表現…謙譲語を中心に

展覧会にまいりましたか。(誤)
展覧会にいらっしゃいましたか。(正)
(「まいる」は「行く」の謙譲語なので自分の動作などには用いないのが原則)

小鳥にエサをあげる。(誤)
小鳥にエサをやる。(正)

息子の活躍をほめてあげたい。(誤)
息子の活躍をほめてやりたい。(正)
(「あげる」は「やる」の謙譲語なので小鳥や身内の息子のことを相手に話すときは用いないのが原則)

父にきれいな花束をいただいた。(誤)
父にきれいな花束をもらった。(正)
(「いただく」は謙譲語なので身内の父のことを相手に話すときは用いない)

あなたがお支払いしてください。(誤)
あなたがお支払いになってください。(正)

しばらくお待ち申し上げてください。(誤)
しばらくお待ちになってください。(正)

ご当人がうかがってください。(誤)
ご当人がお聞きになってください。(正)
(すべて謙譲語なので相手の動作には用いない)

ちを支えてくれるが、表面に出てくるのは設問ひとつひとつを解く能力なのだ。テストはそれだけを判定する。知識と点数とがストレートに結びつかないのは、ここに理由がある。

また、物語文が出題されるときは前後がカットされる。前半でどんな事件があろうと、後半がどんな展開になろうと、カットされた部分から出題されることはない。君たちが物語文全体を読んでいたとしても、その知識をいったん切り離して、「問題文のみ」にしぼって考えること。前後はカットして、設問にだけ答える。これが点数のとれるやりかたの第一歩だ。

点数をとるやりかたがわからない、自分ではつかめないという場合は、塾や通信教育を利用するのもいい。塾などのプロ教師たちは、過去問題や設問形式のテキストにそって解説してくれるので、点数をとるテクニックを最重視して教えてくれる。実戦にこだわった教えかたのプロなのだから、鑑賞をテーマにした設問に答えるコツも叩きこんでくれるはずだ。

もちろん、次ページからは「点数をとれる力こそが国語力なのだ」と割りきったうえで、いろいろな文章を読み解く急所を考えていくつもりだ。ここでコツをつかめば、かならずテストで高得点できるようになる。私たちを信じて、最後まで読み通してほしい。

文章読解では、問題文だけに限定して答えを探せ

「論説文・説明文」の読解力が、合否のカギをにぎる！

従来から論説文と説明文はよく出題されてきたが、文学的文章よりも教材としての比重が大きくなったため、私立・国立や公立を問わず、いっそう出題される傾向にある。テスト問題の冒頭にきて、配点比率も高い。ここでの得点が合否を分けるといってもいいくらいだ。

抽象的で観念的な語句が使われることが多いが、中学生として過不足のない社会常識があれば十分に読みこなせる。筆者にはそれぞれの専門分野で実績のある人たちが多いが、いかにノーベル賞級のすごい人であっても、文章を読むにあたってその筆者と同じレベルの知識が要求されるわけではないし、むしろ平明な文章がその特徴なので、心配はいらない。

論理を積み重ねていく組み立てかたが主流なので、「筆者は何について（素材）、何をいいたいのか（結論）」を早くつかむことが大事だが、ヘンな先入観をもたずに素直に読むこと。君たちに読み解けるものしか出題されないので、肩の力を抜いたほうがいいのだ。

どこが中心段落（結論）かをつかんで要約するためには、全体の文章構成の型を判別しなけ

ればならない。①結論が最初にくるもの、②結論が最後にくるもの、③最初と最後に結論をまとめて、中間にいろいろな展開がはさまれるもの、この三パターンのどれかを判断する。

この段落分けでのカギは接続語（接続詞）にある。「すると・だから」などは前の文章との順当なつながりを示す。「しかし・ところが」などは前の文章と逆のつながりを示す。「また・そして」などは前の文章への付け加えを示すし、「つまり・たとえば」などは前の文章の説明や補足を示す。さらに「さて・ところで」などは話題の転換を示す。

これらの接続語でそれぞれの段落の重要度がわかるが、丸や三角形、四角形などで図解すると混乱がふせげる。結論の段落の上には丸、途中の展開には四角形、わき道の段落の上には三角形など、自分で決めたマークを描いていくと、パッとつかめてしまう。また、接続語のところは設問にされやすいので、設問から逆にその段落の重要度を読みとることもできる。

ここがカギになるのだが、入試においては何通りもの解釈ができるものは設問にはなりえないことを知ってほしい。数学などと同じで、設問には誰もがそうだと納得できる解答がただひとつしかない。しかも出された文章がすべてであり、その文中に設問の答えがすべて登場している。設問の意味をカンちがいさえしなければ、素直に正解できるはずなのだ。

「つまり出題文の内容だけから解答するのがルールなのだから、自分の考えにこだわって「筆者のいいたいこと」をゆがめないこと。さらに注意しておきたいのは、「いわゆる世間的な事実と、筆者の意見はちがうことが多い」ということと、「例としてあげられたことや、他から引用された文章」を筆者の意見と混同してはいけない、という二点だ。

また、「こ・そ・あ・ど」などの指示語は何をさすかという設問も多い。これは一種の省略語なのだから、文中の指示語に自分のつかんだ内容を代入して読んでみると、正しいかどうかがすぐわかる。文章の流れがスムーズだと正解だが、ぎくしゃくするのは誤りだ。

「随筆文・紀行文」は、筆者だけの独自性がポイントだ！

つぎによく出題されるのが、随筆文だ。日常生活のなかでの雑感をつづったものが主流になるが、かなり奥の深い文章が多い。また、科学分野の研究者が書いたものもよく出題素材にされるが、専門的な自然観を通した鋭い人間観察がみられる。

また、紀行文は旅先のことを素材にするので、その地方の風土と風習、民芸や民俗へのこだわりが語られることが多い。ここでの急所は「比べてみると」という視点だろう。

この随筆文や紀行文では、筆者が前面に出てくるので、その筆者はどのような人なのか、対象物の見かたや感じかたにどんな特徴や独自性があるのかを見きわめること。ただし、筆者の年齢や性別、職業などは、書かれた文章内容への大きなヒントにはなるが、テストの設問は出題者がつくるものなので、その点を混同しないで解答しなければならない。

ここでも段落分けが第一のカギだが、それに加えて「場面・情景」のとらえかた、「個性的で巧みな表現」に注意したい。その筆者だけの独自性が、持ち味のひとつなのだ。

場面・情景では、その季節、場所、時刻、どんな人間がいるのか、どんな動物や植物を目にするのか、などをマークしたい。さらには、その筆者にしかできない感覚的な表現や、動植物の生態や自然現象を人にたとえる表現の味わいなどがカギになってくる。

表現では、文章に強さを与えたり、印象を強めたりするために、倒置法や詠嘆法、誇張法などがよく用いられる。また、話題が大きく飛躍することもある。君たちの常識とはちがっても、筆者についていくこと。その表現技巧がいいか悪いかを考えさせるのがテストのねらいではないのだから、筆者の主張するところにずっと同伴していけばいいのだ。

前項で考えたように、文章と設問だけに集中して、作者といっしょの世界に住むような感覚をもって読むこと。まちがっても「君の意見を述べよ！」という設問はないのだから……。

「小説」は、登場人物の感情の変移をつかめ！

小説からの出題は少なくなる傾向にあるが、作品のおもしろさや鑑賞は別にして、その読みとりが重要であることに変わりはない。登場人物の感情や心の動きは、ときには思いもよらないドラマを招く。まず、その人物たちが生きている時代や季節、場所などをつかんで、自分な

現代文法―「品詞識別」のポイント１

①文節に切れるかどうか…（文節とは最小のひと区切りのこと→切って「ネ」を入れて不自然でない）

桜は美しい。けれどもすぐ散る。
（文節で切れる→自立語→接続詞）

桜は美しいけれども、すぐ散る。
（文節で切れない→付属語→逆説の接続助詞）

すばらしい風景だね。
（文節で切れない→付属語→感動の終助詞）

ね、もう一度だけお願い。
（文節で切れる→自立語→呼びかけの感動詞）

病状はそれほど重くない。
（文節で切れる→「重く／ハ／ない」→形容詞）

そんなに急いで歩けない。
（文節で切れない→「ヌ」でもいえる→助動詞）

②接続・修飾関係で見分ける

子犬がいる。
（主語の「子犬が」の述語→動詞）

子犬が寝ている。
（「寝て」を補助する→補助動詞）

金もいらない。また地位もいらない。
（前後をつなぐ→添加の接続詞）

やれやれ、今日もまた雨だ。
（「雨だ」を修飾する→程度の副詞）

扉の前に立った。するとひとりでに開いた。
（前の文を受ける→順接の接続詞）

電話すると彼女のお母さんが出た。
（サ変動詞「する」＋助詞「と」）

ある所におじいさんがいました。
（「所」という体言を修飾する→連体詞）

吾輩は猫である。
（「猫で」につづいて指定の意→補助動詞）

③活用の変化で見分ける

見ちがえるほどきれいになった。
（形容動詞「きれいだ」の活用語尾→連体形）

恐ろしさにふるえる。（作用の起こる原因→格助詞）

さぞ無念だったろうに。
（文節で切れない→文末→惜しむ意の終助詞）

りに映像化することが大事だ。その気になってみると、人物たちが動きはじめる。

話に聞くと、君たちは昭和初期などの時代を舞台にした作品を好まないらしい。貧困や病苦などが語られると腰が引けるからだというが、そんなことでは登場人物の心理を読みとることはできない。生活全般が貧しかったのは事実だが、彼らは豊かな情感の世界を生きたにちがいない。人間劇に新旧の差などないのだから、想像力にブレーキをかけないでもらいたい。

ドラマが始まる。何らかの事件が起こり、人物たちの心理は変移していく。池に小石を投げこんだときのように波紋が広がっていくが、事件は「筋＝ストーリー」にすぎない。作品を通して作者が訴えたい「主題＝テーマ」は別にあるので、ストーリーの背後から、本当のテーマをつかみ出さなければならない（テーマ＝作品の題名ということが多い）。

順序としては、あらすじをつかみ、主人公の性格や事件に対する態度をつかみ、人物間の心理のもつれをつかみ、クライマックスを味わい、最後にテーマをとらえる。情景や心理描写にこだわったところがテーマに直結することが多いので、そこを重点的にマークする。

よく設問にされるのは、「そのときの主人公の気持ちは？」というものだ。ほっと息をついた、涙をこらえた、ほほえんだ、走りだした、などの表情や行動の〝裏にある心理〟を読みとればいい。その他の人物についても同じなので、裏から読むクセをつけておくこと。

問題文は分量がかぎられるので作品全体のテーマは問われないが、「この文章にタイトルをつけると？」という設問はある。前項で考えたように、作品のタイトルを知っていても、その知識をいったん切り離して、前後をカットされた「問題文のみ」に答えを見つけること。

長文問題の末尾によく「○○の文章より」と記されている。作品名を伏せないとわかってしまう設問があるからだが、作者名をヒントにするとおおよその見当はつく。少し高等だが、そこから逆探知して答えるのもテクニックのうちだ。

外国の小説の場合は、地域文化や生活条件のちがい、信仰心のちがいなどを忘れてはいけないが、「問題文」にかならず答えがあるのだから心配はいらない。たくさん小説を読んでいると有利ではあるが、出題パターンに慣れるのが得点力を伸ばす最強のやりかたなのだ。

これは小説にかぎらないが、設問は試験のためだけにつくられるものなので、作者の意図や作品の鑑賞とは別物であることを、くれぐれも忘れないでもらいたい。

「詩」は、感動的なシーンをドラマチックに描け！

詩からの出題は少なくなる。現代詩も文語詩も、鑑賞というごく個人的な感性にからむところが大きいので、あまりテスト問題に向かないからだ。ただし、詩を小さな部分に分解していく作業に意味がないわけではない。文の構造のおもしろさや表現の可能性に気づくと、日本語のセンスがみがかれるので、他の分野の文章を読み解く力を押し上げる。

詩では、作者の「感動はどこにあるのか」と、特有な「表現技巧」との二つをつかむことが大事だ。表現技巧には、比喩《ひゆ》、擬人法、反復法、倒置法、対句法、省略法、体言止め、韻をふむ、呼びかけ・命令などがある。それぞれの特徴を理解しておくこと。

まず、表現された「時と場所」に作者といっしょに立ってみる。詩のカギは作者の眼そのものにある。そこで作者は何を見ているのか、その対象となるものを、作者と同じ息づかいのまま、ビデオ撮影をするつもりでながめる。空想された時間や場所にもつきあってみる。いっしょに感情移入していくと、見えてくるものがあるはずだ。

マンガのように、作者の眼にしたがってコマ割りをするのもいい。感動のシーンは大きなスペースをとる。擬音を入れるのもいい。縦長のコマは垂直的なニュアンスを表現するのにぴったりだし、横長のコマは水平方向のひろがりに向いている。そうしたコマの特質は、作者の眼の働きをうつすものだろう。そして、君たちはそのダイナミックな効果を味わう。

このように分解していくと、作者の心のありかたは確実につかめる。また、詩中の擬声語や擬態語が心の動きを代弁することもある。そうした事情はマンガから「ギクッ」や「ハッ」などの擬音を消すと、絵柄が単調で平板なものになってしまうのと同じだ。

ただし、その詩の内容に強く感動したから高得点できるというわけではない。設問のほとんどは、技巧の使われかたと種類、その技巧がどんな効果を与えているか、それは作者のどうい

現代文法―「品詞識別」のポイント 2

③活用の変化で見分ける（つづき）

そのユリはきれいで、香りが強い。
（形容動詞「きれいだ」の活用語尾→連用形）

父は会社で、母は旅行中だ。
（断定の助動詞「だ」の連用形）

それで、外出をやめた。（「それで」は接続詞）

公園で彼女と話した。（場所をあらわす→格助詞）

新聞を読んでびっくりした。
（「読みて」が濁音化→接続助詞）

なめらかな肌だね。
（形容動詞「なめらかだ」の活用語尾→連体形）

絶対に忘れるな。（禁止の助動詞）

徒歩なので遅れた。
（断定の助動詞の一部→連体形「なの…」）

明日も雨らしい。（推定の助動詞）

愛らしい動作をする。
（名詞＋接尾語→「愛らしい」→形容詞の一部）

ジュースが飲みたい。
（動詞「飲む」の語形変化＋希望の助動詞）

とても眠たい目をしている。
（「眠たい」で一語の形容詞）

④いい切りの形で見分ける

楽しい一夜だった。（いい切りの形が「い」→形容詞）

楽しさがあふれる。（「さ」は接尾語→名詞をつくる）

読書を楽しむ。（いい切りがウ段→動詞）

大きな山がある。
（体言「山」を修飾→連体詞または形容動詞）

大きい山がある。
（体言「山」を修飾→いい切りが「い」→形容詞）

この洋服はぼくのです。（体言を修飾→連体詞）

これはぼくの洋服です。（主語になれる→代名詞）

細かい注文。（いい切りが「い」→形容詞）

細かな注文。（いい切りが「だ」→形容動詞）

大胆に試みる。（いい切りがウ段→動詞）

それは新しい試みだ。（動詞の連用形→名詞に転用）

う気持ちのあらわれか、などを問う。それは作者に聞いてくれ！などといわずに、怒りや喜び、嘆き、悲しみ、悔しさなどの感情のパターンをあてはめて解答するといいだろう。

文語詩では定型詩がおもになる。島崎藤村、上田敏、北原白秋、高村光太郎、萩原朔太郎、室生犀星、宮沢賢治などの文語体の作品にふれ、出題パターンをつかめば点数はとれる。

「短歌・俳句」は、まず季節感をつかめ！

短歌と俳句では、表現上の約束ごとをつかむこと。短歌や俳句には音数の制限があり、それを形式のうえから「定型」という。これは「かたち」をわざと不自由にすることによって、かえって表現内容を深めようという「ことばの技法」なのだ。

短歌の「句切れ」とは、その短歌の調子や意味上の切れめのことで、そこが感動の急所になる。また、歌調に影響を与える五七調、七五調のちがいも重要だ。表現方法には、比喩《ひゆ》法、倒置法、体言止め、反復法などがあるが、詩の技巧とからめて整理するといい。古典の和歌での技巧に枕詞《まくらことば》や掛け詞があるが、それも比較しながら覚えておくと有利になる。

俳句では、まず「季語」をマークする。一句のなかにかならず使われる約束だが、陰暦での季節をあらわすので注意しておきたい。また、「や・かな・けり」などの切れ字がくると、そこが感動の集中されるところになる。

この短歌と俳句も、出題パターンに慣れることが大事だ。言葉で表現されていることのほかに、背後の世界まで読みとることを要求されるので、解答のしかたを身につけておきたい。

「古文」は、説話と随筆を押さえれば万全だ！

古文では文法がカギになると、前項で強調しておいた。その出題ジャンルは説話や随筆などの散文がほとんどだが、和歌や俳諧、川柳などの韻文《いんぶん》について論じたりする現代文が出題されることもあるので、それらの修辞法や代表的な作者などの知識も整理しておきたい。

繰り返しになるが、歴史的かなづかいと現代かなづかいとの書きかえ、文語と現代語との語彙のちがい、現代語と意味のちがう古語、文語と現代語での助詞のちがい、古典和歌の表現技法、係り結びの法則、旧暦の月の呼びかた、などをしっかり覚えること。また、省略されている主語を指摘させる問題があるが、全体の流れをつかんで素直に考えればいいだろう。

説話の一般的なスタイルは、前半で他人から聞いた話が紹介され、後半では、その話から導いた（仏教的な）教訓や筆者の感想などが述べられる。この二段階の記述形式はテストに出題するのにぴったりなので、そっくりそのまま設問にされることが多い。

前半の「人から聞いた話のまとめ」か、または後半の「教訓や筆者の意見のまとめ」か、そのどちらかがポイントになる。出題パターンを覚えてしまうと、あとはそれの変形にすぎないので、仏教くさい結語もふくめて、やはり慣れることが最大の武器になる。

随筆では筆者のものの考えかたをつかむことがカギになるが、公立校レベルでは『枕草子』の清少納言、『方丈記』の鴨長明、『徒然草』の吉田兼好をマークすれば十分だろう。歴史の勉強をかねて、その時代背景、社会的な身分、宗教のありかたなどを押さえておきたい。

たとえば、『方丈記』と『徒然草』の作者にはかつての王朝時代（奈良・平安のころ）への過去指向があるが、鴨長明は鎌倉初期の人だし、吉田兼好はさらに百年ほどのちの南北朝の人だ。王朝人の清少納言とちがって、彼らには戦乱のなかに非情な人間ドラマを見たうえで無常観にたどりついたという共通点がある。そのリアルな切り口が急所のひとつだろう。

「漢文」は、読むルールに慣れるだけで十分だ！

返り点の符号は、漢文を訓読するために、漢字の左下隅につけて下から上へ返って読むことを示す。「レ」はすぐ下の字から一字返る、「一・二・三」、「上・中・下」、などはその順序に上に返って読む。また「未だ〜せず」などの独特な表現と意味を理解しておくこと。

漢詩自体はあまり出題されないが、漢詩についての説明文などは出題される。私立や国立校での出題が目立つので、五言《ごん》絶句・七言《ごん》絶句の有名なものに目を通しておきたい。李白《りはく》・杜《と》甫《ほ》・王維《おうい》の盛唐三大詩人に、孟浩然《もうこうねん》を加えた唐代の詩人をマークすればいいだろう。

第5章
社会の成績を伸ばす、ムダのない勉強法

社会は、覚えこみ優先で常識化すると実力アップ

三つの学習分野をきちんと視野に入れておこう！

社会は、「地理的分野」「歴史的分野」「公民的分野」の三つで構成される。一、二年生で地理的分野と歴史的分野を並行して学習したうえで、三年生で公民的分野をやる。

地理的分野は、①世界と日本の地域構成、②地域の規模に応じた調査、③世界と比べてみた日本、が柱になる。国土の特色を世界と比較してとらえ、国内地域の特色をつかむなど、地理についての調べかたや学びかたを身につけることが重視されている。

歴史的分野は、①歴史の流れと地域の歴史、②古代までの日本、③中世の日本、④近世の日本、⑤近現代の日本と世界、が柱だ。世界の歴史を背景にしながら、わが国の歴史を理解し、歴史についての調べかたや学びかたを身につける、とされる。

最後の公民的分野は、①現代社会と私たちの生活、②国民生活と経済、③現代の民主政治とこれからの社会、が柱になる。内容を、過去、現在、未来という時間軸にそって、個人と社会とのかかわりに目を開くことが重要とされる。ただし、国際政治や国際経済などの高度になり

がちなものは高校公民科へ移行された。

公民的分野以外、学習内容は私たちの中学生のころとほとんど同じだ。各分野の項目分けが少し変わったほか、「学びかたや調べかたを学ぶ」「知識のつめこみにかたよらない」「三分野を関連づける」など、学習姿勢や方向に手が加えられたところが相違点といえる。

一年生のころから三年間のカリキュラムを視野に入れておくのが理想だが、「やって初めてわかる」のが実情だろうから、一、二年生は現在の授業に集中するだけでいい。受験をひかえた三年生がいちばん問題になるので、以下では三年生のやりかたを中心に考えていく。

「社会が苦手だという人は暗記を嫌っているからだ。そんな逃げ腰を直さなければ、点数がとれるようにはならない。誰だって覚えるために苦労しているのだから、他人以上の努力をしなければ頭になど入らない――ということを自覚すべきだ」

こう語るのは、東京都内の公立中学～都立国立高校出身のＭ・Ｋ君だ。耳が痛いかもしれないが、覚えるものをしっかり頭に入れる！　これが社会を得意科目にする唯一の道だ。

二学期からは、実力テストを暗記スケジュールの柱にしろ！

よく「知識のつめこみにかたよらないように」といわれるが、覚えるためには「つめこむ」以外に方法はない。ただし、覚える時期や覚えかたは、自分なりにくふうすべきだ。

たとえば、学習順序にそって、地理・歴史から始めて公民にとりかかるのもいいが、記憶の新しい公民を覚えてしまってから、地理・歴史にさかのぼるのも悪くない。そのほうが「いま」の授業がよくわかるし、テストでも高い点数がとれる。

理想のスケジュールをいっておくと、夏休みまでに地理・歴史をひととおり終わらせ、一学期でやった公民も覚えてしまうのがいい。そのうえで秋からの一ヵ月ごとの重点を、たとえば九月は地理を中心に、十月は歴史を中心に、十一月は公民を中心にやるのだ。

夏休みまでにいったん終わらせるのがコツだが、それが達成できていない場合は、さらにくふうする必要がある。九月から一ヵ月ごとに地理、歴史、公民と覚えこんでいくのは同じでいいが、そこに実力テストの日程を組みこむこと。社会はコマ切れよりもドカン型が有効なので、まとまった時間をかけなければならない。だが、実力テストは待ってくれない。

その月の予定にこだわりすぎるとテストで点数がとれなくなるので、発想を変えて「実力テストの日程から勉強の進度と範囲を逆算する」のが正解だろう。目先のテストでいい点数をとるために直前に全分野の覚えこみに力を入れ、終わればもとの一ヵ月単位のやりかたに戻すのだ。すると、テストでの調子ぐあいから、覚えこみの効果を判定することもできる。

誰でも努力しているのだから、「まだその範囲は整理できていないから、点数がとれなくてもしかたがない」などと泣きごとをいっていたのではまずい。そんなことでは時間切れになる出題予想のヤマカン作戦も実戦の得点力を育てる！

おそれがあるので、十二月ごろにパニックになる危険性も出てくる。

実力テストに向けて全体を復習し、テスト後には自分の弱点をチェックしながら、出題内容と解答を覚える。それで万全だ。もちろん、テストごとにヤマを張るのもいいだろう。

覚えかたのコツは、何と何を結びつけ、どう関連づけて記憶するかにある。歴史では、聖徳太子↓法隆寺↓釈迦三尊像↓十七条の憲法↓冠位十二階↓遣隋使↓小野妹子などを、地図や写真、絵などの資料といっしょにブロックにまとめ、全体を一気に焼きつける。ひとつひとつ覚えるのではなくて、聖徳太子を中心にした小宇宙をイメージするのだ。

地理の気候型では、北海道式↓太平洋岸式↓日本海岸式↓中央高地式↓瀬戸内式↓南西諸島

式などを、地図や気候グラフ、写真、都市名などを用いて全体のイメージをつかむ。大ざっぱな地図を描き、グラフの特徴を描き、声に出し、目で追う。目、手、耳、口を活用すると効率よく覚えられるのは、英語や国語と同じだ。

短期で実力アップをねらうなら「問題集」から攻めろ!

夏休みに社会に手をつけられなかった人は、二学期からすぐ問題集にとりかかりたい。問題をどんどん解きながら、まちがえたところはすぐ解答を見て、その場で暗記すればいい。だが、それだけではブロックにまとめる覚えかたとしては不十分なので、教科書を活用したい。

教科書ほど、うまく整理されたものはない。文章は適切にまとめてあるし、絵や写真、図表なども豊富なので、問題集と照らし合わせながら、集中して読む。欄外の注も見落とさない。自分の記憶のどこかにひっかかるよう、あらゆる資料を活用すればいいのだ。

その点、参考書はあまり役に立たない。先輩たちの多くは、「参考書は使う必要はないが、もし使うのなら高校生用のものがいい」といっている。地図帳も高校生用のものがいい。また、学校で使っているのとはちがう教科書をもう一冊そろえるのも有効だ。

教科書は、重要な人名や事項などを蛍光ペンでマークして、そこが空欄になって出題されたと仮定しながら読み進める。少し角度を変えられると正解できないことがある。そんな盲点を生まないために、別の教科書での説明のしかたをチェックする。さらに問題集のなかから少しヒネッた問題を選んで解いておくと、出題パターンはつかめてしまう。

「問題集は『学研のマイコーチ』シリーズをやった。穴埋め式で、しつこいくらい同じ用語や人名を入れさせるので、最高の問題集だった」と語るのは、前のほうで〝暗記のすすめ〟を説いてくれた東京都内の公立中学～都立国立高校出身のM・K君だ。

先生が授業で配布してくれたプリントも役に立つ。要点がまとめてあるので、一、二年生の地理と歴史のプリントをファイルしてあれば、それを何度も繰り返して復習する。また、定期テストの問題用紙と答案も活用したい。いつも似たようなところしか出題されないことに気づけばしめたものだ。

実際の入試でも、似たところからしか出題されない。せいぜい時の話題になっている人物名、地方名、海外諸国名、産業などが新しく加えられるだけなので、基本知識で正解できる。

テストの解答用紙やプリントが手もとに残っていない場合は、すでにハンディを背負っていると考えてもらいたい。問題集と教科書とのセット学習でやれば十分ではあるが、「遅れは絶対に取り戻す！」という固い決意をもって挑戦しないと、痛い目を見ることになる。

ただし、忘れているからといってアセらないこと。その場で覚えていけばいいのだから、腰を落ち着けて取り組んでほしい。

そのつぎは、過去五年間ほどの入試問題をかならず解いておくこと。設問形式に慣れ、解答するコツを覚えてしまいたい。同じような問題が、ちょっと視点を変えて出題されるだけなのだから、やるかやらないかで結果がまるでちがってくる。俗に「電話帳」と呼ばれる前年度の『全国高校入試問題正解』をこなすと、もっと分厚い実力がつくのはまちがいない。

ひととおり終えると、今度はここが出るぞ！　という予想ができるようになる。設問にはこう答えてやろう、とシミュレーションしてみるのも楽しい。やるときはドカン型で二〜三時間ほどかけると、達成感と充実感が味わえる。ブロックにまとめた暗記を徹底させれば、かならず点数をとる力がつくので、気合いを入れてがんばってほしい。

教科書は手アカで汚れるまで読みこなせ！

ここでもう一度、教科書の使いかたを考えておきたい。教科書からスタートして、問題集を解き、地図や資料などを読み、ふたたび教科書にもどって知識を固めるというサイクルが有効なのだ。どの先輩も、そうしたやりかたを通している。

「教科書は基本なので、頭から終わりまでいったん通読してから、本当にわかるまで繰り返して読むようにした。そのうえで細部を程度の高い参考書や百科事典で調べた」

この意見は、とくに歴史に当てはまるだろう。教科書の文章は適切にまとめてあるので、人物や事件についての記述がわかりにくい場合がある。人物と人物とを関連づけたほうが覚えやすいので、よりくわしく高度な知識を求めるのはまったく正しい。

「教科書のなかでも、とくにゴジック体で印刷してあるのは絶対に重要なところなので、何よりも優先して覚えるようにした」

これは本文中のゴジック体（太い字）の事項をいうが、各章の終わりの〝まとめ〟にも当てはまる。蛍光ペンでマークするまでもなく、そこが出題される急所なのだ。

「教科書の重要事項にアンダーラインを引き、問題集などから拾った、少し角度を変えた情報などを書きこんだ。自分だけの教科書なのだから、汚れてボロボロになるまで使った」

これは、教科書を整理ノートにつくり変えるやりかただ。実力テストなどからの知識を書き加えていけば、入試直前の整理にものすごく役に立つだろう。

「もちろん教科書はじっくり読んだが、それ以上に歴史や地理の資料集をていねいに読むようにした。教科書ではあっさり書いてあって理解しにくいところが、よくわかった」

このやりかたは、大学受験にも応用できる。教科書の文章は適切ではあるが、むずかしいことをやさしく述べようとして、かえって理解がつながらなくなる欠点がある。それを補うのは、君たち自身だ。多くの先輩たちが「教科書は読んでもわかりにくかった」といっているのだから、資料集のほかに、別の教科書を用意して比較しながら読むのもいいだろう。

地理には地図帳が欠かせないし、歴史では年表と資料集は欠かせない。公民ではニュースを報道する新聞やテレビからの知識が欠かせない。これらをミックスして知識を仕入れたあと、ふたたび教科書に返って、重要度の順位にしたがって覚えていけばいい。

公立校を志望する人は、「教科書が原点だ。全ページの重要な情報が頭に入っていれば、入試の準備でほかにやることはない」というB・K君の意見を参考にしてほしい。彼は、長崎県の公立中学〜県立島原高校の出身だった。

目・手・口・耳を総動員して連想力を高めろ!

地図や絵、写真、グラフなどをブロックにまとめて覚えるのが効果的である理由は、事実と事実、人物と人物の関係などをきちんと理解しておくと、すぐ思い出せなくても、少し時間をかければピンと連想がはたらくところにある。暗記を連想ゲームに仕立てればいいのだ。

連想がきくようになるまでは、「ブロックの内容すべてをひたすら紙に書く、声を出して耳から覚える、表にしていつも目にする、何度も繰り返す」——これ以外に簡単な方法があったら、私たちのほうが教えてもらいたいくらいだ。

「出題されているのは、大規模農業の写真の横に書いてあった内容らしい。えーと、それは前の部分と関連しているから、わかった! 答えはこれだ」という推理力も大切だ。

連想力を高めてブロックで関連づけて覚えこめ！

教科書の写真や図版を、ただながめて終わりにするのはもったいない。どんな人物や風景が写っているか、どんな図柄だったか、というささいな記憶が糸口になって、ブロックにして覚えこんだものを一気にたぐり寄せることも可能だからだ。ドラマの名探偵は相手の特有なクセはもちろん、一片の残留物も見のがさない。それが犯人を特定するカギだからだろう。

歴史の年号は、重要なものをきちんと覚えたい。年号はよく出題されるからでもあるが、区切りになる年号の記憶がグラつくと、ほかの歴史的な事項の前後関係までおかしくなる。ゴロ合わせでも何でもいいから記憶してしまう。すると、頭のなかがスーッと整理される。

とくに平安遷都、鎌倉幕府の開始、建武の新政、室町幕府の滅亡、関ヶ原の役、明治改元などが重要だ。まず時代の流れをヨコに切断してから、その区切りの内部を埋めていく。ひとつの時代をブロックにしてつかむと、前後がごっちゃにならなくなるはずだ。

私たちのころの定番は、「鳴くよううぐいす平安京」とか「いい国をつくろう鎌倉幕府」などだったが、市販の暗記用テキストにはかえって覚えづらいものがあるので、自分で創作するか、塾の先生や身近な先輩たちに相談して、定評のあるテキストを教えてもらうといい。

地理のほうはコジツケでいいから、何がなんでも頭に入れることが先決だ。ただし、地図や気候図、産業分布図などと結びつけないと、実際に使えない場合がある。また、サッポロやナハと覚えても、札幌・那覇と書けないようでは点数につながらない。

自分で考案した暗記法が最強の武器になる！

小学校の低学年で、日本の最北から最南までのJR線の駅名を覚えてしまった子供がいるらしい。鉄道ファン恐るべし！　というところだが、これを見習って自分の興味のあるジャンルのものにコジつけるのも方法だ。高校野球ファンだと各県名や地名にくわしくなれるし、アメリカのメジャー・リーグに強くなれば各州の有名な都市名など覚えてしまえる。

航空ファンだと、世界を股に想像力をはばたかせればいい。たとえば南半球のブラジルに行くには、JALやANAの航空路で途中まで飛び、つぎは外国籍の航空機に乗りかえる。キイになる空港を押さえていくだけで、地球を手玉にとったような気分を味わいながら、その地名や使用言語、気候の型、特産物などを覚えることができる。

食卓にもいろいろなヒントがある。ジャガイモやトウガラシは南米のアンデス山脈地帯が原産地とされるし、トウモロコシも南米あるいは北米が原産地らしい。コーヒーは中南米を中心にアフリカなどから、バナナは中南米のほかにフィリピンからも輸入される。冬から春先にかけてのカボチャは南半球のニュージーランドから輸入されている。これらの諸国に実る野菜や果実を想像しながら、首都の名称を覚えていくのも、ブロックにまとめるやりかただ。

公民では、憲法がカギになる。英文から翻訳したものなので文章にクセがあるが、前文から取り組んで独特ないいまわしを覚えてしまうと、一生の財産にできる。三権分立、各裁判所の関係、国連の仕組みなどは、図解をそっくり描いているうちに頭に入る。

「社会は、試験前の気合いで覚えた。一夜漬けが最高のやりかただが、まず夜中に一度やってしまい、最低でも二時間ほど眠ったあと、早朝に起きてすぐ復習するのがコツだ。こうして覚えると試験のあとになってても忘れないので、ずっとそれで通した」

こう語るのは、私立桐蔭学園中学～高校出身のK・Y君だ。君たちの体質や環境はそれぞれちがうので、彼のやりかたがすぐ応用できるわけではない。だが、体調と相談しながら、一度はためしてみても損はない。

「地理」の点数を伸ばす基本は、地図の活用にあり

地理に強くなると、他分野の基礎も固まる！

三年生の場合は、いま学習中の公民から本格的な整理をはじめてもいいのだが、地理についての最低限の知識がないと苦しい。せめて自然条件や国名、都市名などが頭に入っていないと、政治や経済、社会生活などを関連づける以前のところでつまずいてしまう。

その逆に、地理に強いと、歴史や公民がスムーズに覚えられる。ここで一、二年生に忠告しておくと、地理を得意分野にすると、歴史的な出来事の舞台がよくわかるので興味がもてるようになるし、国際問題や産業型の格差などもわかりやすい。つまり、社会科全体のカギは地理がにぎっている——ということを忘れないでほしい。

すでに三年生なのに地理がまるで弱い、しかも公民優先ですすめてテストで結果を出したいというのであれば、地名や国名が出るたびに地図帳でチェックするなど、地理の内容を並行してやるしかない。ただし、近いうちに地理をドカン型でまとめる月間を設定して、一気に点数がとれる力を身につけること。その地理力は、かならず公民と歴史を押し上げる。

地理では、やはり地図が基本だ。日本地図でいうと、列島全体を大まかに描き、主要な山脈や河川、湾や湖沼、平野や盆地、鉄道と道路網、県庁所在地、主要な空港、工業地帯などを記入できて当たり前だろう。火山脈、海流や季節風の向き、台風の通路などを加え、気候型のちがいを説明できるようであれば、ひとまず及第点だ。

そのうえで、農産物や工業製品別の白地図を作成するといい。都道府県境が記入されたものが多いが、そんな境界は自分でも引けるようにしたい。白地図はきれいに描くだけでは意味がない。美術の宿題ではないのだから、手と目に焼きつけて覚えてこそ価値がある。

ある先輩は、「教科書に出てくる気候や産業の地図を、見ないでも完全に描けるように、何度もノートに練習した。覚えるのが先決なので、乱雑になるのは気にしなかった」と語っている。たとえば、瀬戸内気候と内陸気候はともに夏に雨が少ないが、前者は冬に暖かく、後者の冬は寒冷というちがいがある。降水量・気温のグラフを覚えてしまえば一発でわかる。

ほかの先輩は、「学校では授業中に覚えてしまうようにして、その知識をふだんの生活のなかで反復練習するのがいちばん効果的だ。新聞やテレビで地名が出てきたら、すぐその場で地図を開いて調べるのを習慣にするといい」と語っている。

また、「地図帳のなかからエロマンゴ島などという〝バカみたいな地名〟を探し出して覚えているうちに、いろいろな地名が頭に入ってしまった」という先輩もいる。ちなみにエロマンゴ（Erromango）島というのは、オーストラリア東方海域の、ニューカレドニア島の北東の小さな島だ。国名はバヌアツ（Vanuatu）。何を連想しようと、覚えたほうが勝ちなのだ。

「世界の諸国」は、基本事項に時事問題をからめて整理しろ！

以下では、高校入試によく出題されるものを整理していこう。「世界と日本の地域構成」と「地域の規模に応じた調査」を、わかりやすいように以下の項目に分けて考える。

①「世界と日本の自然」では、地球の水陸面積比、世界の時刻、世界地図の種類、世界の気候区、日本の国土、地形図の読図などがポイントだ。とくに世界地図と世界の気候、気候グラフ、日本の自然、地形図の読図あたりが好んで出題される。

世界地図のうち、メルカトル図法は地図上の角度をはかると進路が決まるので海図に用いられる。ただし、図法上で2点を結ぶ直線は、その2点が同一経線上のときと、ともに赤道上にあるときを除いて、最短距離とはならない。また、正距《せいきょ》方位図法は図の中心からの方位と距離が正しいので航空図に用いられる。二つの図法を比較して覚えること。

世界の気候では5つの気候区をつかみ、ヨーロッパ・アルプスとヒマラヤ山系、海流、大陸棚と海溝、偏西風と季節風なども押さえる。それらの地形などの影響が降雨量や植物分布、土壌のちがいをもたらすのだから、気候グラフと関連づけて覚えたい。

「世界と日本の自然」のポイント

1）世界の5気候区……北半球と南半球では季節が逆になる

［熱帯］

- 熱帯雨林気候……高温多雨、密林
- サバナ気候……雨季と乾季、草原

［温帯］

- 温暖湿潤気候……大陸東岸、季節風
- 西岸海洋性気候……偏西風
- 地中海性気候……夏乾燥、冬降雨

［乾燥帯］

- 砂漠気候……少ない降水量
- ステップ気候……短草草原

［冷帯（亜寒帯）］

- 大陸性気候……タイガ、林産資源

［寒帯］

- ツンドラ気候……氷雪、コケ類

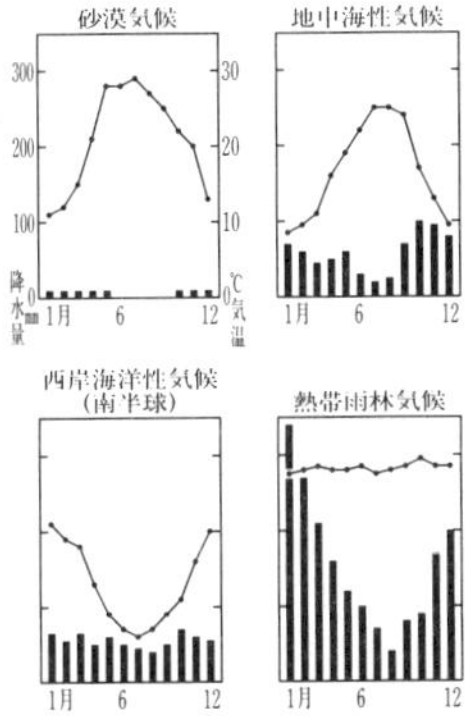

＊偏西風と季節風（モンスーン）の影響→北半球の大陸西岸：北上する暖流上を偏西風が吹くので、高緯度のわりに温暖。北半球の大陸東岸：夏と冬で季節風の向きが変わり、夏に高温多湿、冬に乾燥。

2）日本の6気候区……各地の農業や産業構造も関連させて整理する

［太平洋型］

- 夏多雨、冬乾燥

［瀬戸内］

- 温和で雨が少ない

［内陸］

- 気温の年較差大、少雨

［日本海型］

- 冬に多雪

［北海道型］

- 少雨で寒冷、梅雨がない

［南西諸島型］

- 温暖多雨

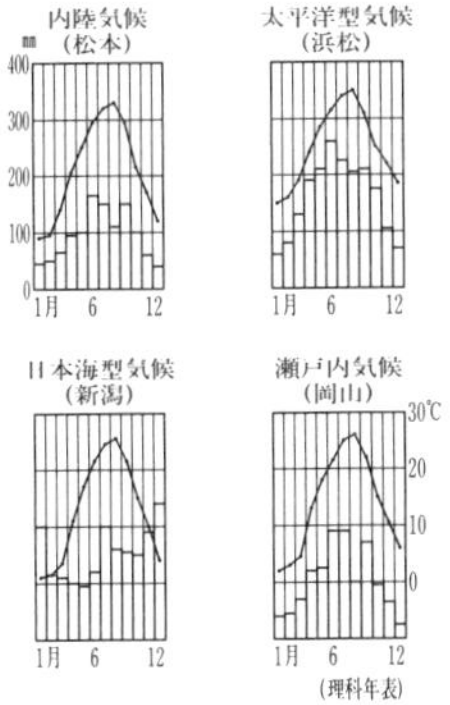

（理科年表）

②「アジア・アフリカ」では、東アジア、東南アジア、南アジア、西アジア、北アフリカ、中・南アフリカの国々がポイントだ。とくにアジアの産業、アフリカの自然と産業、などがよく出題されるので、それぞれの諸国の地理的特質と関連させて覚えること。

中国、二つの朝鮮などを中心に、インドとパキスタン、アフガニスタンとの緊張関係、紛争の火種をかかえる石油供給地＝西アジアなどが、日本の貿易とからんで出題される。台湾問題、香港の特殊な地位、華僑の力なども要チェックだ。また、南アフリカ共和国のケープタウン一帯は地中海性気候であることが盲点になりやすいので注意する。

③「ヨーロッパ・独立国家共同体」では、西ヨーロッパ、東ヨーロッパ、旧ソ連圏に分けて整理する。ヨーロッパ北西部の気候と海流・偏西風の関係、南ヨーロッパの地中海性気候の特徴などの地理的特質を押さえ、EC（ヨーロッパ共同体）からEU（欧州連合）への移行と新通貨ユーロ、旧ソ連からバルト三国と独立国家共同体（CIS）への移行、などを整理する。

東ヨーロッパでは、旧ソ連が主導していたコメコン（経済相互援助会議）が解体し、旧ユーゴスラビアは民族的な紛争が絶えない。わが国との関連はあまり強くないが、サラエボは第一次大戦の発端となった事件の舞台であり、かつて冬期オリンピックが開催されたこともある。ニュースなどに注意して、地図で場所を確定できるようにしておきたい。

また、北緯40度線は日本の盛岡・秋田を通過し、ヨーロッパではリスボン、マドリード、トルコのアンカラ、中国の北京《ペキン》、アメリカ合衆国のサンフランシスコ北方、ニューヨーク付近をそれぞれ通過する。気候型や気温のちがいと関連づけて覚えてしまいたい。

④「アングロアメリカ」とはアメリカ合衆国とカナダのこと。アメリカ合衆国の資源と農業地域、五大湖沿岸の工業などがポイントだ。とくに農業地域区分図がよく出題されるので、綿花地帯・冬小麦地帯・とうもろこし地帯を軸に、酪農地帯・春小麦地帯を押さえ、西海岸の地中海式農業とフロリダ半島中心の亜熱帯作物地帯をつかんでおきたい。

また、スペリオル湖近くのメサビ鉄山、ハイテク産業、日米の同盟関係と貿易摩擦、カナダ東海岸の水産業なども押さえておこう。

⑤「ラテンアメリカ・オセアニア」では、メキシコ以南のラテンアメリカの地形と気候、中部アメリカの国々、南アメリカの資源と産物、オーストラリアの地形と気候・日本との貿易などがポイントだ。とくにオーストラリアをマークして、中央部の大鑽井《さんせい》盆地、世界最大の牧羊国、ほりぬき井戸、鉄鉱石や石炭を日本へ輸出、などを整理する。

日本地理は地域ごとの特徴をブロックにして覚えろ！

日本の地理でも、地形と気候のちがいがポイントだ。地形図や雨温図（降水量と気温）をもとに整理したい。地理的特質は産業の立地条件にからむので、主要な工業地帯、人口の太平洋ベルトへの集中、都市化と過疎化、地域による農業のちがい、伝統産業などと関連づける。

また、東北地方太平洋岸の冷害（やませ）や日本海側の冬の降雪などと海流の影響、シラス台地と災害、台風の影響なども押さえておきたい。以下の項目に分けて考えていこう。
①「九州・中国・四国地方」では、北九州と瀬戸内の工業地帯、宮崎や高知の野菜の促成栽培などを整理し、近郊農業と遠郊農業、干拓、公害、赤潮、沿岸漁業・沖合漁業と遠洋漁業、養殖・栽培漁業、などの用語をチェックしておく。
②「近畿・中部地方」では、阪神と中京工業地帯、東海と北陸工業地域、中央高地の工業などを押さえ、和歌山のみかん、吉野や熊野地方・木曽の林業、山梨の桃やぶどう、長野のりんごや高原野菜、静岡のお茶とみかん、北陸地帯の米の単作などを整理する。
また、関西新空港、若狭湾の原子力発電所、東海地方の用水名、輪中、早場米、休耕田、ダム工事と治水、森林の保護など、時事にからめた用語もまとめておく。
③「関東・東北・北海道地方」では、関東平野の特色と農業、京浜と京葉工業地帯、鹿島臨海工業地域、筑波研究学園都市、東北地方の気候と農業・水産業、北海道の気候と農牧業、北洋漁業、北方の領海問題などがポイントだ。
また、印刷や出版、通信などの情報産業、さらには政府機関が集中する東京周辺部の特徴をマークし、人口のドーナツ化現象、遠距離通勤、政令指定都市、交通や環境問題、公害や産業

「世界と比べてみた日本」のポイント

1）日本の貿易……原料や燃料を輸入↔工業製品を輸出（加工貿易）

・輸出品→機械類、自動車、精密機械、鉄鋼、船舶、繊維品。

（第２次大戦前は繊維品などの軽工業品が中心）

・輸入品→鉱物性燃料（石油・石炭・液化石油ガスなど）、原料品（繊維原料・金属原料・木材など）、食糧。

・貿易相手国→アメリカ合衆国、オーストラリア、サウジアラビア、アラブ首長国連邦、中国、カナダ、大韓民国など。

＊最大の貿易相手国アメリカ→地形、気候区分、農業地域区分、鉱工業の特徴、工場地帯などを整理する。

2）日本の食糧問題

・専業農家の減少→第２種兼業農家の増加、集約的農業と低生産性。

・自給率の低下→とうもろこし、小麦、大豆、家畜飼料などの輸入。

（耕地は国土の約７分の１：自給→米、野菜、卵ぐらい）

・水産業と漁場→世界有数の漁獲高と輸入高、漁場と漁業の制限。

（輸入品→えび、さけ・ます、まぐろ、かに、うなぎ、たこ）

3）日本の資源問題

・エネルギー資源→石炭から石油への転換、石油はほとんど輸入。

（液化石油ガスや原子力資源も輸入依存）

・原料資源→鉄鉱石や銅などの鉱産資源、木材なども大量に輸入。

（ボーキサイト、綿花、羊毛は100％輸入）

4）日本の環境問題

・公害病→有機水銀（水俣病・新潟水俣病）、カドミウム（富山イタイイタイ病）、大気汚染（四日市ぜんそく）など。

・地球環境危機→酸性雨、フロンガスによるオゾン層の破壊、産業廃棄ガス（二酸化炭素）等による温暖化など。

5）日本の伝統産業

・南部鉄器、秩父めいせん、輪島塗、高山の春慶塗、美濃和紙、瀬戸の陶磁器、西陣織、丹後ちりめん、備前焼、久留米がすり、有田焼など。

廃棄物などを整理する。

東北・北海道では、気候条件と農業の特色がよく出題される。リアス式海岸、泥炭地帯、開拓と屯田兵《とんでんへい》、根釧《こんせん》台地とパイロットファーム、水産資源の国際摩擦、北方四島、二〇〇カイリ問題と貿易などをまとめ、漁業問題でのロシアとの関係もチェックしておく。

最後の「世界と比べてみた日本」では、世界の貿易の構造、日本の貿易相手国と輸入品、日本の人口問題、日本の食糧問題、日本の資源問題、日本の環境問題などがポイントだ。

世界の貿易では、第一次産品を輸出する発展途上国と、加工貿易を主にする先進諸国との経済格差が南北問題となっていることを押さえる。ただし、アメリカ合衆国やオーストラリアは原料・食糧の輸出も多いし、農業大国フランスは食糧を輸出している。

日本の貿易では、第二次大戦の前後での貿易品目のちがいを整理してから、現在の加工貿易の相手国をまとめる。おもな輸入品と輸入先を、原油、石炭、鉄鉱石、天然ガスなどに分けて相手国名を覚えてしまう。また、自動車やハイテク製品をめぐる国際競争、産油国との関係、新しい油田開発なども視野に入れておく。

人口問題では産業別人口の変移、食糧問題では専業農家の減少と食糧自給率の低下、資源問題ではまったく輸入に依存する石油、環境問題では公害の発生と公害病などを押さえたい。

「歴史」は、得意な時代を軸に人物中心で押さえろ

問題集→教科書という逆のやりかたでムダをはぶけ！

歴史では時代の流れや人物間の出来事をつかむことが基本だが、「歴史物語などを読んで、ひとつ得意な時代をつくってしまえば楽になる」というＮ・Ｎ君の意見を参考にしたい。たとえば、よく出題される江戸時代を得意にして「スパッと輪切りにして時代を見る目をつくる」と、それ以前の室町時代と戦国の世がよく見えてくるし、それ以降の明治時代の新しさもよくわかる。このＮ・Ｎ君は茨城県の公立中学〜県立土浦第一高校の出身だったね。

また、マンガの「日本の歴史」などを一気に読みとおすのもいい。年表と教科書をチェックしながら人物本位のドラマを楽しんでいくと、なぜ平安末に武士が台頭したのか、室町末になぜ戦乱が起きたのか、戦国時代の勝者・家康はなぜ江戸に幕府を開いたのか、なぜ幕末に動乱が起きたかなど、歴史のカギである「なぜ？」が時間系列で整理できてしまう。

先輩たちは、「ある人物のエピソードから入ったほうが覚えやすい。人物の意外な一面などを知ると、つぎの好奇心がわいてくる」とか「タイムマシンに乗ったつもりでやれば楽しい」

などと語っている。『日本史探訪』とか『日本の歴史』といった一般向けの本を読むのもいいが、興味のレベルにとどまったのでは意味がない。「先生から与えられたプリントを整理しておいて、定期テストの前にドカーンとやる」と語ってくれた先輩を見習って、せっかくの知識をテストで得点できる力に育ててやらなければもったいない。

ある先輩は、「教科書を読んだだけでは重要なポイントがつかみにくいし、ちっとも頭に入らないので、ひたすら問題集をやって危機意識をかきたてた。問題集には重要なところしか出ないので、ムダな時間がはぶけた」という。この考えに、私たちは賛成する。

一般向けの本を読むのもマンガを読むのも、すべて点数をとるための下地づくりと割りきること。いろいろな知識を役立てながら、教科書をひととおり終えてしまう。つぎに問題集をやってみて、解けない問題にぶち当たったところで、また教科書にもどるやりかたでいい。

ある程度の知識があるならもっと極端でもいい。教科書を斜め読みですませておいて、すぐ問題集をやる。重要なポイントがしぼられているので、それらの事項を関連づけて暗記していく。実戦で点数をとる力にこだわると、かえってムダをはぶくことができるのだ。

大きな流れのなかで弱点をチェックしておこう!

歴史は「歴史の流れと地域の歴史」「古代までの日本」「中世の日本」「近世の日本」「近現代

の日本と世界」の順になるが、過去の出題傾向にそって以下の六項目に分けた。
①「文明のおこりと古代日本」では、オリエント文明、メソポタミア文明、ギリシャ・ローマの文化、インドの文明、古代中国など、世界の流れをまとめてから古代日本の成り立ちへと移る。四世紀末の大和朝廷による統一以前では、岩宿《いわじゅく》遺跡、中国の古代書の名称、漢の皇帝からの金印、邪馬台国《やまたいこく》と卑弥呼《ひみこ》など。大和朝廷以降は、古墳文化、渡来人、聖徳太子の政治、飛鳥文化、大化の改新、大宝律令などをまとめる。
②「古代日本の移り変わり」では、平安時代までをあつかう。奈良時代（平城京）では、公地公民制のくずれ、聖武《しょうむ》天皇、遣唐使、天平文化など。平安時代（平安京）では、桓武《かんむ》天皇、荘園の発達、藤原氏の摂関政治、国風文化、新しい仏教、武士のおこり、武士の成長、上皇による院政、平氏の政治と日宋貿易、源頼朝らの挙兵などがポイントになる。
歴史の流れをタテ割りとヨコ割りで押さえ、さらに時代ごとに比較する、これが整理するさいのコツだ。たとえば氏姓《しせい》制度、律令制度、摂関政治、院政など、政治分野をタテ割りでつかんだうえで、それぞれの中心人物や主要な政策を押さえていくと理解しやすい。

また、文化史や荘園制などのテーマごとのまとめや、奈良仏教と平安仏教のちがい、唐風《とうふう》文化と国風《こくふう》文化のちがい、かな文字と女流文学、源氏と平氏など、関連するものを比較しながら覚えるといい。問題集の出題パターンどおりに整理するのがベストなのだ。

さらには、寺院や仏像の写真、美術工芸品の写真、建築物の構造図、僧侶や政治的人物の画像、古代人の衣装などの資料にも強くなっておきたい。目で見る資料は時代が下がっても同じく重要なので、ほかと比較しながら、それぞれの特徴を焼きつけておきたい。

③「中世の日本・封建社会のはじまり」では、鎌倉幕府の開始、御恩《ごおん》と奉公《ほうこう》の封建制度、北条氏の執権政治、鎌倉文化、新しい仏教、モンゴル帝国と元寇《げんこう》、建武《けんむ》の新政、室町幕府の開始、室町文化、日明貿易、産業と経済の発達、民衆の成長、室町文化などがポイントだ。

ここでは三つのタテ割りが必要だ。第一は、鎌倉〜南北朝〜室町〜戦国時代へと流れる政治面でのもの。第二は、農業を中心とした産業の発達、歴史への民衆の登場という面のもの。第三は、素朴で力強い鎌倉文化〜室町の北山文化〜東山文化へと流れる文化面でのものだ。

鎌倉幕府は、将軍と御家人が土地をなかだちに御恩と奉公の主従関係をむすんだが、この封建制度とそれ以前の社会のしくみを、法律などを比較して整理する。また、素朴で力強い鎌倉文化と貴族中心の平安文化とのちがいを、文学、建築、美術、宗教などの面で押さえる。

室町時代では、分国法、守護《しゅご》大名の成長、下剋上《げこくじょう》、倭寇《わこう》と勘合《かんごう》貿易、座《ざ》や土倉《どそう》の発達、土《ど》一揆《いっき》などの政治経済面のほか、書院造り、茶の湯、能楽などの文化面も大事だ。この時代に日本文化と生活様式の基本ができあがったとされるので、画像や写真などをチェックしておく。

④「中世の日本・ヨーロッパの動き」では、日本へのヨーロッパ人の渡来、南蛮貿易、信

「日本の歴史」のポイント１

①聖徳太子の政治……推古天皇の摂政・天皇中心の中央集権国家追求

・６世紀末→冠位十二階、十七条の憲法、四天王寺・法隆寺の建立、飛鳥文化、遣隋使の派遣、小野妹子など。

②中大兄皇子・藤原鎌足……蘇我氏を倒す大化の改新・大宝律令

・７世紀半ば→中大兄皇子は公地公民、班田収受、租庸調の税制、国郡里などの制度を整え、都を大津に移し、天智天皇となる。

③聖武天皇・光明皇后……仏教で国家安泰を願う

・８世紀初め→元明天皇が奈良へ都を移す。口分田が不足し、三世一身の法、墾田永年私財法が施行され、荘園発達をまねく。

・８世紀半ば→聖武天皇は国分寺・国分尼寺・東大寺を建立。光明皇后は悲田院・施薬院をつくる。唐の影響を受けた天平文化。

④行基・鑑真……奈良時代の高僧たち

・８世紀半ば→生き仏といわれた行基は東大寺大仏造営に功。中国渡来の鑑真は律宗を伝え、東大寺戒壇院・唐招提寺を建立。

⑤最澄・空海……平安時代の新しい仏教

・９世紀初め→遣唐使として最澄・空海が入唐。最澄は天台宗を開いて延暦寺を建立。空海は真言宗を開いて金剛峰寺を建立。

⑥菅原道真と国風文化……大宰府へ配流・天満宮の天神さま

・894年→道真の意見で遣唐使が廃止され、国風文化の端緒に。

⑦藤原道長・藤原頼道……摂関政治と末法思想の流行

・10世紀→摂政道長は３代の天皇の外戚として実権をにぎり、息子頼道も栄華をきわめ、宇治に平等院鳳凰堂を建立。

⑧平清盛……おごる平家は久しからず

・1167年→清盛は武士として最初の太政大臣になり、一門を高位高官につけたが、平氏は18年後に壇の浦で滅亡。

⑨源頼朝……武士の棟梁・御恩と奉公の封建体制

・1192年→征夷大将軍となり鎌倉幕府を開くが三代で絶え、北条氏が実権をにぎる。執権時宗のときに元寇。

⑩法然・親鸞・栄西・道元・日蓮……鎌倉時代の新しい仏教

・1175年→法然が専修念仏をとなえ、浄土宗を開く。親鸞は浄土真宗、栄西は臨済宗、道元は曹洞宗、日蓮は日蓮宗を開く。

長・秀吉による天下統一、桃山文化、キリスト教とイスラム教の国々、イタリア発のルネサンス、宗教改革、新航路の発見、絶対王政、イギリスの市民革命、アメリカの独立、フランス革命、産業革命、ヨーロッパ列強のアジア進出などがポイントになる。

この時代を〝世界のなかの日本〟という視点で見ると、天下の覇者である織田信長や豊臣秀吉の革新性がよくわかる。各戦場での勝利も大切だが、彼らの商業や土地政策、宗教対策を中心にまとめると、つぎの江戸時代の特質がつかめる。

ヨーロッパの動きでは、ローマ法王による十字軍の呼びかけ、ルターとカルビンの宗教改革、コロンブスとバスコ＝ダ＝ガマによる新航路発見などを整理し、イギリスの清教徒革命と名誉革命、アメリカの独立宣言とワシントン、フランス革命とナポレオン、ドイツのビスマルク首相、アメリカ南北戦争と奴隷解放宣言などをまとめる。

これらの流れは、産業の発展と民主主義の前進によってもたらされたことを理解する。また、イギリスのインド支配や中国のアヘン戦争、フランスのインドシナ半島への進出、ロシアの南下政策なども押さえておきたい。

⑤「近世の日本・江戸時代」では、江戸幕府の開始、幕藩《ばくはん》体制のしくみ、武家諸法度《ぶけしょはっと》・参勤(覲)交代、貿易と鎖国、農民の統制と抵抗、株仲間、幕政の三大改革、元禄文化、化政文化、外国船の渡来、幕府財政の苦境などがポイントになる。

ここでは、三大改革の比較のほか、刀狩令や慶安《けいあん》のお触書《ふれがき》、綱吉の生類憐みの令、吉宗の公《く》事方御定書《じかたおさだめがき》などの文字資料や、千歯《せんば》こきなどの農具なども押さえたい。キリスト教関係では、セミナリオ、天正の少年使節、バテレン追放令、禁教令、キリシタン大名、島原の乱、幕末の異国船打払令などを、信長時代からの一連の流れとして整理するといい。

文化面では、上方中心の元禄文化と、江戸中心の化政文化を比較して整理するといい。学問では、儒学に対する国学と蘭学、杉田玄白らの『解体新書』、寺子屋の普及などを押さえる。

ヨーロッパで産業の発展が大きく社会を動かしたように、わが国でも大阪は「天下の台所」と呼ばれ、商人のなかには両替や金貸しによって大名をしのぐ財力をもつ者が出現した。田沼の株仲間への課税などは、豊かな商人を利用する政策だったことを理解しておきたい。

⑥「近現代の日本と世界」では幕末からの流れをつかみ、ペリーの来航、尊皇攘夷から討幕運動へ、大政奉還、明治維新、富国強兵などの諸政策、諸外国との外交、西南戦争、自由民権運動、政党の結成、大日本帝国憲法の発布などが前半のポイントだ。

よく出題されるのは、「明治維新」「殖産興業」「自由民権運動と憲法制定」「日清・日露戦争」「条約改正」「日本の産業革命」などだ。また、対中国・対朝鮮の政策も大事だ。そのほか、文明開化、鹿鳴館、官営工場の払い下げ、西洋近代思想の紹介、科学や美術、文学などに関連する人名も押さえておく。

後半は、外国との条約改正、日清戦争、日英同盟と日露戦争、中国の辛亥《しんがい》革命、近代産業の発達、第一次大戦、アジアの民族運動、日本経済と世界恐慌、大正デモクラシー、日中戦争、第二次大戦、戦後の日本と世界などがポイントになる。

ここでは、中国の五・四運動、朝鮮の三・一運動、米騒動、満州事変と五・一五事件、二・二六事件、ポツダム宣言、サンフランシスコ平和条約と日米安全保障条約などのカギになる事項を押さえ、国際連盟と国際連合のちがい、政党内閣の流れなども整理する。

とくに戦後の民主化をマークして、日本国憲法、日本の独立、朝鮮戦争、国際社会への復帰あたりをまとめる。そのほか、東西の冷戦、東独政府による「ベルリンの壁」の撤去、ソ連邦の崩壊、東欧の民主化、アラブやアフガニスタン情勢なども目を通しておきたい。

時代の流れにそった整理を終えたら、「政治・外交の歴史」「経済・社会の歴史」「文化の歴史」というテーマ別のまとめに入りたい。古代から現代までをタテ割りして覚えなければならないが、問題集で一気にまとめてしまうほうが効率がいいし、得点力も伸びるはずだ。

こうしたテーマ別の問題で点数がとれて初めて本物の力がついたといえるので、「社会が苦手というのは怠け者にすぎない。誰でもやればできる!」という先輩の意見を肝に銘じてがんばり抜いてほしい。

「日本の歴史」のポイント2

⑪ 後醍醐天皇……建武の新政・恩賞をめぐり公家と武家が対立

・1333年→北条氏が滅亡し、翌年、後醍醐天皇が新政。武士の不満を背景に足利尊氏が挙兵、室町幕府を開き、南北朝が対立。

⑫ 足利義政……戦火をよそに風雅な東山文化が花開く

・15世紀半ば→八代将軍義政は徳政令を乱発し、京都を戦場に応仁の乱。下剋上のなかで戦国大名が誕生し、全国的な騒乱。

⑬ 織田信長・豊臣秀吉……戦国の覇者と豪放な桃山文化

・1568年→信長は将軍義昭を奉じて入京、5年後に義昭を追放し、室町幕府滅亡。本能寺の変後、秀吉が覇権をにぎり、朝鮮を征するが、没。関ヶ原の役後、家康が天下に君臨する。

⑭ 徳川家康……江戸幕府を開き二百数十年の安康の基礎を築く

・1603年→家康、征夷大将軍に補任。三代家光はキリスト教を厳禁、さらに諸大名や庶民の統制を強める。

⑮ 徳川吉宗・松平定信・水野忠邦……江戸の三大改革

・18世紀前半→将軍吉宗は年貢を重くし、諸大名にも納米させて財政を再建。寛政年間の松平定信は倹約を命じ、風俗をとりしまる。天保の水野忠邦も改革をはかるが幕府は窮乏。

⑯ 本居宣長・杉田玄白……文化の主役は町人に

・18世紀後半→本居宣長や賀茂真淵らの国学盛ん。平賀源内も活躍し、杉田玄白や前野良沢らの「解体新書」が発刊。

⑰ 徳川慶喜・薩長土肥……最後の将軍と幕末動乱を主導した雄藩

・1853年→ペリー、艦隊を率いて浦賀に入港。井伊直弼による安政の大獄後、討幕運動が加速。将軍慶喜により大政奉還。

⑱ 伊藤博文……初代の内閣総理大臣

・1889年→ドイツ憲法を学んだ伊藤博文は内閣制度をつくり、大日本帝国憲法を枢密院で起草、発布。日清日露の戦役で列強入り。

⑲ 原敬……平民で初めての総理大臣

・1918年→米騒動で倒れた寺内内閣のあと、政党人中心の内閣。

⑳ 日本国憲法……第2次大戦後の民主化の柱

・1945年→ポツダム宣言受諾。連合国軍の占領下で日本国憲法公布。一連の民主化政策が施行される。

「公民」は、憲法・人権を土台に社会意識を高めよう

暗記から逃げたのでは得点力は身につかない!

公民が苦手という人は多い。覚えることばかりなので、私たちも苦しんだ。しかし、ある先輩が「暗記しなければならないものは、どんなムリをしてでも暗記してしまえ!」と語っているとおり、サッサと頭を切りかえて、点数のとれる力をつけるしかない。

ほかの先輩たちも、「初めに憲法前文と第九条をまる覚えした」とか「衆議院と参議院の任期や定数、国会の会期、被選挙権など、数字がらみのものを確実に覚えた」「教科書をすべて覚える。全部がいやなら、どこを覚えればいいかを先生に聞くといい」と語っている。やるとなれば徹底的にやる――それ以外に方法はない。

公民は、①「現代社会と私たちの生活」、②「国民生活と経済」、③「現代の民主政治とこれからの社会」の三項目に分かれる。高度経済成長期(一九五〇年代半ばから七三年のオイルショックの間)以降の社会の変化に合わせて、政治や経済の考えかたと仕組みを、過去から時系列にそって考えようという趣旨なので、かつてより歴史的な視点が大事にされることになる。

ちなみに私たちの中学時代の公民は、「日本国憲法と人権」「国会・内閣・裁判所」「経済と国民生活」「国際社会と国際協力」の四つが急所だった。項目分けが変わってもその四点が重要なことは同じなので、入試では必出事項だろう。とくに「日本国憲法と人権」「国会・内閣・裁判所」は得点に差がつくところなので、範囲を超えた内容も覚えるようにしたい。

①「現代社会と私たちの生活」は公民の導入部となり、「現代日本の歩みと私たちの生活」と「個人と社会生活」が柱になる。前者は地理での「日本と世界の関係」、歴史の「現代日本と世界」と関連させ、世界の国々との友好関係の深まり、国際社会における役割の高まり、科学技術の発展、経済成長による国民生活の変化などがポイントになる。

その細部の事項では、国際連合への加盟、国際交流の深まり、情報化社会や少子高齢化、週休二日制と余暇、衣食住や生活意識の変化などをまとめる。

後者の「個人と社会生活」は、家族制度や地域社会の機能を、生徒会規則やゲーム・スポーツのルールなどを例にして整理する。人間は本来社会的存在であることに着目し、家族制度における個人の尊厳と男女の本質的な平等性、ルールの大切さと個人の責任などをつかむ。

②「国民生活と経済」では、「私たちの生活と経済」と「国民生活と福祉」の二つが柱になるが、消費者や生産者、労働者、納税者の立場から考えることが大事になる。

前者の「私たちの生活と経済」では、消費生活と経済活動、価格の動きと市場経済、生産のしくみ、金融の働き、企業の役割と社会的責任、職業の意義と役割、雇用と労働条件の改善などがポイントだ。経済活動とは、商品やサービスを生産し、これらを消費することで生活を成り立たせる人間の活動であることを押さえておきたい。

市場経済では、価格や市場のメカニズム（需要と供給）のほか、公共料金（公定価格）や公共的な諸事業の意義もつかんでおく。物価は、景気変動とからめてグラフで理解する。物価指数の算出法（消費者物価指数）、インフレーション、デフレーション、スタグフレーションなどの用語を覚えておく。また、家計でのエンゲル係数の算出法も押さえておく。

生産のしくみでは、株式会社とは何かを説明できること。株式の売買、証券市場の役割、世界の株価の動きなどをつかんでおく。独占の形態には、カルテル、トラスト、コンツェルンがあること、国際化にともなう多国籍企業の発達なども重要だ。

金融の働きでは、家計の貯蓄などが企業の生産活動や生活資金としてスムーズに循環するための仲立ち役が、各種の銀行や保険会社であることを押さえる。また、通貨管理制度の要《かなめ》となる日本銀行の役割を整理する。発券銀行・銀行の銀行・政府の銀行という位置づけと、公定歩合政策や公開市場操作、準備預金制度などをまとめておく。

企業の役割と社会的責任では、公正な経済活動のための規制、公共の利益への配慮、生産活動以外の社会的な貢献などを、独占禁止法（公正取引委員会）などとからめて整理する。職業

「国民生活と経済・福祉」のポイント

1）生活と経済……消費者と生産者・労働者・納税者の立場から

①生産と価格

・生産の３要素→「労働」「土地」「資本」説など

・資本主義生産→「生産手段の私有」「自由競争」「利潤の追求」

・株式会社→少額の株式で資本を調達、株主は利潤の配当を受ける

・企業の集中→カルテル、トラスト、コンツェルン、独占禁止法

・エンゲル係数→「食料費÷消費支出×100」

・価格→「需要曲線と供給曲線」 需要と供給のバランス（市場価格）

（物価指数：ある年の物価を100とし、他の時期を指数で示す）

②財政と金融

・国家財政→一般会計・特別会計・財政投融資

財政投融資：郵便貯金や国民年金、厚生年金の保険金などは特別事業（公庫・公団・地方公共団体など）への投融資の原資

・地方財政→歳入は地方税、国庫支出金、地方交付税交付金など

（独自財源が少ないため「３割自治」といわれる）

・租税→国税と地方税、直接税と間接税

（直接税：所得税、法人税、相続税など　間接税：消費税、酒税など）

・日本銀行→1）発券銀行　2）銀行の銀行　3）政府の銀行　4）金融政策の実施

（公定歩合政策・公開市場操作・準備預金制度など）

・インフレとデフレ→商品量と通貨量の相関関係

2）生活と福祉……高齢化社会に向けて

①家族制度……血縁や愛情にもとづいて共同生活をいとなむ社会集団

・民法の定め→親族、婚姻、扶養、相続、親権などの規定

家族の形態：核家族化と少子化がすすみ、地域社会の弱化への懸念

②職業と生活……職業選択の自由は憲法で保障されている

・労働者の権利→憲法は労働者の団結権、団体交渉権、争議権を保障し

「労働組合法」「労働基準法」「労働関係調整法」が制定されている

③社会保障制度……国民の生存権を保障

・社会保険→病気や災害、老齢、失業などのさいに年金などを支給

・社会福祉と公的扶助→児童や老人などを保護し、生活保護を実施

・公衆衛生と医療→伝染病の予防や上下水道などの環境衛生改善

の意義と役割、雇用と労働条件の改善では、不景気・リストラなどと関連づけるといい。

後者の「国民生活と福祉」では、国や地方公共団体の経済的な役割、社会資本の整備、公害防止など環境の保全、社会保障の充実、消費者の保護、国税と地方税、直接税と間接税、限られた財源の配分としての財政などがポイントになる。

国家財政には、一般会計のほかに、郵便貯金などを原資とする財政投融資がある。地方公共団体には独自な財源が少ないため、三割自治と呼ばれる。道路などのほか、福祉の向上につながる社会資本の充実が求められるが、それも国や地方公共団体の任務である。また、公害防止や社会保障なども国や地方公共団体の課題である、などをまとめること。
③「現代の民主政治とこれからの社会」では住民や国民、人類という立場からとらえ、「人間の尊厳と日本国憲法の基本的原則」「民主政治と政治参加」「世界平和と人類の福祉の増大」の三つの柱に分けてつかむことになる。
第一の「人間の尊厳と日本国憲法の基本的原則」では、人が生まれながらにもつ権利として保障された基本的人権、法にもとづく政治、わが国の政治と憲法、国民主権と平和主義、天皇の地位と国事行為などがポイントだ。ただし、条文解釈までは踏みこまない。

ヨーロッパの市民革命によって人権思想が成立したが、基本的人権はロックの『政治論』、国民主権はルソーの『社会契約論』、三権分立はモンテスキューの『法の精神』による。イギ

「民主政治とこれからの社会」のポイント

1）日本国憲法……1946年11月3日公布、1947年5月3日施行

・三大原則→①国民主権、②基本的人権の尊重、③平和主義

・国民主権→政治をうごかす最高権力は国民にある

・基本的人権→人が生まれながら当然にもっている権利

①自由権　②平等権　③参政権　④請求権　⑤生存権　⑥教育を受ける権利　⑦労働基本権など

・平和主義→憲法前文と第9条

・国民の義務→①教育を受けさせる義務、②勤労の義務、③納税の義務

・天皇の国事行為→①国会指名の内閣総理大臣を任命、②内閣指名の最高裁長官を任命、③憲法改正・法律・政令・条約を公布、④国会召集、⑤衆議院解散、⑥国務大臣任免や大使などの信任状認証、⑦恩赦認証、⑧栄典授与、⑨外国大使正式謁見、⑩儀式挙行

・憲法の改正→衆議院と参議院とでそれぞれ総議員の3分の2以上の賛成で国会が発議し、国民投票で過半数の賛成を得て改正

2）国会・内閣・裁判所……司法・行政・立法の三権分立

・国会→国権の最高機関で、唯一の立法機関

衆議院の優越：①内閣総理大臣の指名、②内閣不信任案の議決、③予算の先議権、④予算の議決、⑤条約の承認、⑥法律案や予算案・条約承認・総理大臣指名が両院で議決が異なるとき、衆議院出席議員の3分の2以上の多数で再可決、成立

＊衆議院被選挙権→満25歳以上　参議院→満30歳以上

・内閣→行政府

内閣総理大臣は、国会議員のなかから国会が指名、国務大臣は内閣総理大臣が任命（過半数は国会議員）

＊内閣の権限：①法律の執行、②国務のまとめ、③外交関係の処理、④条約締結、⑤予算作成と国会提出、⑥政令制定、⑦最高裁長官指名と他の裁判官任命、⑧天皇の国事行為への助言と承認

・裁判所→司法権の独立・違憲立法審査権

最高、高等、地方、家庭、簡易の各裁判所。裁判の判決に不服の者は3回まで裁判を受け直すことができる（三審制）。最高裁の裁判官の適否は国民審査による

リスの権利章典やアメリカの独立宣言など、民主主義の発達と関連させて整理すること。

憲法は、自由権や平等権などの基本的人権を整理したうえで、平和主義（前文と第九条）、国民の三大義務、憲法の改正のための要件などをまとめればいい。また、民法による定め、労働者の権利、国民の生存権を保障する社会保障などにも目を配っておく。

第二の「民主政治と政治参加」では、地方自治と政治のしくみ、民主政治と議会制民主主義、多数決の原理、公正な裁判の保障、政治参加と選挙などがポイントだ。

国会や内閣のしくみは、裁判所との三権分立を押さえて、その役割を整理する。裁判については〝基本的な理解にとどめる〟とされるが、司法権の独立と三審制を中心に図解して覚えておきたい。各級裁判所、民事裁判と刑事裁判、国民審査、違憲立法審査権などが大事だ。

第三の「世界平和と人類の福祉の増大」では、国家間の主権の尊重と協力、平和主義とわが国の安全と防衛、核兵器の脅威、地球環境や資源・エネルギー問題などがポイントだ。

国家の領域としての領土や領海・領空、国際連盟と国際連合、国連総会と安全保障理事会（常任理事国と拒否権）、国連の経済社会理事会と専門機関（ILO・WHO・UNESCOなど）、わが国の非核三原則、日米安保条約、ソ連などの解体と冷戦終結、核兵器拡散防止条約、南北問題とODA、発展途上国の政情不安、オゾン層の破壊、地球温暖化防止のための温室効果ガスの国際規制などを、新聞やテレビのニュースを参考にしながら整理しておきたい。

第6章

理科の成績を伸ばす、ムダのない勉強法

一項目を得意にして、全体アップの突破口にしろ

「苦手意識＝悪い点数」というパターンをぶち壊せ！

理科は第一分野（物理・化学）と第二分野（生物・地学）に分かれるが、前者は物質やエネルギーに関する事物・現象が対象で、後者は生物とそれを取り巻く自然の事物・現象が対象となる。両者には特徴的な見かたや考えかたがあり、それがたがいに補い合って科学的な視点をつくるのはたしかだが、四項目はそれぞれ独自なものとみて取り組むほうが無難だろう。

物理と化学、生物と地学の四項目をいっぺんにまとめるのはかなりの負担になる。どこかに苦手が発生しやすいのが特徴といえるが、そこで考えを逆転させて、すぐに全体の成績上昇はムリでも、四分の一を得意にするのはむずかしくない、と前向きにとらえるといい。

理科全体を一気に引き上げようと思わないで、まず一項目だけを突破してみる。暗記系が得意だとすると、生物や地学を突破目標にするといい。計算系が得意なら、物理や化学にねらいを定める。成功したら、もうひとつ、さらにひとつと項目をひろげていくのだ。

自分は文系タイプだから理科はダメなんだ、と決めつけないこと。文系だの理系だのをいう

前に、食わず嫌いや努力不足を反省してもらいたいものだ。やるだけのことをやって点数をとったうえで、それでも苦手意識が消えないということはある。その段階で文系や理系タイプのちがいをいったり、苦手な項目を語ったりするのなら話はわかる。

事実、先輩たちにも苦手や不得意な項目があった。たとえ東大の理系学部に在籍していても理科全体が得意だったという人は少ない。「物理や化学系は得意だったが、生物や地学系はとにかく苦手だった」という理学部在籍の先輩がいるくらいなのだ。

その一方、「物理や化学系はすべて苦手で、生物や地学系はすべて得意だったが、試験では逆の点数をとっていた」というF・M君もいる。彼は島根県の公立中学～県立米子東高校から文Ⅰに進んでいるので、いわゆる文系タイプだろう。

彼は、苦手な項目は余計にがんばったので高得点できたが、得意なはずの項目で失点したらしい。「苦手意識＝悪い点数」というパターンを打ち破ったところを見習って、好き嫌いをそのまま点数にしているうちは、まだ本当に努力したとはいえないことに気づいてほしい。

さらに彼は、「社会もそうだが、理科は暗記科目と割りきってしまいたい。高校受験に出る範囲はたかが知れているので、力づくで覚えてしまえばいい」とも語っている。

ここでは、「中学時代は不得意な科目をつくってはダメだ。腰をすえてやれば、なんとかなるもんだ！」というK・A君の考えを正解としたい。彼は埼玉県の公立中学～県立浦和高校から文Ⅲに進んでいるので、やはり文系タイプだったのだろう。

第1章で、「物理系のものは理解してから覚え、化学系は覚えてから理解する。生物系と地学系はひととおり覚えてからでないと理解につながらない」と語ってくれたのはI・Y君だが、彼は都内の公立中学～私立桐蔭学園高校から理Iのコースなので、理系タイプといえる。

中学レベルの理科はやればかならず伸びるのだから、「覚える・理解する」のサイクルを自分でくふうしてほしい。さらに、「物理系は暗記だけでは不十分なので、計算問題を自分でたくさん解くといい」という先輩のやりかたを実行すれば、理科に不安はなくなる。

以下では、受験をひかえた三年生向けに考えていく。まだ一、二年生であっても、その急所は同じなので大いに参考にしてもらいたい。

中学三年間の学習内容と流れを先につかんでおこう！

学習内容の順序について、学年ごとの標準的な項目は示されていない。三学年間を通して第一分野と第二分野を交互に学習していくが、四項目の授業時数は同じ程度になる。ただし「選択教科の時間」に理科の授業をする場合も考えられるので、四項目のどれかの時数がふえることもある。実験や観察に重点を置くなど、各自の学力に相応した学習に力を入れてほしい。

第一分野は、「身近な物理現象」「身のまわりの物質」「電流とその利用」「化学変化と原子・

最初から四項目の完全得意をめざす必要はない！

分子」「運動の規則性」「物質と化学反応の利用」と学習してきて、項目選択の「科学技術と人間」という流れになる。

第二分野は、「植物の生活と種類」「大地の変化」「動物の生活と種類」「天気とその変化」「生物の細胞と生殖」「地球と宇宙」という流れできて、項目選択の「自然と人間」がある。

各学年の内容をそのつど完璧にしていくのが理想だろうが、授業はコマ切れ学習になりがちなので、君たちの各項目への「わかる・わからない」に段差がつくことがある。

授業を受けているだけでは全体の範囲が見えてこないという点が、理科に苦手意識をもつ原因のひとつなので、「いま学習しているのは全体の範囲のなかのここだ」と確認しながら、自分から積極的に授業に集中してほしい。

また公立中学では、学習内容の削減によってカットされたり、初歩的な理解にとどめられたりした事項がある。たとえば光の屈折では屈折の法則や屈折率、水と圧力では力の合成と分解、電流の利用ではフレミングの法則やレンツの法則、合成抵抗の求めかた、光合成と光の強さや二酸化炭素の量などとの関係、などは範囲外とされるので通常の授業ではあつかわない。

だが、これらの措置は学習内容の最低基準を示すためのものなので、「やらなくてもいい・知らなくてもいい」ということではない。むしろ、そこまで「やる」ことで理解が深まる事項がいくつもある。公立中学生の（平均的な）理解力不足を理由に一部をカットしたのでは、項目全体の学習目標があいまいになるので、ますます消化不良になることも考えられる。

学校や先生によっては「総合的な学習の時間」や「選択教科」に理科をあつかうかもしれないし、習熟度別に「通常クラス」と「発展クラス」に分けることもあるだろう。発展クラスでは授業でカットした事項をあつかうなど、「範囲を超えた」授業が実施されるはずだ。

公立高校入試では通常の授業でカットされた事項を出題しないことになっているので、必要のないものをやるのはムダに見える。だが、そのレベル内のものしかやらなければ、当然、余力は生まれない。逆にいうと、レベルを超えた勉強をしないと余力は期待できないので、レベル内のものにも自信をもって答えられない危険性を育てかねないのだ。

だからこそ私たちは、削減された学習内容にこだわる。範囲外といっても内容はむずかしくないし、私たちや先輩たちがやってきたのだから、君たちにできないはずがない。また、学習内容を削減しない私立や国立中学が多いので、彼らに遅れをとりたくないのなら、自分で問題集を解いたり、学校や塾の先生に教わったりして、チャレンジするのが正しい選択だろう。

教科書からスタートして教科書にもどれ！

理科では、教科書や先生のプリント、実験などの資料集、問題集などを上手に使い分けるかどうかで大きな差がつく。教科書が基本であるのは他科目と同じだが、文章があまりに簡潔すぎて理解しづらいという欠点がある。社会の教科書もそうだが、要点のまとめが適切すぎるとかえって重要なポイントを読みすごす危険性があるのだ。

それを補うのが、先生のプリントだ。教科書のような平板な書きかたでは効果がないので、先生がたは図解を入れ、カッコでくくり、アンダーラインを引き、重要な事項が頭に入りやすいようにくふうをこらす。この書きかたに大きなヒントがかくされている。

たとえば、教科書ではよくわからないのに、問題集を解いてみるとパッとひらめくことがある。その急所をノートに整理するときは先生のやりかたをマネて、大きな図や矢印などを書きこんでみるといい。ノートが面倒なら、その場で図や絵を描きながら立体的にまとめ、目に焼きつけてしまう。そこまで整理すると、かならず点数がとれる知識が身につく。

資料集もうまく活用したい。とくに実験についての知識が大事なので、道具や手順、薬品の種類と特徴、その結果などを覚えること。教科書ではあっさりと書かれても、背後に専門的な裏づけがあるので、そこが重要な急所になる。つまり、そこがテストで出題されるのだから、見のがすとまずい。「資料集＝得点力の宝庫」というつもりで整理するのがベストだ。

このような作業を終えてから、ふたたび教科書を読んでみると、今度はすんなり理解できるはずだ。これが「わかる！」ということだが、そのレベルに達してみると、教科書には最高のまとめかたがしてあることに気づく。そうなれば、君たちはもうかなりの実力者だ。

先輩たちがログセのようにいう「教科書を暗記できるくらいまで、繰り返し読んだ」というやりかたが現実的になるのは、この段階でのことなのだ。教科書からスタートして、いろいろな問題を解いて多角的なものの見かたを学び、そこでまた教科書にもどって知識を整理する。こうしたサイクルを繰り返すごとに、君たちの力は伸びていく。

実戦的な得点力をつけるのは、問題集以外にない！

私立や国立の中学に在籍していた先輩にとくに多いのだが、「教科書は使えない！」といいきる人がいる。「教科書はほんの基本的な理解を与えてくれるだけのものなので、実際の問題を解くのには役に立たない。問題集をこなさなければ本当の力はつかない」という考えかただが、これはまったく正しい。教科書で「わかった！」といえても、それを実戦的な力に育ててやらなければ、知識は穴だらけのままだ。

どこがよく出題されるのか、その設問はどんな形式が多いのか、どのように解答するといいのか、などがつかめていないと、正解はむずかしい。教科書でまとめた知識は、正面攻撃にはめっぽう強いが、横方向や背後から攻められたときにボロを出すことがあるからだ。

それに対して、問題集にはさまざまな角度からの意地のわるい設問（ひっかけなど）があるので、点数をとるコツが身についてしまう。ある程度の力がついてきて、さらに上位の実力をめざすという場合でも、パターンのちがう問題をたくさん解くのが最良のやりかただ。

ある先輩は、「教科書の文章はダラダラと要領を得ないので、あまり重要視しなかった。覚えるものを終えたあとは、計算問題の量をこなすようにした。用語がわからないときは、辞書がわりに高校生レベルの参考書を使った」と語っている。君たちに見習ってもらいたいのは、こうした頭の切りかえかただ。

ある程度のまとめを終えたら、すぐに問題集にぶつかってみて、知識のあいまいさをチェックする。教科書と照らし合わせて、解答を覚える。ふたたび問題集にアタックする。つぎは志望校の過去問題を解いて、出題傾向をつかむ――このやりかたが、いちばん効果的だ。

どうしても苦手意識が消せなくて基礎もあやふやだという場合は、思いきりレベルを下げてスタートするのも方法だ。一、二年生用の初級問題集を相手に、やさしい問題演習をやりながら基礎を固めるのだ。二度ほど繰り返すと、すぐ標準問題集に手がとどくだけの力がつくので、その時点でダッシュすれば十分に間に合う。

問題集は、すぐ解答を見てその場で覚えこめ！

教科書は知識や公式などをザーッと確認する程度にしておいて、すぐ問題集をやるのも悪くない。「教科書は捨ててもいい」というのは極論だが、何がどのように問われるのかがつかめると、それまで読みすごしていた事項の重要性などに気づくようになる。

問題を解いて、すぐ解答を見る。×の連続でもかまわないが、解説はよく読むこと。これを繰り返しているうちに、頭のなかが整理されてくる。「教科書に書いてあったのはこういう意味だったのか！」とピンとくるまで、ひたすら問題を解いていくのだ。

そのうちに「何を理解すればいいのか・どれを覚えればいいのか」の区別がはっきりしてくる。こうなると苦手からの脱出は近い。ある範囲を「誰にも負けない」くらいやると突破口が見えてくる。その一筋の光をめざして全力を投入すると、一気に世界が明るくなる。

ここで大事なのは、問題集は分厚いものよりも、分野ごとに一冊にまとまった薄いものを選ぶことだ。すぐ終わるほうがやりがいが生まれるからだが、一冊だけでは心配だというのなら、パターンのちがう問題を解いて死角を消せ！

別の出版社の問題集にアタックすればいい。

ただし、できるだけ解説のくわしいものがのぞましい。解説を読んでも疑問が解消しない場合は、先生など「わかっている人に聞く」のが早い。自分から問題にぶつかって苦闘した下地があると、他人の説明がよくわかる。

参考書は「なぜ？」が消えないときだけ利用！

さらに念を入れて、「問題集は同じような問題が繰り返されるので反復練習になって効果があるが、かならず見落としがあるので、参考書で補ったほうがいい」という先輩もいる。私立桐蔭学園中学～高校出身のK・Y君の意見だが、私立中学に在籍していたという事情を割り引いて受けとめたほうがいいだろう。

ある問題が解けても、別の角度から出題されると「お手あげ！」ということがあるので、それを防ぐために参考書を押さえておくのは悪くない。だが、公立校入試レベルの問題では、まず教科書にもどるのが正解だろう。

私たちのアンケート調査でも、ほとんどの東大生は参考書を使わなかった。ただし、「さらに一歩踏みこんだ知識を身につけたい」「なぜなのかを解明したい」という場合に参考書を利用したケースもある。たとえば、三重県の私立高田学苑中学～高校から理IIに進んだA・E君は、「化学は電子論まで突っこんでやると暗記せずにすむ」と語っている。

理系学部に進んだ先輩の意見として貴重ではあるが、「教科書には簡単に二、三行の記述しかなくても、法則や定義には深い科学的な裏づけがある」と知っておくだけでいい。高校受験を突破するだけの力がつけば十分なのだから、ムリをすることはない。

授業中心主義でのぞんで、テスト直前にまとめて暗記しろ！

授業でとくに重要なのは「実験」だ。四項目それぞれの実験があるが、みんなの先頭に立ってやるくらいの積極性がほしい。テスト本番で知識があいまいになっても、実験の手順を思い出すと正解できることが多いので、かならず実験のまとめをやっておきたい。

授業の内容はその日のうちに復習するのが理想ではあるが、理解できている自信があるのなら、定期テストの前にドカンと集中攻撃するやりかたのほうがずっと効率はいい。

「いつか覚えられる」という甘ったれた態度では絶対に身につかないので、「覚えるのはいましかない！」と決意を固めて一気に暗記するのがコツだ。そのときは苦しくても、まとめてやると他の事項との関連づけが確実なものになるので、むしろ記憶に残るものなのだ。

ただし一気にやるためには、授業での先生の板書を丸写しするくらいの努力を積み重ねてこなければダメだ。きれいにノートする必要はないが、授業中に頭と目、耳と手を連動させて使っておくことが重要なのだ。そうすると授業がよくわかるし、記憶にも残りやすい。

時間に余裕のあるときは難問にもチャレンジしてみたい。受験科目に理科が入っている国立校の過去問題などは良問なので、じっくり考え抜くとかなりの力がつく。もちろん国立校を受験する人には必須のメニューだが、そうでない人にも有効だ。やさしい問題を解くだけでは気がつかなかった急所が、目からウロコが落ちるようにつかめるだろう。

以下では、削減された学習内容を超えたものもあつかう。そこが理解のうえで重要であれば、通常の授業レベルの内外にこだわるべきではないと考えるからだ。学校によっては「範囲を超える授業」を実施するのだから、私たちがためらう理由はどこにもない。

また、国立校はもちろんのこと、受験科目に理科のある中位以上の私立校入試でも範囲外から出題されないとは断言できないのだから、やっておくのが当然だろう。

物理系は「理解」から、化学系は「覚える」から入れ

物理系の公式は、しっかり理解してから覚えろ！

第一分野の物理系は、「身近な物理現象」「電流とその利用」「運動の規則性」という順に進めてきて、項目選択の「科学技術と人間」、あるいは第二分野の項目選択の「自然と人間」のどちらかを学習することになる（項目選択は原則として公立校入試には出題されない）。

①「身近な物理現象」では、光や音の規則性、力の性質の二つが柱になる。第一の「光の反射や屈折」では、入射角＝反射角、入射角と屈折角の関係、屈折角90度＝全反射などを実験によってつかむことがポイントだ。鏡による反射、光の屈折、凸レンズによる像のできかたなどがよく出題されるが、「光が鏡面で屈折するとき、入射角の正弦と屈折角の正弦との比（屈折率）は一定」という屈折の法則（スネルの法則）と、屈折率の計算は範囲外になる。

また、凸レンズでは、凸レンズの中心と焦点、凸レンズの像の作図、実像と虚像ができる条件などがポイントだ。ただし、作図に関連するレンズの公式は範囲外になる。

音の規則性では、音の高低（振動数）と波長、音の大小と振幅、音と空気、音が伝わる速さ

などがポイントになる。空気中を伝わる音の速さは常温でのおよその値を示す程度にとどめられるが、空気中を伝わる音速は毎秒約340メートル、水中を伝わる音速は毎秒約1500メートルであることを覚えておきたい。また、横波と縦波、音色、干渉《かんしょう》と回折《かいせつ》（空気中と水中）なども範囲外となるが、そこまで踏みこんでおくと学力の幅が広がるだろう。

第二の「力の性質」では、力の単位（ニュートン・N）、力の矢印（作用点・力の向き・力の大きさ）、ばねの伸びと力（フックの法則）、水と圧力などがポイントだ。ばねの伸びと力の関係をグラフでつかむこと。力の合成と分解は範囲外だが、合力の求めかたは覚えておきたい。

水と圧力では、圧力は単位面積当たりの力の大きさであらわすことを押さえる。ただし、100グラムの物体をつるすと約1ニュートンの力を示すことは知る程度でいいとされ、1平方センチメートルあたりの面を垂直に押す力の単位であるグラム重（g重）は範囲外とされるが、圧力は面を押す力に比例し、面の面積に反比例することは常識にしておきたい。

水圧も範囲外だが、水圧は水の深さに比例し、1センチメートル深くなるごとに1グラム重ずつ増加することを理解し、パスカルの原理やアルキメデスの原理（浮力）を知っておく。また、パスカルの原理は気体についても成立することを覚えておきたい。

②「電流とその利用」では、静電気と帯電、電流の回路（直列と並列）、電流と電圧の関係、電流計と電圧計、配線図記号、オームの法則（電圧＝電流×抵抗）、抵抗の大きさ（求めかた）、

電流と磁界、電流による発熱などがポイントだ。

電流計は回路に直列に入れ、電圧計は回路に並列に入れるのは基本事項だ。直列回路と並列回路のちがいを理解し、電流と電圧、抵抗の関係はグラフに慣れておくこと。電気抵抗はオームの法則で算出するが、銀や銅、ニクロムなどの抵抗のちがいも同時に覚えておきたい。

合成抵抗は範囲外だが、私立や国立校入試でよく出題されるので、直列と並列の場合の抵抗合成値を算出できるようにしたい。とくに並列つなぎの合成抵抗を求める式を覚え、過去問題の複雑なつなぎかたの設問を解いてパターンをつかんでしまうこと。

電流と磁界は、電流のつくる磁界の向きを示す「右ねじの法則」と、磁界のなかで電流が受ける力の向きについての「フレミングの左手の法則」が大事だ。

後者は範囲外とされるが、左手の中指（電流の向き）・人さし指（磁界の向き）・親指（力の向き）の関係はむずかしくない。また、誘導電流でのレンツの法則（コイル内で外から加えた磁界の変化をさまたげる向きに電流が発生する）も範囲外とされたが、コイルと磁石を用いた実験や、検流計を用いた実験などによって発電機とモーターのしくみを理解しておくべきだろう。

電流による発熱ではジュールの法則がカギだが、発熱量の公式を覚えたうえで、オームの法則との関係を押さえると実戦に強くなる。電力の単位（ワット・W）、ワットを基準とする熱量の単位（ジュール・カロリー）、陰極線（負の電気を帯びた粒子＝電子）の性質も理解して、電熱

「物理系」のポイント

1）光と音

・光の屈折→密度の小さい物質から密度の大きい物質に進む光は、その境界で屈折する　入射角＞屈折角

・凸レンズ→物体から焦点距離 f cmの凸レンズまでの距離を a cm、凸レンズから像までの距離を b cmとすると、$\frac{1}{a}+\frac{1}{b}=\frac{1}{f}$ という関係が成り立つ

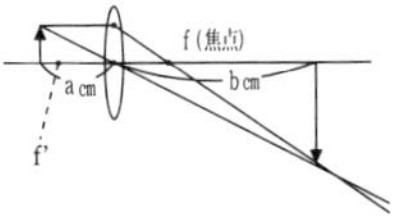

・干渉と回折→２つ以上の同種類の波が１点で出会うとき、その点での振動は個々の波の振動の和。波動の伝わりが障害物でさえぎられたとき、障害物の影の部分にも波動が伝わる（音も光も同じ）

2）力の性質

・熱量の単位→水１ｇの温度を１℃上昇させるのに必要な熱量を１カロリーという　熱量(cal)＝水の質量(g)×温度変化(℃)

・物質の比熱→物質１ｇの温度を１℃上昇させるのに必要な熱量
熱量(cal)＝比熱×質量(g)×温度変化(℃)　水の比熱は１

・水と圧力→水圧の大きさは水深に比例　深さ h cmでは h g重／cm^2

3）電流とその利用

・直列回路→合成抵抗Ｒは各抵抗の大きさの和　$R=R_1+R_2+\cdots$

・並列回路→合成抵抗Ｒは各抵抗の大きさより小　$\frac{1}{R}=\frac{1}{R_1}+\frac{1}{R_2}+\cdots$

・フレミングの左手の法則→磁界と電流の向きで力の向きが決まる
中指：電流　人さし指：磁界の向き　親指：磁界から受ける力の向き

・レンツの法則→誘導電流は、その電流によって生じる磁界が外から加えた磁界の変化をさまたげるように流れる

4）運動の規則性

・速さ→物体が単位時間内に移動した距離であらわす
平均の速さ＝移動距離÷経過時間　単位はcm／秒、km／時など

・力の合力と分解→２つの力の合力は、２力を２辺とする平行四辺形の対角線であらわされる。２つの力の分力は、分解する力を対角線とする平行四辺形の２辺であらわされる。

・仕事→仕事＝力の大きさ×力の向きに動いた距離

線の直列と並列つなぎの場合の発熱量と抵抗値の問題をこなしておくこと。

③「運動の規則性」では、速さ（平均の速さ）、記録タイマー、等速直線運動、慣性の法則、仕事の原理と仕事率、エネルギーの単位と大きさ、各種のエネルギー、力学的エネルギー保存の法則などがポイントになる。ただし、加速度や自由落下運動は範囲外とされる。

記録タイマーでは、打点されたテープを時間順にならべたグラフから、速さの変化の割合や平均の速さを求める問題がよく出る。また、速さと時刻のグラフから加速度や移動距離を求める問題にも慣れておきたいので、範囲外の加速度もきちんと理解しておくこと。

等速直線運動では、慣性の法則と呼ばれるニュートンの運動の「第1法則」が大事だ。等加速運動では、範囲外の加速度と力についての「第2法則」まで理解しておきたい。また、力の大きさの単位のニュートン（質量をもつ物体に1メートル毎秒の加速度を生じさせる力の大きさ）や、自由落下運動での「物体には重力がはたらくのでだんだん速く落下するが、単位時間に落下する距離は、同じ質量であれば同じ」という性質を知っておきたい。

エネルギーでは、仕事の原理、仕事量、仕事率の計算ができればいい。エネルギーとは仕事をすることができる能力のことだが、〝力は物体に仕事をした〟などの独特な表現に慣れ、仕事量と力の大きさ・移動距離との関係をつかむこと。また、単位にも注意したい。

定滑車と動滑車を組み合わせた計算問題は解法パターンをつかむにかぎるので、量をこなしたい。動滑車を1個使うと、力の大きさは半分ですむが、綱を引く距離は2倍になる。定滑車は力の方向を変えるだけ。この二つが基本だ。

位置エネルギーと運動エネルギーのちがいは、振り子の運動でつかめばいい。また、摩擦《まさつ》とエネルギーの保存との関係もつかみ、運動エネルギーの大きさの公式も覚えておく。

化学系は、実験と結びつけた現場重視の理解をめざせ！

第一分野の化学系は、「身のまわりの物質」「化学変化と原子・分子」「物質と化学反応の利用」の順に学習する。項目選択は先にふれたとおりだ。

①「身のまわりの物質」では、物質の分離、気体の発生や捕集の実験、気体の性質、水溶液と溶質、酸とアルカリの水溶液、中和と塩などがポイントだ。

物質の分離では融点と沸点に注目して、〃ろ過による分離〃と〃加熱による分離〃のほか、蒸留、蒸発、再結晶などに分類する。実験器具の操作、記録のしかたなども重要だ。

とくに大事なのは〃気体の性質と製法〃なので、酸素、二酸化炭素、水素、アンモニア、窒素について覚えてしまう。気体による捕集法のちがい（水上置換・上方置換・下方置換）は図解する。異なる方法でも同一の気体が得られる実験を通して、発生方法を区別する。

水溶液では、水溶液の濃度を求める問題をたくさんこなすこと。食塩や明ばん、硝酸カリウム、塩化カリウム、ホウ酸などの溶解度と溶解度曲線も大事だ。また、純粋な物質では1平方センチメートルあたりの質量が決まっている。この密度の計算は範囲外とされるが、ふつうの常識にしておきたい〈密度（g／㎤）＝物質の質量（g）÷物質の体積（㎤）〉。

酸とアルカリでは、中和反応で生じた水以外のものが塩であること、中和水溶液にBTB溶液を加えると緑色になる（酸性で黄色、アルカリ性で青色）ことを覚えてしまう。中和反応と電流の変化、中和反応と発熱を区別して覚え、発熱反応と吸熱反応も理解しておくこと。

ここでは水溶液とイオンも重要だ。範囲外ではあっても、電解質と非電解質のちがい、イオン化（電離）、イオン式などを理解し、電気を通す電解質には水酸化ナトリウム、塩化ナトリウム、塩化バリウム、塩酸、硫酸、塩化銅、硫酸銅、アンモニアなどがあることを覚えたい。電気分解も大切なので、塩化銅水溶液の電気分解をもとに図解して整理しておくこと。実験をもとに、＋極と－極での変化、色、においなども記憶しておく。

②「化学変化と原子・分子」では、物質の成り立ち、原子記号、化学変化と物質の質量、化学式と化学反応式、質量保存の法則などがポイントだ。

熱分解の実験では酸化銀や炭酸アンモニウム、炭酸水素ナトリウムなどが用いられ、電気分解では塩化銅水溶液や水が用いられることを整理する。原子記号は、酸素、水素、鉄、炭素、窒素、塩素、硫黄、マグネシウムなどを覚えてしまうこと。

「化学系」のポイント

1）物質の状態変化

・水溶液の濃度→濃度(%)＝溶質の重さ(g)÷水溶液の重さ(g)×100

＊溶解度：一定量の水に溶かすことができる物質の限度の量(g)

・物質の状態変化→状態変化により体積は変化するが、質量は不変

＊同じ物質では、形や大きさがちがっても密度はつねに一定

・沸点と融点→純粋な物質の融点と沸点は決まっている

(エタノールの沸点78℃、ナフタレンの融点81℃、氷の融点0℃)

2）気体の性質と製法

・水素→亜鉛に希塩酸（希硫酸）を加える……水上置換

・酸素→過酸化水素水と二酸化マンガン……水上置換

・二酸化炭素→石灰石に希塩酸を加える。炭酸水素ナトリウムを加熱する……下方置換（目的によって水上置換）

・アンモニア→塩化アンモニウムと水酸化カルシウムを加熱。アンモニア水を加熱……上方置換

3）物質とイオン

・酸→水に溶けたとき水素イオン H^+ を電離する化合物

＊酸性水溶液……①青色リトマス紙が赤色、BTB溶液が黄色、②H^+ をふくむ、③金属と反応して水素発生、④すっぱい

・アルカリ→水に溶けたとき水酸化物イオン OH^- を電離する化合物

・酸とアルカリの中和→(H^+の数)＝(OH^- の数)

・電解質→水に溶けて陽イオンと陰イオンに分離する物質

・非電解質→水に溶けても分子のままの物質（砂糖・アルコールなど）

・電気分解→電解質水溶液に電流を流すと、陽イオンは陰極から電子を受けとり、陰イオンは陽極に電子を与える

(塩化銅水溶液：$CuCl_2 \rightarrow Cu^{2+} + 2Cl^-$)

4）物質と化学変化

・化学反応式→①反応前の物質の化学式を左辺、反応後の物質の化学式を右辺に書き、＋記号などでつなぐ（化学変化の前後で物質の性質は変化するが、質量は変わらない……質量保存の法則）

・酸化と還元→物質が酸素と結びついて別物質ができることが酸化、酸化物から酸素を除くことが還元（物質は酸化すると重くなる）

化学反応式は、式の両辺で同種類の原子の数は等しい。第一に、反応の前後で物質の質量の総和が等しいという規則性がある（質量保存の法則）。第二に、一定の質量に反応する他方の物質の質量には限度があり、その限度の質量は一方の質量に比例するという規則性がある。また、化学反応式の代表的なものを書けるようにすること。

③「物質と化学反応の利用」では、酸化と還元、化学変化とエネルギーの出入りがポイントだが、とくに酸化と還元が重要だ。酸化も還元もともに酸素が関係する反応であることを実験でつかむこと。物質としては銅がよくとりあげられ、ついで鉄、マグネシウム、水素などの順になる。何gの銅から何gの酸化銅が得られるかという問題が典型的なパターンだが、実験グラフと合わせて出題されるので、いろいろな類似問題をこなしておきたい。

第一分野の選択項目は「科学技術と人間」だが、エネルギー資源の利用と環境保全と、科学技術の利用と人間生活とのかかわりを枠にして、その日常生活との関連を学習する。

人間が利用するエネルギーには水力、火力、原子力などがあるが、その消費によって環境が悪化したり、資源の枯渇《こかつ》が心配されたりしている。環境への負荷が小さい太陽光や、風力、地熱などの代替エネルギーなどをまとめればいいだろう。また、科学技術の発達も環境にさまざまな影響を与えている。環境との調和ある発達とはどういうものかをつかみたい。

生物・地学系は「覚える・理解する」を結びつけろ

生物系は、分類して「ちがい」にこだわるのが生命線だ！

第二分野の生物系は、「植物の生活と種類」「動物の生活と種類」「生物の細胞と生殖」という流れできて、項目選択の「自然と人間」、あるいは第一分野の「科学技術と人間」のうちのどちらかを学習する（項目選択は原則として公立校入試には出題されない）。

①「植物の生活と種類」では、顕微鏡やルーペなどの器具を用いた観察を通じて、植物の体のつくりと働きを知るが、その観察の手順（記録のしかた）と植物の分類がポイントになる。

種子植物を被子植物と裸子植物に分け、代表的な花のつくりとふえかた、葉と茎、根などを図解できるようにする。また、おしべ、めしべ、子房、花弁などの名称も大事だ。すでに小学校で、イネやカキ、ダイズなどの種のつくり、カボチャやアサガオの花のつくりを学習してきているので、そのうえに高度な知識を積み重ねていけばいい。

水や養分を運ぶしくみでは、導管と師管（維管束）の働きのちがいを覚える。気孔の開閉と蒸散作用、気孔と根の吸水作用との関係、酸素や炭酸ガスの出入りも基本的なところだ。

光合成と呼吸では、ヨウ素デンプン反応、ＢＴＢ溶液の反応、ふ入り葉での実験などがカギになる。「二酸化炭素＋水→葉緑体→デンプン（ブドウ糖）＋酸素」の図式は常識にしておきたい。また、光合成に必要な条件（光・二酸化炭素・温度）、光合成（有機物生産）と呼吸（有機物消費）のちがいも図解といっしょに覚えること。

植物のなかまでは、葉緑体の有無と、ふえかたのちがいを押さえ、細菌類、カビ・キノコ、ソウ類、コケ植物、シダ植物、種子植物という分類をはっきりさせる。なかでもソウ類、コケ植物、シダ植物の特徴をマークする。とくにシダ植物では前葉体（雄器と雌器）がカギになることを理解し、コケ類のふえかたもチェックしておく。

水中の微小生物は授業では簡単にしかあつかわれないが、ミジンコやアオミドロ、ミドリムシ、ゾウリムシなどの区別をできるようにしておく。

②「動物の生活と種類」では、動物の分類とその特徴を、脊椎《せきつい》動物を中心にして最優先で覚えること。魚類、両生類、爬虫《はちゅう》類、鳥類、哺乳《ほにゅう》類の五種類に分け、それぞれの皮膚《ひふ》（体表）の状態、呼吸の方法、体温のありかた、ふえかた、受精の方法、その他の特徴をしっかり覚える。とくに両生類と爬虫類のちがいが重要だ。

無脊椎《むせきつい》動物では、昆虫をマークする。セミ、ハエ、カ、トンボ、チョウなどの口器、体のつくりや特徴を覚える。ミミズや二枚貝の体のしくみも図解できるようにする。また、節足動物

「生物・地学系」のポイント1

1）植物の生活と種類

・維管束→水や無機養分の通路……（道管） 光合成による栄養分の通路……（師管） 師管と道管をつくり茎を太らせる……（形成層）

（単子葉類：子葉1枚、葉脈平行、ひげ根、維管束散在、形成層なし）

・光合成→植物が光エネルギーを吸収し、葉緑体で有機物を合成

・呼吸→植物が有機物を分解し、エネルギーを得る

・シダ植物→①葉緑体をもち光合成をするが花は咲かない、②根と茎、葉の区別はあるが、茎は地下茎で維管束がある、③胞子から前葉体ができ、前葉体で受精し、受精卵が成長して新しいシダ植物に

・コケ植物→①葉緑体をもち光合成をするが花は咲かない、②根と茎、葉の区別はできず、維管束なし、③雄株と雌株があり、雌株に胞子をつくる、④落ちた胞子が発芽してコケ植物に、⑤雌株で受精し、受精卵は雌株について成長、胞子のうから胞子へ

・ソウ類→①葉緑体をもち光合成をするが花は咲かない、②根と茎、葉の区別はなく、からだは葉緑体でででき、維管束なし、③胞子や分裂・接合などでふえる

2）動物の生活と種類

・動物の分類→胎生と卵生、恒温と変温、肺呼吸とエラ呼吸、水中産卵と陸上産卵、体内受精と体外受精、体表のちがい、子育ての有無

（親が肺呼吸する：両生類、ハチュウ類、鳥類、ホニュウ類）

・ヒトの血液→①赤血球は酸素運搬、②白血球は食菌作用、③血小板は血液凝固、④血しょうは栄養物と二酸化炭素などの不要物運搬

・ヒトの血液循環→右心室⇨肺動脈⇨肺⇨肺静脈⇨左心房（肺循環）

左心室⇨大動脈⇨全身⇨大静脈⇨右心房（体循環）

・消化と吸収→消化液にふくまれる消化酵素によって分解された栄養分は、小腸の柔突起（柔毛）の毛細血管やリンパ管内に吸収される

（ヒトの消化液：だ液、胃液、すい液、胆汁など）

・呼吸→内呼吸：細胞内で栄養分を酸素によって分解、不要物を排出

外呼吸：肺や皮膚などから酸素をとり、不要物を排出

・刺激と反応→興奮伝達のしくみ：刺激⇨感覚器⇨感覚神経⇨中枢⇨運動神経⇨反応器（筋肉）⇨反応　（中枢＝脳・脊髄）

に共通する性質（脱皮）や変温動物と恒温動物の分布なども整理する。

動物の体のしくみでは、人体がもっとも大事だ。消化と吸収、呼吸、血液の循環、刺激と反応などがポイントだ。心臓や各器官のくわしい構造は範囲外とされるが、心臓を中心にした血液の循環、動脈と静脈のちがいなどを図解できるようにしたい。

③「生物の細胞と生殖」では、生物体の構造の単位としての細胞、細胞の構造、有性生殖と無性生殖、細胞分裂、染色体、植物の成長などがポイントだ。

細胞の観察では、核と細胞質、植物細胞の細胞壁と葉緑体・液胞、減数分裂と染色体の遺伝子などが重要だ。植物細胞の模式図（ソラマメなど）を描けるようにしたうえで、細胞分裂の進行順序（染色体の2分割→核の2分割→細胞質の2分割）を押さえたい。また、細胞の核（染色糸）は染色液の酢酸カーミン液によって赤く染まること、細胞分裂は成長点でさかん、細胞膜と細胞壁のちがいなどもよく理解しておきたい。

また、有性生殖ではカエルの受精卵のふ化（卵割→胞胚→のう胚→神経胚→ふ化）がよく出題されるので、育つ日数と水温による卵の変化の過程をしっかり覚えたい。水温25℃で2週間から20日ほどで卵はオタマジャクシになるが、その外形図を段階的に描けるようにしたい。

親の形質が子に伝わる遺伝では、核の染色体にふくまれる遺伝子（DNA）、減数分裂による染色体の分割、受精による染色体数の復元がカギになる。通常の授業では遺伝の規則性は模式的にしかあつかわれないが、優性の法則と分離の法則、優性遺伝子（Aなど）と劣性遺伝子（aなど）はよく知っておきたい。

地学系は、日常知識をもとに自然現象を整理しよう！

第二分野の地学系は、「大地の変化」「天気とその変化」「地球と宇宙」という三つの柱で構成される。項目選択は生物系でふれたように「自然と人間」を学習する。

①「大地の変化」では、地殻で起こる事象には、主として地表付近で起こるもの（地層）と、地球内部のエネルギーによって起こるもの（火山と地震）があることをつかみ、地層と過去のようす、火山と地震の二つに分けて整理すること。

地層では、各種の地層を地質断面図や地質柱状図などで先に覚えてしまい、土地の隆起や沈降による特徴、堆積岩《たいせき》のようす、地層の観察によって何がわかるのかを説明できるようにすること。とくに地層の重なりでの整合・不整合、土地の隆起と沈降、断層としゅう曲、河岸段丘のできかたなどがよく出題されるので、パターンをつかんでおきたい。

また、リアス式海岸、おぼれ谷、火成岩と堆積岩のちがいなども押さえる。サンゴやシジミ、ハマグリなどの示相化石（堆積当時の自然環境が推定できる化石）も整理して、その自然環境を特定できるようにする。さらに示準化石（地層の地質年代を決定する指標となる化石）では、古生代のサンヨウチュウやボウスイチュウ、中生代のキョウリュウやアンモナイト、新生代第三紀のビカリア、第四紀のナウマン象などを覚えてしまいたい。

火山と地震では、火山噴出物とマグマの性質（粘性）、火山岩と深成岩のちがい、火成岩の種類などを覚え、溶岩とケイ酸の関係などにも注意したい。とくに火山岩と深成岩にふくまれる六種の造岩鉱物の割合表がよく出題されるので、セキエイ・チョウ石・クロウンモ・カクセン石・キ石・カンラン石の名称とその割合は覚えてしまうこと。

また、地震とその記録、地震による地殻変動も押さえたい。P波（たて波・初期微動）とS波（横波・主要動）、地震の震度とマグニチュードなどを理解する。初期微動継続時間と震源距離の公式での計算は範囲外になるが、覚えて日常知識にしておいても損はないだろう。

日本列島付近の火山や地震の分布などは、地球内部のプレート（地球表層を形づくる厚さ１００㎞内外の岩板）の動きによるが、その学説であるプレートテクトニクス（plate tectonics）は深くはあつかわれない。だが、現在の地球表面が大小十数個のプレートでモザイク状に敷きつめられていることを知ると、地球物理学への興味がふくらむ。

②「天気とその変化」では、霧や雲の発生、気圧と風の方向、高気圧と低気圧、温暖前線と寒冷前線、温帯性気圧の特徴、日本の天気などがポイントだ。

気圧と風では、風は高圧部から低圧部に向かって等圧線を斜めに横切る方向に吹くことを押

「生物・地学系」のポイント2

3）生物の細胞と生殖

・細胞→動植物共通：核・細胞質・細胞膜（原形質）　植物特有：葉緑体、細胞壁、発達した液胞（原形質によってつくられる）

・細胞分裂→前期：染色体出現、２つに縦裂　中期：染色体中央　後期：染色体が分かれて両極に　終期：染色体消失、細胞質が分裂

・無性生殖→受精せずに（雌雄なし）１つの親から子がつくられる
（分裂、出芽、胞子生殖、栄養体生殖など）

・植物の成長→芽や根の先端付近に生長点があり、そこで細胞分裂を繰り返して生長する

・遺伝のしくみ→両親の生殖細胞（精子・卵）にふくまれる染色体内の遺伝子（半分ずつ）が子に伝わる

・メンデルの法則→優性の法則：雑種第１代では優性の形質だけがあらわれる、分離の法則：雑種第２代では優性形質と劣性形質が３：１の割合、独立の法則：異なる２つの形質は独立に遺伝する

4）大地の変化

・流水と地形→浸食作用：運搬作用：堆積作用（上流と下流での相違）
（上流から…Ｖ字谷、扇状地、蛇行、三日月湖、はんらん原、三角州）

・堆積岩→堆積物が沈積してから固化して堆積岩に（続成作用）。れき岩、砂岩、泥岩、凝灰岩、石灰岩・チャート（生物体の石灰質）

・地層→おもに流水によって運ばれた土砂が海底に堆積してできる
①下方の地層ほど古い、②粒が大きいほど海岸近くで堆積、③凝灰岩をふくむのは火山活動の証拠
＊整合：連続して堆積した地層の重なりかた、不整合：堆積に中断や隆起・沈降・浸食がある重なりかた（上面に基底レキ岩）

・隆起と沈降→地震や地殻への長い間の圧力による
（隆起地形：海岸・河岸段丘、沈降地形：おぼれ谷・リアス式海岸）

・断層としゅう曲→地層の変形は過去に地殻の変動があった証拠
＊断層：場所によって異方向の力を受けて地層が破壊される
しゅう曲：強い圧縮力により波状に曲がる

・示相化石→アサリ・シャコ⇨海岸に近い浅い海
サンゴ⇨暖かく浅い海

さえる。湿度ではその計算式がカギになるが、露点と飽和水蒸気量との関係、飽和水蒸気量と湿度の変化、断熱膨張による冷却の原理などは、授業では軽くしかあつかわれない。だが、そこまで踏みこまないと中途半端になるので、いろいろな問題を解いておきたい。

天気図などでは、低気圧の移動と天気の変化、前線通過にともなう天気の変化、天気図と気象衛星による雲の写真などがよく出題される。季節のちがいによる日本付近の天気図の型を押さえたうえで、低気圧や前線の通過時刻などが読みとれるようにしておく。

③「地球と宇宙」では、太陽系と惑星・衛星、天体の動きと地球の自転・公転、の二つが柱だ。太陽の年周変化、地球の公転と季節の変化がよく出題される。また、四季の星座の移り変わり、太陽の南中高度、昼夜の長さ、北斗七星やオリオン座（ベテルギウスとリゲル）の日周運動と年周運動などもマークしておきたい。

内惑星である金星（宵の明星・明けの明星）の運動と見えかた、金星と月との位置関係、外惑星である火星の動きと見えかた、恒星と惑星のちがい、恒星の見かけの明るさのあらわしかたなどを押さえ、いろいろな視点からの問題をこなして得点力を伸ばしてほしい。

第二分野の項目選択の「自然と人間」では、微生物の働きをとおして生物界のつながりや物質の循環などをつかみ、自然と人間とのかかわりかたを考える。かつて「生物界のつながり」として独立した項目だったところと関連するので、土中の微生物のはたらき、食物連鎖と分解

「生物・地学系」のポイント３

５）火山と地震

・火成岩の分類→①深成岩：マグマが地下深所でゆっくり冷え固まった(等粒状組織)、②火山岩：マグマが地表近くで急に冷え固まった(斑状組織)

＊造岩鉱物：石英、長石、雲母、角閃石、輝石、カンラン石など

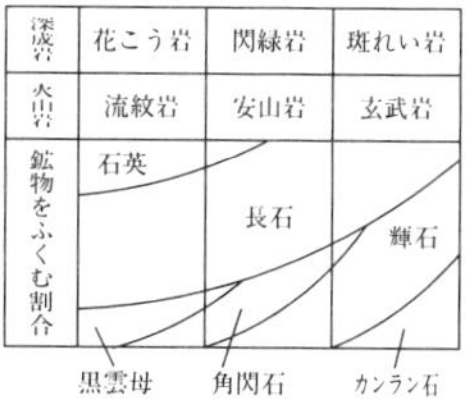

・初期微動継続期間→Ｐ波（縦波）がきてからS波(横波)がくるまでの時間で、震源距離に比例する（P－S時間)

６）天気とその変化

・高気圧→中心部に下降気流。北半球では右まわりに風が吹きだす

・低気圧→中心部に上昇気流。北半球では左まわりに風が吹きこむ

＊断熱膨張⇨気圧が低くなると空気の体積がふえ、気温低下

・湿度→湿度（％)＝空気中の水蒸気量÷同温度の飽和水蒸気量×100

＊水滴ができはじめる温度⇨露点：露点温度⇨湿度100％

７）地球と宇宙

・地球の自転→①星の日周運動：北天の星は北極星を中心に１時間に15°反時計まわり。南天の星は東から西へ円弧運動。②太陽と月の日周運動：東⇨南⇨西（ともに地球自転による見かけの動き)

・地球の公転→①星の年周運動：東から西へ、1日に約１°、1カ月に約30°動く。②太陽の年周運動：１日に約１°ずつ西から東へ移っていく（ともに地球公転による見かけの動き)

＊ある地点における同じ恒星の南中時刻は、１日に約４分(１カ月で２時間)ずつ早くなる

・太陽の南中→太陽が真南にきたとき、最高高度：季節では夏至の日に最大、冬至の日に最小（南中高度⇨春分・秋分の日：90°－緯度　夏至の日：90°－緯度＋23.4°　冬至の日： 90°－緯度－23.4°

・金星の見えかた→内惑星のため見かけの大きさが変化し、満ち欠けする（自ら光を出さず、太陽に向いた面だけが光る)

＊外惑星の火星⇨満ち欠けせず、一晩じゅう見えることもある

者、生産者・消費者・分解者と物質の移動、などがベースになる。微生物では、BTB溶液による二酸化炭素の検出（呼吸作用）、ベネジクト液による糖の検出（デンプン→糖）などの実験の手順も大事だ。

まず「植物→生産者、動物→消費者、微生物・菌類→分解者」の関係では、「炭素や窒素などの物質は三者のあいだを循環する」と「エネルギーは有機物とともに移動するが、一方的に流れるだけで循環しない」の二点をつかむ。また、「食物連鎖の出発点は植物である」と「連鎖の上位のものほど総個体の重量や個体総数が小さくなる」などもつかむこと。

こうした知識事項をもとに、実際の授業では、周辺の動植物の生態、河川や湖沼の水質などの自然環境を調べる活動を行なう。また、自然がもたらす恩恵と災害について調べ、地震や火山、津波、台風、洪水などの記録や報告書から、自然を多面的に見る力を養う。図書館や博物館などに出かけたり、インターネットを利用したりするので、大いに楽しむといいだろう。

アンケート協力者名簿

①グループ（公立中学〜公立高校　37名）

イニシアル	出身地	出身校	入学時
S・K	山形県	県立山形東高校	文Ⅰ
N・N	茨城県	県立土浦第一高校	理Ⅰ
A・K	新潟県	県立新潟高校	文Ⅰ
M・K	群馬県	県立前橋高校	文Ⅱ
A・H	群馬県	県立太田高校	文Ⅲ
K・Y	埼玉県	県立熊谷高校	理Ⅱ
K・A	埼玉県	県立浦和高校	文Ⅲ
N・T	埼玉県	県立浦和高校	文Ⅱ
S・A	埼玉県	県立浦和高校	文Ⅱ
A・K	千葉県	県立千葉高校	理Ⅱ
N・K	千葉県	県立千葉高校	理Ⅰ
T・Y	千葉県	県立千葉高校	文Ⅱ
T・M	千葉県	県立千葉高校	文Ⅱ
M・K	東京都	都立国立高校	理Ⅱ
O・T	東京都	都立武蔵高校	文Ⅱ
K・T	東京都	都立富士高校	理Ⅰ
M・T	東京都	都立戸山高校	文Ⅰ
N・Y	神奈川県	県立湘南高校	文Ⅲ
K・E	神奈川県	県立横浜翠嵐高校	文Ⅱ
S・M	神奈川県	県立柏陽高校	理Ⅱ
O・M	山梨県	県立都留高校	理Ⅱ
M・M	長野県	県立松本深志高校	理Ⅰ
O・N	静岡県	県立韮山高校	文Ⅲ
I・K	愛知県	名古屋市立菊里高校	理Ⅱ
H・K	愛知県	県立千種高校	理Ⅲ
K・H	富山県	県立高岡高校	文Ⅰ
K・H	石川県	県立金沢泉丘高校	理Ⅰ
K・K	三重県	県立津高校	理Ⅱ
I・K	兵庫県	県立加古川東高校	理Ⅰ
K・S	岡山県	県立大安寺高校	文Ⅲ
F・M	鳥取県	県立米子東高校	文Ⅰ

B・K	長崎県	県立島原高校	文Ｉ
N・T	熊本県	県立済々黌高校	文III
N・M	熊本県	県立熊本高校	文Ｉ
H・Y	熊本県	県立熊本高校	文III
K・S	熊本県	県立熊本高校	文Ｉ
M・T	宮崎県	県立宮崎大宮高校	文III

②グループ（公立中学〜私立・国立高校　13名）

イニシアル	出身地	出身校	入学時
K・E	埼玉県	学習院女子高等科	文Ｉ
O・S	埼玉県	海城高校	理Ｉ
F・A	千葉県	土佐高校	理Ｉ
K・S	東京都	帝京高校	理II
I・J	東京都	筑波大附属高校	文III
I・Y	東京都	桐蔭学園高校理数科	理Ｉ
H・M	神奈川県	桐蔭学園高校理数科	理Ｉ
S・A	大阪府	大阪教育大附属天王寺高校	文III
H・H	大阪府	洛星高校	文III
I・H	広島県	修道高校	文II
M・Y	広島県	修道高校	文III
F・J	島根県	東大寺学園高校	文Ｉ
T・H	福岡県	ラ・サール高校	理Ｉ

③グループ（私立・国立大附属中学〜附属高校　37名）

イニシアル	出身地	出身校	入学時
K・S	埼玉県	お茶大附属中学〜学芸大附属高校	理Ｉ
K・H	埼玉県	巣鴨中学〜高校	理II
T・S	埼玉県	武蔵中学〜高校	理Ｉ
F・O	東京都	武蔵中学〜高校	理Ｉ
M・Y	埼玉県	開成中学〜高校	文II
G・A	東京都	開成中学〜高校	理II
Y・Y	東京都	開成中学〜高校	理Ｉ
H・Y	東京都	麻布中学〜高校	文II
S・Y	東京都	筑波大附属駒場中学〜高校	文Ｉ
F・K	東京都	筑波大附属駒場中学〜高校	文II

S・Y	神奈川県	筑波大附属駒場中学〜高校	理Ⅰ
F・T	神奈川県	筑波大附属駒場中学〜高校	文Ⅰ
O・M	千葉県	早稲田中学〜高校	文Ⅱ
S・H	東京都	東邦大附属中学〜高校	理Ⅰ
M・Y	東京都	東京学芸大附属中学〜高校	文Ⅲ
Y・D	東京都	立教英国学院中学〜高校	文Ⅲ
M・K	東京都	桐蔭学園中学〜高校理数科	理Ⅱ
K・Y	東京都	桐蔭学園中学〜高校理数科	文Ⅱ
O・A	東京都	桐蔭学園中学〜高校理数科	理Ⅰ
K・J	神奈川県	桐蔭学園中学〜高校理数科	文Ⅱ
N・M	神奈川県	聖光学院中学〜高校	文Ⅰ
S・K	愛知県	滝中学〜高校	理Ⅰ
A・S	愛知県	滝中学〜高校	理Ⅰ
A・E	三重県	高田学苑中学〜高校	理Ⅱ
I・N	京都府	洛星中学〜高校	文Ⅱ
S・A	京都府	京都共栄中学〜高校	理Ⅰ
M・N	大阪府	大阪教育大附属中学〜高校	理Ⅱ
K・T	大阪府	愛光学院中学〜高校	理Ⅰ
T・Y	大阪府	灘中学〜高校	理Ⅰ
O・Y	大阪府	灘中学〜高校	文Ⅱ
O・K	兵庫県	灘中学〜高校	文Ⅰ
O・H	兵庫県	甲陽学院中学〜高校	文Ⅰ
T・M	兵庫県	甲陽学院中学〜高校	文Ⅰ
M・T	兵庫県	白陵中学〜高校	理Ⅰ
N・I	広島県	広島学院中学〜高校	文Ⅱ
K・T	広島県	広島学院中学〜高校	文Ⅲ
S・D	大分県	岩田中学〜高校	文Ⅱ

④グループ（私立・国立大附属中学〜公立・私立高校　４名）

イニシアル	出身地	出身校	入学時
N・K	千葉県	千葉大附属中学〜日大習志野高校	理Ⅱ
N・Y	香川県	香川大附属中学〜高松高校	理Ⅱ
S・T	長崎県	長崎大附属中学〜長崎北陽台高校	文Ⅲ
H・H	長崎県	長崎大附属中学〜青雲高校	文Ⅰ

《サラ・ブックス》は現代を生き抜くための思考の栄養源として、時代に即応した新しい企画を、読者のみなさんとともに育てていきたいという念願をこめて生まれました。みなさんのご意見、ご希望も十分に検討させていただきますので、忌憚のないご感想をお寄せくだされば幸いです。

サラ・ブックス編集部

新東大生《しんとうだいせい》100人《にん》が教《おし》える
中学生《ちゅうがくせい》の勉強法《べんきょうほう》〈総合篇《そうごうへん》〉

著者　東京大学《とうきょうだいがく》「学習効率研究会《がくしゅうこうりつけんきゅうかい》」

発行所　株式会社 二見書房
東京都千代田区三崎町2-18-11
電話 03(3515)2311［営業］
03(3515)2313［編集］
振替 00170-4-2639

印刷　株式会社 堀内印刷所
製本　ナショナル製本協同組合

落丁・乱丁本はお取り替えいたします。
定価は、カバーに表示してあります。
Printed in Japan.
ISBN978-4-576-01125-7
http://www.futami.co.jp/

FUTAMI